那樣的時代，那樣的人

（增補本）

馬識途　著

三聯書店（香港）有限公司

責任編輯　王　珺

書籍設計　a_kun

書籍排版　楊　錄

書　　名　那樣的時代，那樣的人（增補本）

著　　者　馬識途

出　　版　三聯書店（香港）有限公司

香港北角英皇道 499 號北角工業大廈 20 樓

Joint Publishing (H.K.) Co., Ltd.

20/F., North Point Industrial Building,

499 King's Road, North Point, Hong Kong

香港發行　香港聯合書刊物流有限公司

香港新界荃灣德士古道 220-248 號 16 樓

印　　刷　美雅印刷製本有限公司

香港九龍觀塘榮業街 6 號 4 樓 A 室

版　　次　2025 年 1 月香港第 1 版第 1 次印刷

規　　格　16 開（165mm × 230 mm）360 面

國際書號　ISBN 978-962-04-5579-7

馬識途工作舊照。

1944 年馬識途在昆明和美國飛虎隊隊員合影。

妻子劉慧馨烈士舊照。

馬識途與妻子王放在成都剛解放時的合影。

1950 年 10 月攝於成都。
前排左起：馬子超（弟弟）、馬士弘（哥哥）、王放（妻子）、馬識途；
後排左起：馬淑君（幺妹）、馬群英（大哥馬千剛的長女）、吳淑慧（表妹）。

1951 年馬識途在成都人民代表大會上發言。

1984 年 9 月張秀熟 90 歲生日時合影。左起：馬識途、沙汀、艾蕪、張秀熟、李致。

1987 年秋馬識途與巴金。

1987 年馬識途與巴金、張秀熟、沙汀在李劼人故居合影。

2004 年在昆明與原飛虎隊隊員重聚。

2005 年西南聯大老友會合影。

2006 年馬識途與周有光合影。

馬識途與涂光熾合影。

2009 年馬識途到醫院看望季羨林。

2014 年 1 月，四兄妹合影。
左起：馬識途（時年 100 歲）、馬士弘（時年 104 歲）、馬子超（時年 92 歲）、馬淑君（時年 85 歲）。

目　錄

第一卷 文人

第二卷 友人

第三卷 親人、恩人與洋人

後記

第一卷

文　人

魯迅

我曾經兩次看到魯迅

對於魯迅，我是看到過的，我說的是看到過的，不是說見到過的。像魯迅這樣的大文豪，在他去世前，我還不過是一個中學生，怎麼可能和他相見過呢？但是我的確看到過他，而且有兩次，令我終生難忘。

1932年，我在北平大學附屬高中上學，那個學校的校長是法國留學回來的教授，主張自由、平等、博愛那一套，所以學校的民主氛圍比較濃厚，培養了許多思想進步的同學，同班的一個張同學就是如此。有一天，張同學約我去聽一個講演會，我問他是誰的講演，他只說去了就知道。等我們到了和平門外師範大學的大操場上，他才告訴我這是一場秘密集會，而且主要是聽魯迅的講演。能被秘密通知來聽魯迅講演，我也算是進步分子了，我很高興，甚至還有點兒得意。

不多一會兒，一位個兒不高又比較瘦的半大老頭登上桌子，沒有人介紹，也沒有客套話，就開始講起來。哦，原來這就是魯迅！魯迅講了些什麼，他那個腔調我聽不清楚，我似乎也不想聽清楚。第一次看到魯迅，而且在這種場合上看到魯迅，也就夠了。不多一陣，魯迅講完，忽然就從桌上下去，消逝得無影無蹤。我竟不知道他是什麼時候講完的。這時人群紛紛散去，我們也就回平大附中了。

回校路上，張同學才向我詳細講述魯迅的情況。他說，魯迅是中國最偉大的文學家，中國新文化的領軍人物，他同情中國革命。反動派特別忌恨他，所以他這次是秘密到北平作講演，知道的人不多，叫我不要告訴別人。我說："我在初中時就讀過魯迅的《狂人日記》，很崇拜他。你約我去，讓我看到了魯迅，我很高興。"從此，我就成為他們進步分子的一員了。

第二次看到魯迅，那是在幾年之後的 1936 年 10 月 —— 魯迅去世了。

1933 年，日本軍侵入北平郊區，大家紛紛南下避難，我也隨大流逃到上海，插班考進浦東中學。上海果然不同，各種雜誌、報紙，封面五顏六色的新書，美不勝收。特別是《生活》週刊、《抗戰》三日刊，很有特色。同時有人告訴我，因被國民黨查禁，魯迅的文章常在《申報》"自由談"欄目上化名刊出，要靠自己去尋找。於是，我除了讀《生活》，便是和有進步思想的同學天天猜想並尋找魯迅用化名刊出的雜文，這在當時成為一種時麾，甚至曾把類似的雜文（如唐弢的）猜錯成魯迅的雜文。

上海的各界救亡運動蓬勃展開，各種進步的小冊子、雜誌讀不完，《大路》《漁光曲》等進步的電影看不完，推動著我們這些正在尋求救國之道的青年迅速進步。1935 年，北平傳來"一二・九"學生愛國運動的號召，上海各界群起響應。我參加了去南京進行和平請願等進步活動。那個時候，魯迅一直是我的精神導師。1936 年，我考進南京中央大學，並在那裏參加了共產黨的外圍組織 —— 秘密學聯。1936 年 10 月，上海傳來了魯迅逝世要大出殯的消息。我也不知道哪來那樣大的勇氣，向中大請假後，從南京到上海參加魯迅的葬禮。

到了上海，我首先赶到萬國殯儀館向魯迅的遺體告別。大門懸著"魯迅先生不死，中華民族永生"的輓聯，我拍了一張照片。

來到禮堂，遠遠看到魯迅睡在那裏，因為不准靠近，我只能遠遠地向魯迅鞠躬後退出，再拍一張魯迅的相片，這便是我第二次看到魯迅。後來加入送葬的群眾隊伍，在路上還和員警、特務發生衝撞，最後走到滬西的萬國公墓完成送葬，我才返回南京。

我很珍視那兩張照片，一直設法保存到“解放”，後來西南聯大中文系同學王士菁（現在人民文學出版社離休）參與編輯《魯迅全集》，我把這兩張照片寄給編輯部，他們沒有用，卻又未退還給我，王士菁去查無下落，不知被誰收藏去了。我失悔沒有複印留底，這可是我唯一的一次看到魯迅的留照。

聽說現在對魯迅有各種說法，不管怎樣，我始終認為魯迅是偉大的中國人，我雖然只看到他兩次，他卻一直是我的人生途程上立著的一塊豐碑。無論外界說什麼，我都堅持我一直說的那句話：“魯迅是中國的脊樑骨，巴金是中國的良心。”

後來我兩次到上海出差，曾去魯迅的墓地參拜。一次是“解放”前，在萬國公墓的墓葬群中，好不容易才找到十分平凡的魯迅墓，很冷落。另一次是在 1992 年給巴金老人祝九十壽時，到過虹口公園。虹口公園為魯迅建立了頗為莊重的大墓園，墓地前的條凳上坐了許多人，更多人則站在墓碑前佇立凝視，還有的在獻花鞠躬。我到墓前參拜後，在一處石條上坐了好一陣，頗有些感慨。

郭沫若

他真是有爭議的人物嗎？

我和郭沫若其實沒有多少往來，最多是見過幾面，幾乎沒有什麼印象。他曾是中國科學院的院長，我是中國科學院西南分院的黨委書記、副院長，每逢中國科學院開年會，我一定要去北京，有時就看到郭沫若到會和大科學家們見面，寒暄幾句便退席了。他曾來過成都，身為院長難免要以視察為名，到西南分院走走看看，還在大家的要求之下，為分院和有的研究所寫過幾幅字，如是而已。我們有什麼交情可言呢？

但要說到我和他的神交，那卻是長而且深的。我上初中時，便有思想進步的老師向我們展示當時上海出版的創造社的刊物，介紹並朗誦驚天動地的《女神》裏的詩歌，許多“啊”“呀”之類的吶喊聲，至今還有殘餘印象。其後我遊學上海，讀過他化名“鼎堂”發表的文章和他翻譯的美國小說。直到抗戰開始，他別婦拋雛回到上海，轟動一時。我當時還佩服他的愛國熱情。他在武漢領導文化界抗日活動時，我也在武漢，和上海來的胡繩等文化人有些來往，到“三廳”去拜訪過他們。我當時已經入黨，擔任武漢的職業青年抗戰組織“蟻社”的黨支部書記，並通過黨組織去拜請郭沫若來給這些職業青年作報告。郭老欣然答允，到漢口“蟻社”和這些店員、職員見面，發表抗日講演。這就是我和郭老最親近的一次接觸。郭沫若在陪都重慶作為文化界的領頭人，寫作並參演《屈原》等話劇，轟動山城。周恩來為他舉辦創作生活 25 週年紀念活動，宣佈郭沫若和魯迅是中國文化界的兩面旗幟，奠定了他的歷史地位。

"解放"後，郭沫若任副總理、中國科學院院長、中國文聯主席。他的各種文化活動、學術研究著作、文藝創作，使他成為當之無愧的革命家、文學家、詩人、戲劇家、歷史學家、考古學家、書法家和古籍研判專家。黨中央特別倚重這位文化巨人、這面文化大旗。郭沫若去世前，在全國科學大會上宣佈文藝工作者的春天即將到來。

郭沫若去世後不久，文化界成立郭沫若研究學會，我也忝列發起人之中，並被選為副會長，同時由我和四川文化界發起建立的四川研究會，成為全國郭沫若研究的重要中心之一。我們舉行過多次學術討論會，不間斷地出版《郭沫若學刊》百餘期，該學刊成為學會中心刊物，頗受全國學術界重視。我不是學者，無力也無時間研究郭沫若，但我十分崇敬他。我不自愧地擔任四川郭沫若研究學會的會長，多次在學術討論會上發言。我一直支持《郭沫若學刊》，不無自豪地說，我曾對研究郭沫若起過一點兒推動作用。

2012 年，在郭沫若誕辰 120 週年的紀念會上，我辭去了郭沫若研究會的會長一職。會上，我做了告別發言，最後才把積壓在心中幾十年的困惑吐了出來。

郭沫若是當代中國當之無愧的文化巨人，聞名海內外，受到廣泛的尊重。但是我一直不能理解的是，近年我在和一些作家、學者談到郭沫若時，似乎總感到，有些人說到郭沫若，有種不屑或者惋惜的口氣，甚至帶有幾分揶揄或挖苦。海外也傳來過某些學者類似的聲音。甚至有些頗有點兒身份的文化人提出重新認識郭沫若的問題，其目的明顯是要把郭沫若貶斥為有爭議的人物。至於那些進行隱私揭發和人身侮辱的無知之徒，不值一提。因此我一直在想，郭沫若真是一個有爭議的人物嗎？難道真要重新認識郭沫若嗎？幾十年胸中困惑揮之不去，卻不敢言說。

一個偉大人物，總是非常人物，在非常之時，做非常之事，因此總是有譽有毀。世上沒有不犯錯誤的人，沒有什麼完人，哪怕偉大的人物也無例外。我不是說郭沫若沒有錯誤，我是說如果發現他在學術研究上、某些創作上、某些行止上犯有缺點和錯誤時，不要帶著主觀的臆測、不實的誇大甚至誣衊，就亂下結論，亂戴帽子，甚至侮辱人格。在指出一個人的錯誤時，要顧及他的一生行徑、他的主要成就，分開主觀與客觀、大行與細節。更重要的是，要詳查他的錯誤是在一種什麼環境、情勢下犯的，研究歷史人物總要“知人論世”，不明其世，怎知其人？對郭沫若，我認為也應該如此。我曾為此寫過一篇小文章，只是人微言輕，不足掛齒。所以我以年逾百歲之身，告別郭沫若研究會時，說出自己的困惑，希望研究者諸公撥亂反正，給郭沫若這個歷史人物一個不朽的定位。

周揚

我向“幫主”報到

周揚是著名文人，也是黨中央宣傳部副部長、全國文藝工作的主帥，自然會被選為中國文聯、中國作協的副主席了。但是他在“文革”中卻被江青誣陷為中國文聯這個“黑幫”的“幫主”。我因為掛上一個中共西南局宣傳部副部長的牌子，主管文藝工作，上下對口，於是在“文革”中順理成章地被造反派定為“周揚黑幫”在四川的代理人。其實我和他沒有什麼往來，一共只見過幾次面。

第一次大約在 1960 年，我被邵荃麟、張光年拉進文壇。他們鼓動我寫一部長篇小說《清江壯歌》。此時我正擔負著繁重的行政領導工作，哪裏還有工夫來寫一部長篇小說。但當時我找回烈士遺女這個故事被傳為美談，四川的讀者讀了我在一份晚報上的連載後，也表示希望我寫。人民文學出版社的社長韋君宜更是抓住不放，我只好勉為其難地接受這個任務。真的，我當時只把它當作一個任務。投入到小說創作之中，革命的歷歷往事，也激發了我的感情，促使我動手寫起來。

因為我曾經在西南聯大中文系學習，受過一點兒基本訓練，所以寫作開初比較順利，但是寫一個長篇，向縱深發展，便感到力不勝任，總是心到手不到，做不到得心應手。同時我白天必須上班，只能利用晚上“開夜車”，幾乎每天都是下午下班回家，吃罷晚飯，便鑽進愛人王放為我特別設置的床上寫作間開工。這個寫作間其實就是在床上安一個小桌，裝上電燈，掛上防蚊蟲的紗帳。我當時一般寫到夜半兩三點鐘，實在困了才去睡。第二天早上還得早起，八點半要到辦公室上班呢。這樣熬了幾十天，實在搞得筋疲力盡，以致後來一見到小桌上鋪好的稿箋，一見那方格子，我就頭痛了，我這才體會到一個作家創作的辛苦。

這樣不行了。我到北京開會，見到韋君宜就訴苦。她同情我，但毫不放手，一定要我堅持寫下去，她為此向周揚彙報，希望替我請創作假，讓我專心寫作。她把我引到某個胡同的一處作協的院子裏，見到了周揚。這是我第一次見到周揚。我還沒有來得及訴苦，韋君宜就幫我說起好話來，周揚大概已事先知道我的情況，開口便答應替我向正在北京開會的中央西南局常務書記李大章請創作假，他說他一定努力。我和韋君宜都很高興。

沒想到告辭前，周揚卻很有興致地和我談起文學創作。他說：“文學創作需要激情，你情動於中才可以寫好，不管別人給你提多少建議和主張，你都可以不管，就以你在生活中積累的素材為基礎，任你的激情寫下去。寫了再改，改了再寫。”韋君宜也很贊成，認為領導從政治要求上的指示，可以聽，但不必照改，哪怕革命文學作品也不是政治宣傳品。周揚聽後沒有說話，大概和韋君宜的理解一樣，不用他明說。

還有一次見面是在“文革”後了，周而復帶我去看望周揚。周揚家的客廳不大，最顯眼的是座椅背後牆上有一幅拓印裝裱好的對聯，我還記得文字是鄭板橋的“刪繁就簡三秋樹，領異標新二月花”。這當就是他崇敬的創作原則吧。我們見面寒暄，我打趣地說：“我向‘幫主’報到來了。”周揚不明白地望著我。我解釋道：“‘文革’時期，我在四川是有名的‘周揚黑幫’在四川的代理人呀。”周揚明白了，也打趣地說：“看來我周揚真是罪孽深重，禍延四方呀。”周而復也調侃道：“不是你延禍給我們，那是因為我們本來是‘一丘之貉’嘛。”我接著說：“其實我不僅被加入進你的‘黑幫’，還被命令和沙汀、李亞群合組一個四川的‘三家村’，被推成‘三家村’的黑掌櫃呢。”大家都笑著搖頭，那是什麼世道呀。

我對周揚印象最深刻的是 1979 年的文代會和作代會。我參加了一個被大家叫作“牛鬼蛇神大集合”的作家座談會，到會的大半是沒有坐牢且從“牛棚”得慶生還的鬢毛已衰的老作家。大家相見，有些恍如隔世，有的唏噓不止，有的涙眼滂沱，有的高聲喧嚷，有的沉默不語。我在後座親見這種種情況，不知從何說起。偶然見到韋君宜，她因為我的《清江壯歌》成為批判大毒草的靶子而向我道歉。偶然遇見原《人民文學》的主編陳白塵，他花白頭髮，還那麼樂觀地問我：“你那個‘最有辦法的人’怎麼樣了？”他指的是由他為我發表的諷刺小說《最有辦法的人》。我們兩個人大概都為這部諷刺小說付出過慘重的代價，沒想到他還念念不忘。我只得答：“他當然更有辦法了。”他說：“你為什麼不把他拉出來讓我們見識一下呢？”意思是要我把《最有辦法的人》往後寫下去，我也真有這個想法，卻不好對他放空炮。

整個會場裏，最吸引大家關注的是正襟危坐在主席台上的周揚，大家都等著聽他講話。他講了，全是肺腑之言，他向許多過去捱過他整的人道歉，他站起來向大家鞠躬，表示深深的歉意。我坐在後排，不覺被他道歉的話感動得潸然涙下。被感動的也不只我一人。我知道周揚是不久前才從坐了八年牢的秦城監獄裏放出來的。“整人者人恆整之”，這是我後來見到夏衍時他說出的經典之言，這就是中國文藝界曾經的現實。大家聽完周揚的當眾檢討和道歉，都報以同情和原諒的掌聲。可是後來聽說，著名作家丁玲就是不原諒周揚，那是從延安一直到北京，他們之間結下的不解的怨恨。

後來中國文壇上又出現許多風風雨雨的事，最著名的一件又牽涉周揚，他經過幾十年的文壇風雲，終於覺悟到一些根本的思想問題，卻招來了廣泛的大批判。在紀念馬克思 100 週年的報告會上，他公開提出人道主義和異化的問題，得到大家的認可。可是不知道怎麼的，中央主管意識形態的胡喬木，竟然大動干戈，號召全國理論界和文藝界，進行廣泛的“文革”式的大批判。四川也進行了回應，我沒有去參加，有些什麼高論就不得而知了。只聽說周揚一直想不通，以致住進醫院，鬱悒到變成植物人，走到生命的盡頭。

巴金

中國的良心

巴金回家

文學泰斗巴金老人是我最崇敬的中國作家。我曾經不止一次自以為是地說過，如果說魯迅是中國的脊樑骨的話，那麼巴金就是中國的良心。巴金一生別無所有，只有一顆善良的心和一支犀利的筆。他用這顆心和這支筆，為中國人民的苦難而痛哭，為中國人民的解放而戰鬥，為中國人民的新生而歡呼。當中國人民遭受挫折時，他負罪式地進行深沉思索和靈魂拷問，告誡人們不要忘記教訓。巴金老人正是以這樣高尚的人品和精湛的作品，為中國文壇作出卓越貢獻，蜚聲海外，許多國家為他頒發紀念獎章。在國內，巴老的作品幾乎婦孺皆知，連小學生都知道有個“巴爺爺”。問一問上世紀三十年代走向進步和革命的青年，幾乎人人都會回答讀過巴老的《家》，並且深受其影響，我就是其中之一。其後，他又創作了一系列的著名作品，給中國獻上了寶貴的精神財富。特別是在“文革”以後，他經過理性思考，用他洋溢感情的筆，寫出了一系列說真話的書，更引起了文壇和國內外人士的高度關注。特別引起我注意的是，據報載，前國務院總理溫家寶同志到上海看望過巴老，他讀了巴老的《隨想錄》，“受到極大的震撼，感到那是一部寫真話的著作”。一位日理萬機的國務院總理居然能把巴老的這部書通讀一遍，並從中汲取精神力量，這令人感動不已。

巴老是成都人，對家鄉有特別深摯的感情，每逢文代會上見到巴老，我都會邀請他回家鄉看看，他也熱情地表示一定要回來。1987 年秋，這個願望終於得以實現了。巴老回到成都便說，他“帶回一顆心來了”。巴老在很短的時間內，不顧身體的疲勞，參觀訪問，對故友新交熱情地接待懇談。特別使他高興的，是和老朋友張秀熟、沙汀、艾蕪的多次相聚。我也忝列末座。我們五人曾到新都寶光寺、桂湖、草堂蜀風園、李劼人故居菱窠相聚，晤談甚歡。我曾奉命題寫“桂湖集序”，並賦詩以紀其事。我至今記得，一首詩裏有“才如不羈馬，心似後凋松”，還有一聯“問天赤膽終無愧，擲地黃金自有聲”，大家都認為寫出了巴老的品格和氣質。我們在訪問他的老友李劼人的故居時，巴老在留言簿上寫道：“一九八七年十月十三日巴金來看望人兄，我來遲了！”他對已故老友的感情，使我們在座的無不涕淚欲下。巴老在離開成都回上海時，特意帶走了一包家鄉的泥土，足見他對家鄉的眷念之深。

我要學說真話

作為巴老的後輩，我十分尊敬他，他對我也多有關愛。每次全國作代會，我們都要見面懇談。在巴老九十歲時，我專程到上海為他祝壽，他更是熱情接待，並題贈我一部綫裝本的《隨想錄》，十分珍貴。

更使我不能忘懷的是，多年前據李致同志告訴我，他到杭州去看望巴老時，巴老以幾乎無法寫字的右手，題贈一本其新出的《再思錄》給我。足見他對於我這個文學後輩的關懷。因此，我回贈了巴老一本我的雜文集《盛世微言》，並在扉頁上題了這樣幾句話——“巴老：這是一本學著您說真話的書。過去我說真話，有時也說假話，現在我在您的面前說，從今以後，我一定要努力說真話，不管為此我將付出什麼代價。”這是我對巴老立下的誓言。

巴老去世時，我因病無法趕到上海送葬，特派我的女兒專程到巴老的靈前讀我的《告靈文》。在這篇《告靈文》中，我再度向他立誓：“而今而後，我仍然要努力說真話，不說假話，即使要付出生命的代價。”我知道，真話不一定是真理，但是是走向真理的必由之路，說假話永遠不能接近真理。

巴金說“無為而治”

有一件巴金老人的軼事，二十幾年來，一直保存在我的腦海裏，但是隨著時間的流逝也逐漸被我淡忘了，有些具體細節已記不清晰。我只是奇怪，當時有好幾十位資深的作家在場，為什麼沒人把這件軼事公之於眾呢？我想並不是因為這是雞毛蒜皮的小事，無足掛齒。難道是因為牽扯到大人物，“畏大人言”乃安全之策？但是時過境遷，現在已不必諱言了。是何緣故讓大家緘口不言？莫非是我的記憶裝置出現短路，張冠李戴了？因此，我雖常常想到這件事，也不敢寫出來。

2004 年第五期的《隨筆》雜誌上，有一篇丹晨同志的文章《巴金和胡喬木》，我讀後才想起來，確有此事。而且這是巴金老人一次重要的發言，敢於和手握權杖、主管意識形態的胡喬木唱反調。參加過那次座談會、至今還健在的老人大概不多了，我作為一個親臨其事的老人，不說出來總覺得不痛快，這也算是對丹晨同志的文章的補充和旁證吧。

1982 年 11 月的某日，在北京舉辦的某次全國作代會理事會上，我作為理事，見到了巴老和其他許多著名作家。巴老還是那麼健朗，讓我深感欣慰。這次由胡喬木代表中央邀請幾十位著名作家舉行座談會，我也忝列末座。那次座談會的主題是什麼，我已經記不起來了，但很可能與趙丹去世前發表的一篇文章有關。現在還健在的一些作家大概還有印象，那年趙丹病重垂危，在醫院寫了一篇名為《管得太具體，文藝沒希望》的文章，發表在《人民日報》上，立刻引起沸沸揚揚的爭論，支持趙丹的觀點的作家、藝術家不少。巴老也明確地贊成趙丹的看法，我記得他在給《青年作家》的文章中就表明了自己的態度。但是文藝界的一些人，特別是管文藝的某些官員，大不以為然，對這個觀點進行了嚴厲的批評。胡喬木趁此次作代會理事會，也許想在作家的思想領域裏進行一點“清理衛生”的工作吧。

座談會開始後，許多作家發了言，巴老也做了發言，詳細內容我記不起來了，只記得他當時談到同意趙丹的意見，說黨不要管得太具體，文藝界的事情，應該由文藝界通過自我批評來解決。巴老明確提出，要“無為而治”。巴老的這一席話，馬上得到大家的鼓掌贊成。

胡喬木面對這樣的場面，就不得不作出帶有總結性的發言了。當然，在這麼多重量級老作家的面前，他還是表現出了和大家討論問題的誠懇態度。但也因為這樣，他的講話在我們聽來，總覺得在“彎彎繞”，大家都明白他是針對巴老的發言而講的，但他沒有點巴老的名，甚至沒有否定“無為而治”。聽起來他在做一篇討論“無為而治”“無為而不治”“有為而治”“有為而不治”的哲學分析，他在這幾個命題上繞來繞去，說了許久，卻始終沒有正面批判“無為而治”。當時社會上是公開批評“無為而治”的，認為這是“一股企圖脫離黨的領導的逆流”，胡喬木卻說不同意這樣的看法。但是大家都聽得出來，他認為“無為而治”可能會導致“無為而不治”，出現紊亂，他追求的是“有為而治”，要好好領導，促使文藝繁榮，決不能像“四人幫”那樣“有為而不治”，把文藝界搞亂了。聽起來他總的意思是要加強黨的領導，決不能脫離黨的領導。當然，也要改善黨的領導。

這次座談會的效果如何，不得而知，但從我接觸一些作家時的事後閒談聽起來，大家好像並不以為然。大家對胡喬木主張的“有為而治”持保留態度，而對於巴金老的“無為而治”表示贊同，不是不要黨的領導，而是不要管得太具體，橫加干涉。

附帶說一句，當時參加這個座談會的大多都是資深的老作家，大概大半已經作古了，能活到像我這般年紀的人不知還有沒有，讓我姑妄言之吧。

附錄

1987年10月5日，巴老以八三高齡自滬返蓉訪老友，尋故居，與同齡老作家沙汀、艾蕪暨川中耆宿九三老翁張秀熟歡敘蓉城，誠文壇盛事，余忝列末座，省委領導於草堂蜀風園宴請“五老”時，感賦七律、五律各一首以求正。並奉沙老之命，作《桂湖集序》於五老簽名紙前。

五律迎巴金老歸

錦城秋色好，清氣滿蒼穹。
美酒酬騷客，墨緣結玉鐘。
才如不羈馬，心是後凋松。
翠羽搖天處，依稀晚照紅。

七律呈巴金老

巴山蜀水路千程，十月秋光照眼明。
磊落當年滄海去，逍遙今日錦城行。
問天赤膽終無愧，擲地黃金自有聲。
窮達升沉身外事，知交把酒結鷗盟。

五律在桂湖寶光寺迎接巴老遊楊升庵桂湖故居

桂湖迎遠客，秋樹聽蟬吟。
寶寺煙如霧，東籬菊似金。
文章風絕代，道德景文林。
滿引三杯酒，壽觴一片心。

草堂蜀風園宴上口占七絕一首呈巴老

浣花溪畔草堂東，滬海歸來醉蜀風。

竹椅敞軒堪入夢，隔籬老杜喚巴翁。

奉題巴金、張秀熟、沙汀、艾蕪遊桂湖簽名冊 1987 年中秋

巴山蜀水佳麗地，金秋送爽中秋時。

湖塘雖無擎雨蓋，東籬還有傲霜枝。

誰說人生如參商，四老歡聚已如期。

冰心

冰心老人，您走好

我有一天晚上看電視，看到朱鎔基總理到醫院看望冰心老人的報導，日理萬機的國務院總理去看一位老作家，我很感動。但是我心裏還有一點兒其他的感觸，是什麼，卻說不清。昨天早上聽廣播，說冰心老人走了。哦，原來朱鎔基總理是去給冰心老人送行的，當時我卻沒有領會。

冰心老人走了，這當然不只是中國文學界的損失，也是我們國家的損失。在她彌留之際，國家的總理親自去給她送行，這是對百歲老人的尊重，也是對中國文學的尊重。冰心老人是中國新文學的開創者之一，也是中國百年風雨的見證人。在為中國文學奉獻了八十年之後，她年屆九十，病痛纏身，仍然筆耕不輟，真是春蠶到老絲未盡，蠟炬成灰淚不乾。她奉獻了她的一切，所以走得很安然，很從容，很自在。她壽登百域，可以說是壽終正寢。也許令她引以為憾的是，她走到二十一世紀的門口，望到了新世紀的曙光，然而沒有來得及跨進去。更令她引以為憾的恐怕是，她和巴金老人約好，要在今年國慶日，攜手為中國現代文學館新館的開館剪綵，現在卻不能實現了。這當然也是我們引以為憾的事。

我和冰心老人只有在作代會上的一面之緣，遠遠望去，一位慈愛、和藹的老人。然而我對冰心老人卻心儀已久。那是在上世紀二十年代，我最早讀到她的《寄小讀者》。我真的被她那情文並茂、委婉有致的筆墨所折服，也被“冰心”這個筆名吸引住了。想象文如其人，她一定是一位冰清玉潔、溫婉賢淑的女人。這樣的猜想和我後來所知道、所望見的，基本上是一樣的。

但是這並不全面，甚至很不全面。後來我聽說，冰心老人還是一位熱烈的愛國主義者。她和老舍等許多知識分子先輩一樣，在“解放”之初，放棄海外優渥的生活回到祖國，為人民服務。她更是一個頂較真的人，一個敢說真話的人，一個嫉惡如仇的人。怪不得她與巴金老人結成生死之交，以姐弟相稱，情同手足。每逢過生日，他們總要互送花籃致候。她還是一個勇敢的人，聽說有一年，中央領導同志去向她賀壽，她說：“我這個人有五不怕，不怕打棍子，也不怕死。”哪怕九十歲以後，她還對到訪的人說：“我現在九十多歲，什麼都不怕了。”“我不怕”，這是多麼擲地有聲的話呀。她還是一個淡泊名利、克己助人的人，在去年的救災和希望工程的捐獻中，她竭盡綿薄，無私奉獻。所有這些，不是值得我們作家深長思之並奉為楷模的嗎？

陽翰笙

硯耕老黃牛

一棵挺立在中國大地上、經歷過九十年霜雪的青松，突然倒下了，他就是大家以“青松挺且直”來讚揚的陽翰笙。大家叫他陽翰老，我卻當他面叫他為“硯耕老黃牛”，並得到他當面認可。

陽翰老的九十年人生旅程是在風風雨雨中度過的。他飽經歷史的滄桑，跋涉過重重人生坎坷，既有過輝煌，也有過哀傷。然而他從不為輝煌而得意，也從不為挫折而頹唐。他始終照他認定的革命人生道路，堅定地走下去，不達目的，絕不停步。無論把他放在革命需要的什麼崗位上，他都能很快地熟悉業務，把工作作出成績來。他總是那麼樂觀開朗，那麼平易近人，那麼善於團結大家，鼓動大家去完成任務。他又以身作則，做得有聲有色，遇到困難也絕不後退。別看他待人那麼隨和，有說有笑，但在大是大非面前卻絕不含糊。特別是在敵人面前，氣節道德遭受考驗的關頭，他有如青松挺立在風暴中，絕不屈服。

這一段話，可以說道盡了翰老的一生。他一直在中國文藝界擔任領導工作，他的工作經歷，他的人品，早被文藝界所熟知，毋庸贅言。此外，他的一件遭遇和一次對我的箴言，令我難忘。

一件遭遇是在“文革”開始時，翰老因“解放”前在上海文藝界工作，知道江青內情，當然首當其衝，受到了江青的殘酷迫害，江青必欲置他於死地而後快。翰老受到鋪天蓋地的點名大批判後，還被抓去關了九年，受盡了折磨。但是他大義凜然，至死不屈。他被審問過一百零一次，但一次也沒有在記錄上簽名，足見一個革命戰士的堅強意志和高尚情操。他受到江青如此迫害，但在出獄後，絕口不提江青在上海的緋聞，他也勸大家不必再提。要心懷寬廣，不念舊惡，特別顧及江青作為領袖夫人的名譽。他這種從大局出發、不記私仇的高風亮節，是非一般人在冤獄九年之後所能堅持的。

我和陽翰老過去並不熟悉，抗日戰爭初期，他身處武漢，在郭沫若領導的軍委政治部第三廳協助工作。我那時也在武漢做群眾工作，得知其名。其後他在重慶受周恩來同志領導的南方局下面做文化工作，我那時也在南方局領導下做黨的地下工作，非常敬佩他在文化界做的出色的統戰工作。他自己寫劇本並推動上演了許多好戲，名聲很大。我對他心儀已久，卻未能謀面。“解放”後，雖然我倆在宣傳部門的會議上有過接觸，卻並無往來。

我們真正認識是在 1983 年他回四川的時候，我陪他從成都一直到樂山，這才有較多的接觸機會。他那種長者風、學者風，那麼熱情誠懇、平易近人的氣度，使我如沐春風。他知道我也是在文藝戰綫上做領導工作的，因此對我十分關懷。我們有幾次二人喝茶清談。他說他參加革命，本是習武的，後來卻奉命隱入上海地下，轉入文藝界活動，棄武習文。他說自己本來沒有文藝的素養，可是要想接近和團結文化人，並推動進步，如果不懂文藝，言不及藝，如何工作？他當時用四川話講是“憋倒鴨子上架”，從頭學起，經過刻苦學習，這才入了門，不說外行話了。他還“憋倒”學習寫戲劇作品，先後創作了《鐵板紅淚錄》《華漢三部曲》等劇本和一系列小說，有的被拍成電影，引起了廣泛注意。他在抗日時期和“解放”

前，創作更多的是話劇和電影劇本，如《前夜》《塞上風雲》《李秀成之死》《兩面人》《草莽英雄》《天國春秋》《槿花之歌》等七部大型話劇，《八百壯士》《塞上風雲》《中國青年》《日本間諜》等電影劇本。他還推動郭沫若的《屈原》上演，在大後方引起轟動。在上海拍攝並引起全國更大轟動的電影《八千里路雲和月》《一江春水向東流》，也是由他組織的。同時，他還寫了知名電影劇本《三毛流浪記》。“解放”後，他擔任周恩來同志的助手，肩負文藝工作的重任，仍然堅持寫作，直到“文革”大禍降臨。

陽翰老跟我講他棄武習文的經過，我知道他對我說的諄諄箴言，是因為他知道我也是從政轉行，做文藝領導工作的。要我認真鑽進去學好文藝，自己要拿出作品來，才能服眾。他說如果到了文藝領導崗位上當了“官”，便一心做“官”，再也拿不出新的創作成就來，這樣要領導得好也是困難的。人家會說你不過是把創作當作敲門磚罷了。我感到他說的這些，真是金玉良言，對我的啟發很大。當我把幾本近作送給他時，他知道我也是學他“兩不誤”的，感到很欣慰，鼓勵我堅持創作。

之後我年年到北京，一定要到他家裏去看望他，我倆談得十分親切。在他文藝活動 65 週年紀念時，我接到他的通知，但因事沒有去，特作了一首五言律詩，並寫成條幅送給他。聽說翰老收到以後很高興，拿去裝裱起來，掛在他的客廳裏。我寫的詩是這樣的，其中提到的《草莽英雄》《天國春秋》，都是他的名著。

六十風雲際，崢嶸歲月稠。
英雄生草莽，天國演春秋。
道德高文苑，華章繫國憂。
南天翹首望，硯耕老黃牛。

張光年 / 韋君宜

為光年、君宜送行

2002 年 1 月，我正在北京參加全國作家代表大會，1 月 26 日從報上得知韋君宜同志走了，這是我早已料到的事，她已中風臥床十幾年了，我也曾經去醫院看過她幾回。我正悵惘間，1 月 28 日早上忽聽廣播，張光年同志又走了。三天之內，文壇一連失去了兩位老作家，我一連失去了兩個老朋友，心裏有說不出的難過。正如 1992 年我在九天之內接連失去了艾蕪和沙汀兩個老朋友一樣。更叫我感到遺憾的是，我既然到北京來參加第六屆作代會，會後又留住在北京，理應有和他們多見面的機會。然而我正打算到協和醫院去探視君宜時，卻見報她已於 1 月 26 日走了。我和光年在作代會的集體攝影和開幕式的主席台上有過兩次見面，他曾約我會後到他家裏去玩，我也打算春節前去他家拜年，卻聽廣播得知他於 28 日也忽然走了。

人生代謝之倏忽也如此，但是他們兩位都以自己的事業和作品長留天地間，他們的為人道德、事業精神都已為大家所熟知，不必我來稱道。君宜的《思痛錄》將長久為人傳誦，使人可以從中獲取精神的營養。而光年的《黃河大合唱》，早於抗戰時期就已成為民族的號角，一直傳唱到現在，遍佈於海內外。這種大氣磅礴的歌聲，將永遠激勵人們勇往直前，鑄成中華民族的魂魄。他們地下有知，亦可當得到安慰了。想到這裏，我才稍覺釋然。

君宜的走，我是早料定的，她已經在病床上輾轉和死亡抗爭了十多年了。她於 1986 年得腦溢血後，醫生斷定她不能康復，就算好一點兒也無法起床，更不能說話和思考了。但是我到她家裏看她時，她卻硬掙著起了床，推著一個金屬助步器，在房裏走來走去，甚至給我倒茶。她當時說話口齒差一點兒，但能表達清楚。更令我吃驚的是，她竟然在床上寫文章，而且不是一般的文章，而是文學作品。她果然在重病中，寫出了震驚海內外的《思痛錄》和一部長篇小說。試想她為創作做了多麼堅毅的努力，和死亡做了多麼慘烈的鬥爭。她是生之勝利者。1998 年，我去醫院看望君宜時，給她送去我新出版的書。人家說她神志不清了，可她終於認出了我，一手拿著我的書，似乎因為看到由人民文學出版社出版而感到欣慰；一手緊緊握住我的手，盯著我，嘴裏在說什麼，她的女兒翻譯給我聽，才知道是說她沒能完成我要她辦的事。我明白了，我曾對她說過不止一次，她自始至終在中國文壇的漩渦中心生活，完全有資格寫出一部《文壇風雲錄》。她卻一直說不好寫，還不是時候。於是，十分精彩的中國文壇風雲，便永遠埋葬在她的腦子裏了。後來我再也沒有機會去看她，只聽說她已經成為植物人。但是從她的女兒楊團才發表的文章來看，她並未成為植物人，用她當年戰鬥生活中的歌曲，就可以把她喚醒。也許我讓她像上一次那樣緊握我的手，我們的友情會傳導到她的心中，她會醒過來看我一眼呢。可現在卻成為永遠的遺憾了。

光年的走，則完全出乎我的意料。我們在作代會上相遇時，看他神清氣爽，不像有病的樣子。反而是我告訴他我得了腎癌，做了手術。他約我會後到他家裏玩，我答應了。誰知我去遲了，失之交臂，我自己鑄成永遠的遺憾。光年過去得過癌症，手術後康復，十幾年未發，已成過去，這次不會是這個問題。我打電話問黃葉綠，她說是突發性心肌梗死，他過去從來沒有這個毛病的。看來死亡這次是在他從來沒有注意的地方突然襲擊，他失算了，真是不幸。

我和君宜、光年是老朋友了，有五六十年的交情。1937 年的冬天，我和君宜在鄂豫皖蘇區七里坪的湖北省委黨訓班中相交，之後一同在白區做過地下工作。我和光年則是 1944 年在昆明相識，他化名隱蔽在那裏教書。我當時在西南聯大做黨的工作，知道他就是《黃河大合唱》的作者光未然。我們結交後，得知他還認識聞一多先生。我們共同辦過文學雜誌《新地》，還請他到聯大做過激情洋溢的詩歌朗誦。“解放”後，我們又在北京見到了，在不同的崗位上工作，往來不多，我曾到他在東總布胡同和西河沿的家裏拜訪過。所以我們算是革命的戰友，後來他和作協領導把我拉進文壇，我們才成為文學知音。我們相交淡如水，我每次到北京開會才見一回，但是我們的心性卻是相通的，見面很談得來。當他在文壇、我在政壇時，各人的艱辛遭際，不好言說，卻心知肚明，相對唏噓。君宜在“反右”時的委屈，主持出版社時的兩面難為，上下交攻，從不能隨心所願的苦惱，我是理解的。但這和光年比，恐怕還是小焉者的。光年位居文藝樞要，一言一動，都為內外人注目，真是如走鋼絲，隨時準備跌跤，不留心則會墮入萬劫不復之境，非同小可，那苦處就更大了。我知道他和我一樣，事情並非看得不清楚，自信也不是低能兒，卻常常要誠惶誠恐地自居於為好心人不斷提醒和幫助的境地，毫無辦法，哪裏還有個人的自由意志和得心應手做事的可能。“運動”一來，風雨滿城，自己總是首當其衝，如敗葉飄零，不知伊於胡底。有好幾次我去看他，他說他正在被幫助中，其無可奈何之狀，我是感同身受而又愛莫能助，只有歎息而已。然而他總算步履維艱地走過來了。以全身全名告老，可算幸運的了。而他的抒情的《五月的鮮花》和鼓蕩風雷的《黃河大合唱》，卻是千萬人傳唱，長留天地間，堪稱不朽了。一生有一於此，光年可以瞑目了。

光年和君宜是我的好友，卻也可稱是我的“孽友”。我們是結了“孽債”

的。我雖然在西南聯大中文系接受過創作科班訓練，但“解放”前我從事革命活動，“解放”後從政，搞工業和科學，實無意於文學。五十年代，眼見文壇風雲變色，便不敢涉足。然而偏偏在五十年代末，“解放”十週年的國慶時，我偶然間寫了一篇作品，被他倆及沙汀、邵荃麟、陳白塵、侯金鏡等作家發現，在多方鼓勵之下，生生地把我拉進了文壇，裝點成作家。我還由君宜薦引到周揚處，經周揚給我的上級西南局書記打招呼，讓我有時間創作。於是我便一發不可收拾地混跡於波譎雲詭的文壇了。直到“文革”時以文字獲罪，我被拋了出來，弄得幾乎家破人亡、死無葬身之地。當時我失悔不迭，怪沙汀、光年和君宜給我放了“孽債”。一見面我就直呼他們為我的“孽友”。不過他們說，而今已經宣佈，文藝的春天已經到來，“孽債”已可償還，君宜說是她向我追討已訂約稿合同債的時候了。於是，一本又一本的書在人民文學出版社出版。當我到了八十八歲時，才從文壇告退，並領取了一枚金質紀念章，也可算是全身全名而退，可以回家頤養天年了。

光年、君宜同志，走好。

聞一多

時代的鼓手

鼓手的時代，時代的鼓手

1946 年 7 月 15 日，我的老師、西南聯合大學教授聞一多先生，在參加完李公樸教授的追悼大會後，返家途中突遭國民黨特務的槍擊，身中數彈，不幸遇難。

六十多年過去了，我已逾百歲，但聞一多先生的音容笑貌卻還那麼鮮活地留在我腦子裏。那些過往，彷彿就在昨天。

當年，聞一多先生風塵僕僕地從老遠的昆明鄉下下馬村步行進城，到西南聯大給我們中國文學系的學生上"唐詩"來了。

他的個兒不很高，有幾分清瘦的身子裝在那寬大的、褪了色的藍布大褂裏，瀟灑自如。他的臉說不上紅潤，可也並不顯得陰暗晦氣，就像當時身處落難中的許多知識分子那樣。他那過早脫去頭髮的腦門在陽光下閃亮，配上深邃而充滿智慧的眼神，一望而知是一位很有修養的學者。他的鬍子不茂密，可是長得很長，大概留的年代不短了。他的手裏攥著一個特大的藍布口袋，這個口袋似乎和他在這個世界上是同時存在的，那裏面藏著他多年的心血和打開中國古代文化的鑰匙。他從容不迫地向新校舍東南角的一間破舊的泥坯草房走去。他抬頭望著人，卻並不和人打招呼，或者他還在夢幻中和莊子、屈原、杜甫這些古人一起神遊吧。

他走進教室，在小講桌前坐下來。他把老懷錶摸出來放在桌上。時間還不到，便摸出黑亮的煙斗來點上，吸起煙來。本來選《唐詩》這門課的只有十來個學生，可是教室裏早已座無虛席。有的坐在窗台上，有的站在後邊，連窗外也站了一些人，旁聽的比選課的多了幾倍。我是選了《唐詩》的，但來遲了一步，也只好站在後邊。

他又看了一看那老懷錶，正在懷疑他這個老夥計的可靠性時，上課的鐘聲響了。他立刻從大書袋裏摸出講稿來，開始講課。其實他並不照本宣科，往往不看稿子，越講越遠，越講越自在。他用那充滿激情的調子、詩意般的言語，給我們講杜甫的“三吏”“三別”，用生動的形象把你帶到古代社會裏去，讓你去看看石壕吏怎樣夜晚捉人，新婚的丈夫來不及和妻子告別就被拉上戰場。但是他並不是想把我們拉回到古代，把我們帶進故紙堆裏去，像當時中文系裏許多教授那樣，引誘你鑽進去，用一字的考證獲得學術上的稀有榮譽，叫你在蝸殼裏自我滿足。他是用歷代人民的悲慘命運來引出對今天現實的留心，他憤憤地說：“杜甫描寫的是一千多年前的事，你們仔細睜開眼看看，這卻是寫的眼前抗戰時期的事。比唐肅宗那時更卑鄙、更無恥。”於是，他講了一件國民黨軍隊拉壯丁的事，說著說著就站起來喊：“這樣無法無天，還成什麼國家？這是什麼‘國軍’？這是土匪，比土匪還土匪！”

我們坐在下面的，都知道他又回憶起令他不愉快的往事。他曾經在校門外眼見國民黨的軍官，用繩索捆綁骨瘦如柴的“壯丁”，一路上眼見“壯丁”不斷倒斃，或者被當場打死，還被剝去衣服。聞一多先生為此當場抗議，幾乎搞得那些人下不了台。

這是在講唐詩嗎？有的教授也許認為不是的。但在這教室裏聽講的學生卻認為這是講得最好的唐詩。聽的人越來越多，窗戶外面都擠不下了。他說過："我不能想象一個人在歷史裏看不出詩來，而還能懂詩。"

詩人喲，你的胸懷埋藏著多少就要猛烈地燃燒起來的火種呀！

然而，他今天卻真正給我們講起歷史的詩來。他說他在編寫一本《現代詩抄》。朱自清教授給他一本田間作的詩，就是抗戰初期在田間和解放區寫的那些激昂的詩，有的人稱之為"樓梯詩"。他說幾年沒有看新詩了，乍一看，嚇了一跳。他想，這叫詩嗎？再看，才恍然大悟。他說："這不僅是詩，而且是擂鼓的聲音。"

於是他擂起鼓來。親自朗誦一首田間的長詩《多一些》：

我們／要趕快鼓勵自己底心／到地裏去！／要地裏／長出麥子，／要地裏／長出小米；拿這東西／當作／持久戰的武器。／（多一些！／多一些！）／多點糧食，／就多點勝利。

他朗誦得真好，那麼激昂而有節拍，就像一聲聲的鼓點，就像為配合解放區軍民英勇前進的步伐而敲的鼓點。唸到後來，他越發激昂了，像一頭雄獅抖動著頭髮和鬍子，大聲地吼了起來："呵槍！呵刀！呵祖國！呵人民！"

他極力稱讚這樣的詩，他說這樣的詩是時代的鼓聲，這樣的詩人是時代的鼓手。他興奮地用一連串的形容詞來讚美這樣的詩："沉著的""莊嚴的""雄壯的""勇敢的""渾厚的""猛烈的""剛毅的""激動的""粗獷的""急躁的""橫蠻的""倔強的""男性的"……

然後他慨乎言之："我們的民族正走到我們歷史的轉折點，我們要一鼓作氣渡過這個危機，完成獨立'建國'的大業。"他大聲呼籲："這是一個多麼需要鼓手的時代呀！我們要有更多的這樣的時代的鼓手！"

我們聽他朗誦田間的詩，也跟著激動起來。在我們的面前，分明站著一個興奮得面孔發紅，每一根頭髮、鬍子的末梢都在戰抖的鼓手，在奮力地擂著戰鼓，鼓舞著人們踏著他敲起的鼓點子前進。他朗誦的每一句詩、每一句激昂的話，才真正都是沉著的、莊嚴的、雄壯的、勇敢的、渾厚的、猛烈的、剛毅的、激動的、粗獷的、倔強的、男性的。他才真正是一個鼓手，一個時代的鼓手！

他之後還給我們唸過、講過田間的詩和解放區的詩，他甚至設想在這樣一種環境和氣氛下來唸：在一個現代化的劇院裏，剛開始光綫很暗，後來慢慢地明亮起來，並越來越亮，最後發出了紅光，這時劇院裏的溫度也由冷而熱，以致詩人出汗了。於是鼓聲響起來，由輕而重，甚至達到震人耳膜的程度。然後舞台上有人由遠而近，人越變越大，最後在人們面前只出現一個大的人頭。這時人開始朗誦，鼓聲伴奏，強弱相間，咚咚，咚咚，咚咚咚！

聞一多先生站在我們面前朗誦，不可能有人為他設置那樣理想的場所，製造那樣的氣氛，然而經他這麼一描繪，用鼓點似的聲音，由遠而近，由弱而強，由輕而重地唸起來，馬上把我們也帶進那樣詩意的境界裏去了。

最後，他把我們從詩境裏喚了回來，回到理性的課堂上，他侃侃而談，給我們分析詩的發展歷史。《詩經》中的許多詩和《楚辭》，本來都是“人民的歌聲”，可是後來宮廷強姦了詩，成了靡靡之音，就墮落了。新詩起初也有一些質樸的、健康的，甚至是鼓手的聲音，可是後來也墮落成為靡靡之音了，詩人們愛去追求“弦外之音”，要做到“繞樑三日”。他評論解放區的詩就大不相同了，稱讚這種詩樸質、真誠、乾脆、簡短、堅實，像一聲聲的鼓點。他說：“是單調嗎？是單調的，這裏頭沒有什麼‘弦外之音’，沒有什麼‘繞樑三日’的餘韻，沒有什麼花頭，沒有什麼技巧，一句句樸質真誠的話，簡單堅實的句子，就是一聲聲的鼓點。單調，但是響亮而沉重，打入你的耳中，打在你的心上。你說這不是詩？因為你的耳朵太熟習於‘弦外之音’，你的耳朵太軟弱了。”

他認為那些刻意求工、講究風雅的詩和畫，就是在粉飾太平、掩蓋血腥。他大聲說：“血腥和風雅是一而二，二而一罷了。”他莊嚴地宣告：“記住我的話，最後裁判的日子必然到來，到那時，你們的風雅就是你們的罪狀！”

後來，聞一多先生擔任了西南聯大進步學生組織的“新詩社”的導師，他宣稱：“在聯大，在昆明，對那些鴛鴦蝴蝶派、客觀超然派、哲理派、新月派，呵，還有什麼特務色情派，都給他們一個迎頭痛擊！”並且發誓要把這裏辦成全新的“新詩社”。但是到底怎麼個“新”法，怎樣才能辦得“全新”，他還在探索之中。在下面坐著的學生中，有共產黨員，還有進步分子。下來以後，我們議論：從這些激動人心、別開生面的講課中，聞一多先生，這個不失赤子之心的詩人，眼看從故紙堆裏爬了出來，想要反戈一擊，造歷史的反了。他想要隨著時代的步伐，踏著群眾的鼓點前進了。但是他還遠沒有找到自己的方向，他還在獨自摸索之中。

從莊子到屈原

聞一多先生這個號稱“何妨一下樓主”、潛心中國文史研究、治學謹嚴、卓有成就的學者，看起來現在也爬出了故紙堆，想走下樓來，從那個用美國的金圓券（中華民國政府發行的一種本位貨幣）為他構築的象牙之塔裏鑽出來，走到現實生活裏來了。這就說明，這個最高學府裏的一大批不問政治的“生活逃遁者”也開始覺醒了。特別是聞一多先生，這位曾經的“新月派”詩人，讓自己的熱情強制冷靜下來，或者更恰當地說，把自己的熱情埋藏在內心的底層，走進中國浩如煙海的文史象牙塔裏去，一見莊子，便為之“傾倒、醉心、發狂”。因為他曾經在莊子身上發現了自己。在苦悶的年代裏，他從莊子放浪形骸之外的性格和他那“獨步千古”的文采中去尋求“慰藉”。他說，莊子這個戰國時代的知識分子——士大夫的悲哀，不也是他自己這個在內憂外患、禍接連年中討生活的詩人的悲哀嗎？他曾經說過，在莊子的時代，士大夫這個階層很慘，假如你不去做統治者的走狗，不去成為幫兇，而偏偏又有思想、有個性、有靈魂的話，那就只好裝傻，叫作“佯狂”。用裝傻來排遣苦悶，用裝傻來躲開政治，並在心理上以藐視政治為清高。精神上極度飢渴的士大夫，便只好為涸轍之魚，“相濡以沫”。聞一多先生對於莊子的理解，不也正是對於自己，對於當時西南聯大那一大群士大夫的理解嗎？他認為莊子這些“士”，儘管厭惡這個社會，卻感到無所逃於天地之間，於是為求心理上的安慰和精神上的平靜，盡量減少世俗的牽連，去發展那種虛無和狂放的思想。這也不正有幾分是聞一多先生的“夫子自道”嗎？看起來這位把自己內心熾烈的火焰埋藏起來的詩人，在用故紙堆砌起來的象牙塔裏也並不是心境平靜的。他想盡量把自己關在樓上，埋身於學術之中，而他的心卻常常難免跑到樓下，他的熱情也常常難免燃燒起來。正如他後來批判莊子的那樣：“這完全是自欺，是逃避！一個人能陶醉在幻想中固然很美，卻也夠慘了。人，總是在現實生活中，怎麼逃避得了呢？”是的，他也不能逃避了，要走下樓來，置身於現實生活中了，他胸中的火就要燃燒了。

聞一多先生把自己對詩人的熱情一下子都寄託在古代詩人屈原的身上了。他公開否認別人想拉他下水，藉他的大名硬把屈原評定為“文學弄臣”的說法，而是把“人民詩人”的桂冠戴在屈原的頭上。他說：“屈原通過《離騷》，藉一個名正則、字靈均的‘神仙中人’的口，說出自己的心事來。個人的身世、國家的命運，變成哀怨和憤怒，火漿似的噴向聽眾，炙灼著、燃燒著千百人的心。”他又說：“屈原這個‘奴隸’，不但重新站起來做了‘人’，而且做了‘人’的導師。”是的，聞一多先生所要求自己的，正是做一個覺醒的“奴隸”，在自己的身上發掘出“人”來，而且要求做“人”的“導師”，渴望自己也像屈原一樣作為“自己時代的兒子”。

但是到底怎樣做“時代的兒子”，“奴隸”怎樣求解放，到底要發掘出一個什麼樣的“人”來，聞一多先生還在嚮往著、摸索著。他一時還找不到答案。他由崇拜莊子到鄙視莊子；由輕視屈原到崇敬屈原，模擬屈原；從樓上故紙堆裏走下樓來，把自己本已冷卻了的詩人的心重新燃燒起來，懷著“路漫漫其修遠兮，吾將上下而求索”的心情，要走到哪裏去呢？

聞一多先生面前有許多條路可以走，比如做一個民主個人主義者，比如走上第三條道路，等等。但是我們希望他能走到群眾中去，和群眾一起，走新民主主義的道路。我們相信，當時他肯走下樓來，只要他回到“奴隸”的生活中來，面對血淋淋的現實和慘淡的人生，答案總是可以找得到的 —— 這便是當時的黨組織和他的進步學生們對這位老師的看法。但這不是一蹴而就的，還需要黨的引導和幫助。於是黨組織告訴我：“你作為他的學生，又在大學裏做黨的工作，應該多接近他。”

我就是這樣開始和聞一多先生接觸起來的。

“小手工業者”的悲哀

上完《唐詩》課，我陪聞一多先生回他在昆華中學的家中。我們在西南聯大外寬大的馬路上，沿著白楊樹走回去。白楊樹發出蕭蕭的悲鳴。在快到西站的地方，忽然發現了一具青年的屍體，他的腰上穿著一件短得實在不能再短的草綠色短褲，仰臥在溝邊，骨瘦如柴，兩個眼睛暴突著，兩隻枯藤般的手向天空高舉著，好像是在向天抗議。又一個“壯丁”倒斃了，或者被打死了，最後的一件上衣也被剝去，倒在路邊溝裏。可以說，這是這一帶的“城市風景綫”，已經引不起更多人的注意了。

但是聞一多先生走過那裏，情不自禁地站住看了一下。他的眼裏到底是憐憫，還是憤恨？也許什麼也不是，只是木然地望了一下，就走了過去。難道說他是怎麼的無情嗎？不，我們在《唐詩》課上聽他講杜甫的“三吏”“三別”，他憤慨地控訴如今政府拉壯丁，比一千多年前唐肅宗時還不知殘酷多少倍。他那冒火的眼睛是令人難忘的。但這樣的情景太多了，他還能說什麼呢？

我們走過去十幾步後，他對我說："呵，那青年農民的雙手，是可以叫大地變色的雙手呀，他卻死於溝壑了。中國農民就是這樣遭罪的。"

我回答說："不，不是中國的農民，只是蔣管區的農民，落入這樣悲慘的命運裏去。在北方的農民，在'那一邊'的農民卻大不同了。"

他沒有說話，注意地看了我一眼。

我邊走邊告訴他，他有幾個姪兒、姪女是我在湖北時的好朋友。

他饒有興味地看我一眼，說："他們不是到'那一邊'去了嗎？"

他也說起"那一邊"這個代詞來。

我點頭說："是的。"

過一會兒，他又說："我讀了'那一邊'來的書，談新文化的。"

我知道他正在讀的是我們翻印的《新民主主義論》，乘機問他："你看怎麼樣呢？"

他點頭說："很有道理。"

我們走進昆華中學，走過操場，走到操場角上那個小樓裏。他為了取得兩間房子和每月一石米的報酬，接受他的學生給他勻出來的幾個鐘頭的國文課，在昆華中學做一名兼職國文教員。他並不認為這樣就把他名教授的資格拉低了。

我們走上小樓，一進屋子，他放下書包便說："我這是為石米折腰，不如陶淵明了。"

我說："這是用自己的勞動換來的，怎麼能說是'折腰'呢？"

他習慣地坐到窗口小桌邊，又操刀刻起他的圖章來，一邊刻一邊和我閒談："我是一個'小手工業者'，多少精力、多少時間都從我這手指間溜掉了。但是我從不去向達官貴人們乞討，我自食其力。但是我並不愉快……"他沒有再說下去。我理解他的心情。

抗戰幾年，聯大教授們的生活每況愈下，大多數人真如他們自己形容的那樣"抱殘守缺"（抱著殘書，守著缺口的飯碗），在昆明不冷不熱的天氣裏，講些不痛不癢的學術，過著不死不活的日子，望著若明若暗的前途，不知道命運會把他們帶到哪裏去。聞一多先生作為一位名大學的名教授，本來可以像極少數並不比他出名卻善於鑽營的教授那樣，有過好日子的機會。但是聞一多先生一家八口卻過著知識分子的清貧生活，寧肯在中學兼課，自食其力，後來實在沒有辦法了，寧肯去為人刻圖章賣錢，也決不向那些當權者乞討。他在幾個朋友的鼓動下，在昆明街上掛上了"聞一多先生治印"的牌子，收刻圖章。這樣不必俯仰由人，而且看來又算"雅事"。

聞一多先生學識淵博，詩書畫印，無不諳熟，加上他早年學藝術，中年攻古文，對於甲骨、金石、篆刻一類的功夫，造詣很深，要刻幾方典雅方正的圖章，是遊刃有餘的。而且他在這方寸之地，佈局構圖別具匠心，刀法的遒勁更是難得。篆刻正如他的詩、畫和文章一樣，章法謹嚴而又恣肆汪洋，在小小的方寸上也可見他那熱情洋溢卻並不失放蕩的性格。作為藝術，這可算是上乘了。但是聞一多先生並無意從事這種藝術創造，而是靠這個賣錢，以補經濟上的困難，讓妻子的病能夠得到治療，孩子們能夠填飽肚子，使一家免除凍餒之虞而已。他的時間本來可以多用來研究中國文化，他有許多成竹在胸的著述需要動筆，然而卻不能。為了活命，他不得不從事這樣的"小手工業"，真叫斯文掃地。這可算是當時國統區知識分子的悲劇了。

聞一多先生刻圖章本是雅事，但來求刻的大多是俗人。那個年代，一般有知識修養的人，一天淒淒惶惶不可終日，哪有餘錢玩弄風雅，託聞一多先生刻幾方圖章呢？所以，來求刻圖章的大半是那些腰纏萬貫，又慕聞大師之名，想用大師精巧的圖章，提高自己的身價的人。這卻苦了聞一多先生。不刻吧，沒有這份額外收入，畢竟你掛著牌子，人家按"潤例"付錢，真是"規規矩矩和你做生意"，你能拒絕嗎？聞一多先生明知這些腦滿腸肥的人哪裏懂得什麼藝術，但是他卻從不苟且，每一方都精雕細刻。他的苦衷是，不向達官貴人乞討了，卻不得不乞靈於那些錢袋，他仍然感覺這是精神上的屈辱。

最使聞一多先生難堪的是，國民黨的黨棍——雲南省政府代理主席李宗黃，也想攀附風雅，他送來一方大象牙和豐厚的潤金，要聞一多先生刻一方圖章，當然也有"聯絡感情"的意思。聞一多先生收到後，憤然把象牙圖章和錢都退了回去。怎能把自己的藝術，高價出賣給一個雙手沾滿人民鮮血的劊子手呢？

有時他憤然丟了雕刀，然而又把雕刀撿起來，埋頭於苦雨孤燈之下，漏夜搞他的"小手工業"。他不明白，是什麼力量叫他陷入這樣的精神折磨？而這正是我想要向他提出的問題。為什麼大有作為的人，卻窮愁潦倒，難道真是杜甫說的"紈絝不餓死，儒冠多誤身"嗎？要怎樣才能避免做精神奴隸的命運呢？為什麼那麼多人啼飢號寒，終不免轉死溝壑呢？

對老師應該尊敬，我不能擺起說教者的面孔，替他回答問題，我只想以向老師請教的態度，提出問題。

他也並不回答，只是蹙眉望著我，繼而又低頭搞他的手工業了。

"何妨一下樓主"下樓來了

"'何妨一下樓主' 今天要下樓來了。"這是 1944 年 5 月 3 日下午，一些消息靈通的聯大同學的議論。許多同學為此擠到聯大新教舍南區十號教室去，想一睹這位潛心研究、"從不下樓"的聞大師的風采。歷史系和社會系當晚在那裏舉辦"五四"25 週年座談會，該會不僅有著名的政治系教授張奚若和歷史系教授雷海宗參加，中文系聞一多教授也被邀請參加。他們當年都在北京參加過五四運動。

"五四"這個節日本來是北京大學、清華大學的傳統節日，可是國民黨硬要把 3 月 29 日作為他們的青年節，而不准青年在 5 月 4 日紀念自己為民主和科學而鬥爭的光輝節日。特別是"皖南事變"後，"五四"更是冷落了。今天是“五四”紀念節日復甦的日子，所以不到天黑，十號教室已經坐得滿滿的，哪怕臨時加了一些條凳也不夠坐，窗台上也擠滿了人，連門外和窗戶外也有許多同學在那裏引頸翹望。

在歷史系那位矮矮的系會主席宣佈開會後，會場空氣十分活躍。張奚若是聯大久已聞名的進步教授。他首先回顧了五四運動的情景，並聯繫到今日的感想，提出了民主和科學仍然是我們奮鬥的目標。這讓大家提起精神來。但是一位自稱“五四”當年參加火燒趙家樓的教授上去吹嘘自己的“英雄”業績，接著說出與張奚若教授相反的看法，這就把會場氛圍敗壞了。然而這只不過是叫人聽了乏味罷了。另一位著名歷史學家卻說他是從“歷史的觀點”來看學生運動的，他說學生的天職就是讀書，如果學生不讀書，鬧得越兇，就證明這個國家越不幸。這樣的妙論當然立刻得到在場的“三青團”分子的擁護，高聲叫嚷“先生說得對”“擁護先生”。這自然引來進步同學的噓聲，於是會場秩序就亂了起來，系會主席維持秩序說：“今晚上的會是自由參加的，不願參加的可以自由走，不要妨礙別人開會。”學校的國民黨、“三青團”的要人本來是聽到“五四”兩個字就會神經衰弱的，所以叫那些“三青團”分子來參加晚會，本來就身負破壞晚會的使命，於是他們乘機起閧：“走咯，開啥子會喲。”但是當主席宣佈“我們的會還要開下去”後，大多數同學都安靜下來，那些故意嚷著擠出去的“三青團”分子走了。大家說，這些“狗”跑了，秩序反而好了。

“現在請聞一多教授講話。”主席宣佈。大家隨之報以熱烈的掌聲。

聞一多先生坐在上首，遲疑了一下，還是站了起來，向四周望一下，他才講起來。他說：“你們都知道我沒有參加過這樣的會，也不會在這樣的會上講話，我只是想到青年中來呼吸一點兒新鮮空氣，我這樣埋在故紙堆的人是沒有發言權的。如果一定要說，也是以被審判者的心情來說話的。”

接著他說到，當年五四運動的任務是要民主和科學，可是靠“五四”起家的人物都當官去了，反民主去了，或者埋頭學術研究去了。但是這種研究到底有什麼用？想一想幾年來的生活，看一看政治的腐敗帶給人民的痛苦，有良心的人應該做何感想？

聞一多先生激動起來，聽的同學們也激動起來，長時間地鼓掌，鼓勵了他更加放開來講話。他說："說學生耽誤學業去過問政治，就是國家的'不幸'，我要問問，為什麼要發生這種'不幸'的事情呢？"他望一望剛才發出這番宏論的老朋友、歷史學家，笑了笑說："我不懂歷史，但是我知道這都是因為沒有民主！有人說青年人'幼稚'，容易衝動。這有什麼不好呢？要不'幼稚'，當然也不會有五四運動了。'幼稚'並不可恥，尤其是在啟蒙時期，'幼稚'是感情的先導，感情衝動才能發生力量。今天青年人的思想，也許要比中年人、老年人清楚得多，理智得多哩。"

他進一步闡述："過去我總以為國家大事專門有人去管，自己無須過問，於是長期脫離現實，但是經過一二十年來和古董打交道，現在卻有人在復古了。孔家店要我們好好當奴才，好好服從老爺們的反動統治，不是有人在叫'讀經尊孔'，有人在搞'獻九鼎''應帝王'嗎？現在是民國，還要我們退到封建朝代去嗎？"於是他振臂一呼："我要重喊'打倒孔家店'！我相信我有資格說這句話。我鑽在故紙堆裏很久很久，銷蝕了我多少生命，我總算摸到一點兒底細，其中有一些精華，但也有許多糟粕，我總算認識到那些糟粕的毒害，而這些貨色正是那些人要提倡的東西！"最後他號召："同學們，現在大家又提出'五四'要民主、要科學的口號，我願意和你們聯合起來，裏應外合，徹底打倒孔家店，摧毀那些毒害我們民族的思想。"

講得真好呀。

散會以後，許多同學還不能平靜，圍著聞一多先生，沿著校園外的公路，踏著從高大白楊樹縫篩落滿地的月光，送他回去。許多進步同學都為今天晚會的成功而高興，說聞一多先生不僅下樓來了，而且走到群眾裏來了。

光明在望

“五四”的晚上，還是在南區十號這個教室裏，中文系又舉行晚會，討論“五四”以來的文藝，請了好幾位教授講話。這個會由中文系主任羅常培教授主持，聞一多教授也受邀參加。不過具體是由中文系學生會主席齊亮和我們一批進步同學組織的。我們沒有料到專講文藝也來了這麼多的同學，比昨天晚上來的人還要多，當然比昨天晚上來的“狗”也多得多，教室裏實在容不下，只好請講話的人站得高一些以便可以讓站在窗外的同學聽到。

但是有的教授講話聲音小，外邊的人在叫“大聲些”。這時，那些也許早已奉命來搗亂的“三青團”分子，便趁機起鬨，大喊大叫，亂糟糟的，大家就更聽不清楚了。

忽然，他們把電綫割斷，電燈滅了。怎麼辦呢？我們研究，決不能聽任他們破壞，這個會一定要進行下去。可是主持會議的羅常培教授卻說算了，今天晚上的會結束了。這一下子激怒了聞一多先生，他主張在黑暗中也要把會開到底。我們商量，把大家拉到圖書館大閱覽室去開，那裏地方大，燈又很亮。聞一多先生表示可以，可是羅常培教授還是不幹。聞一多先生有些激動，和羅教授扯了兩句。羅教授更不高興了，認為有損他這個系主任的尊嚴，硬要宣佈散會。

散會後，羅教授氣沖沖地走了，聞一多先生也不高興地回去了。大家十分懊惱，開了這麼個不成功的晚會。但是我們仍然認為，這個會一定要開，有這麼多同學要參加，這是好事。我們一定要準備好，開一個更大的“五四”文藝晚會。

不過，這個會還一定要由系主任羅常培教授來主持，聞一多教授也一定要請來參加才好。但是這兩位教授之間有一點兒隔閡，怎麼辦呢？他們兩位只要有一位不參加，就不宜開。於是，我們第二天分頭去做工作。

聞一多先生的工作比較好做。我和齊亮去找他，跟他說："這明明是'他們'（這兩個字不用解釋，他就明白指的是什麼）有意地破壞，決不能叫他們這麼快意，一定要衝破牢籠，一掃聯大的沉悶空氣，把'五四'的傳統發揚起來，把聯大民主的旗幟舉起來。"他馬上表示同意，但是他說："羅先生生氣了，他還願意來參加嗎？他不來參加，我也不好參加了。"

羅常培教授當時思想本來就保守一些，何況第二天就有人散佈謠言，羅教授受到國民黨教授的"好意"勸告，再加上那天晚上聞一多先生說了幾句掃他面子的話。如果作為中文系主任的羅教授不出來主持，只是一個教授的聞一多先生，當然也不好出來主持。後來我大膽地對聞一多先生說："要羅先生出來，除非聞先生你親自上門去請他，同時解釋一下昨天晚上的誤會。"我沒有想到聞一多先生一下子就答應了，而且很天真地說："馬上就去。"

我表示最好和我們系的負責同學一起去找羅先生，並且我們還要商量一下會議怎麼個開法。我告辭出來後，又和齊亮一起去找羅常培教授，動以師生之情，說中文系開的這個會不過是討論文藝問題，如果開不成，中文系太沒面子了。我又說，聞一多先生準備登門請教，商量繼續開晚會的辦法。羅教授經過我們的疏通，特別是聽說聞一多先生要登門請教，更不好不答應。於是第二天晚上，我們和聞一多先生一起到羅教授的家裏，甚至沒有經過什麼解釋，他們二人就說合了。聞一多先生說："中文系要開一個更大的晚會，比歷史系開的還大，比昨天晚上的也大，並且要多請幾位教授來作報告。"我們也提出我們的想法。羅常培教授終於同意了。齊亮說一切具體的事由同學去辦，他們只要按時到會主持就行了。聞一多先生要羅常培教授主持，羅常培教授卻推聞一多教授主持，後來商定，他們二人共同主持，由他們二人發請帖邀請各位教授，並由他們二人在民主牆上出通知。

之後，我們寫了請帖，除了原來的幾位教授，又增加了幾位作家和詩人。我記得一共是請了十位，現在記得的除了主持晚會的羅常培、聞一多外，還有朱自清、沈從文、游國恩、卞之琳、李廣田等教授，這個陣容很不錯，很有號召力。我們決定擴大規模到新教舍的大廣場上舉行。除了安電燈，還借來煤氣燈，這就再也不怕被破壞了。會議前兩天，我們就把羅常培、聞一多先生二人聯名出的一個大紅紙的大幅通告貼在民主牆上。這一下不但轟動了聯大，甚至轟動了外校，大家都要來參加。

5 月 7 日晚 7 點，聯大新教舍的廣場上分外熱鬧，還不到黃昏，就黑壓壓地坐滿一地學生，估計有三千人。電燈、汽燈同亮，天氣晴朗，月光也特別好。我們組織了一些糾察隊員在四周巡查，預防特務和“三青團”分子搗亂。

一位又一位教授、作家和詩人上台各抒高見，談的雖說都是文藝，但都沒有離開民主和自由的中心主題。全場幾千人，一連坐了三個多鐘頭，鴉雀無聲。雖然看到有些“三青團”分子來了，估計他們大半也是身負使命的，結果誰也不敢吭一聲。

這樣大型的“五四”文藝晚會不僅在聯大，可以說在昆明都是空前的，甚至在蔣管區也沒有聽說過這種。它衝破幾年來的沉悶空氣，把昆明的學生運動推上一個新的發展階段。聞一多先生最後的一段話特別精彩，他說：“我們的會開得很成功。朋友們，你們看（他指著從雲中鑽出的月亮）！月亮升起來了，黑暗過去了，光明在望。但是烏雲還等在旁邊，隨時會把月亮蓋住！我們要特別警惕，記住我們這個晚會是怎樣被人破壞的！當然不用害怕，破壞了，我們還要來，事實上，我們來了一個比‘五四’晚上大了許多倍的大會。”說到這裏，他興奮地笑起來，接著說道：“這大概是‘那些人’做夢也想不到的事吧。朋友們，‘五四’的任務沒有完成，我們還要努力！我們還要科學、要民主。要衝破孔家店，要打倒封建勢力和帝國主義！”聞一多先生像一支火炬燃燒起來了，光明在望了。

鬧一鬧又何妨？

自從“五四”文藝晚會衝開了國民黨設置的藩籬後，聯大和其他幾個大學都開始活躍起來，民主牆上的壁報如雨後春筍般琳琅滿目。各種政治見解、學術觀點的小集團都跑去那裏佔一塊地盤，登台表演。甚至國民黨的特務也要搞什麼“宣傳對宣傳”，在那裏辦了一張“森工”的壁報。大概是找不到人執筆，只好剪報來貼。誰知剪報的小特務不當心，沒有把特務機關的“調查統計局”字樣剪掉就貼了出來，叫大家在上面用紅筆打了許多問號和批了許多很有水平的話，有一條批語引用魯迅的話“凡事需要研究，才能明白”，然後打一個箭頭到“調查統計局”幾個字上面。這種造謠誣衊的壁報恰恰成了很好的反面教員，起了正面的動員作用。

當時的學生自治會由“三青團”把持，學生沒有一個統一發號施令的組織。各壁報聯合組織了一個“壁報協會”，成為學生擁護的“司令部”，凡是壁報協會所號召的事，群眾都積極參加，從非法變成合法，大學的訓導長也無可奈何了。美國副總統華萊士來昆明，要參觀聯大。壁報協會辦了一張英文壁報，揭露國民黨法西斯面目，呼籲民主抗戰。因為時間緊，想請教師幫忙，但大家怕事，不肯參加。可是一問聞一多先生，他不僅熱心參加，還親自去請其他教師來幫忙。這張一丈多高的壁報一貼出去，立即轟動全校，同學們紛紛在上面簽名支持。雖然這不過是一個幼稚的行動，但是聞一多先生進一步想和群眾同呼吸、共命運的傾向，更清晰了。

“七・七”到了，為了紀念抗戰七週年，壁報協會聯合雲南大學、中法大學和英語專科學校在雲南大學致公堂舉行時事報告晚會，請了十來位政治、經濟方面的教授。這是“皖南事變”後，昆明第一次舉辦公開討論政治的晚會。消息一傳出，全市決定來參加的人很多，國民黨省黨部嚇壞了，給雲大校長施加壓力，不准開會。可是民心所向，誰能阻止？不到天黑，雲大致公堂裏裏外外早已擠滿了人。黨棍們想來阻止也已經辦不到了，因此他們要求只談學術，不談政治。主持晚會的同學回答：“在這裏講話的都是教授，言責自負，你們不是說什麼‘言論自由’嗎？你們連教授講話也要禁止？”

特務被將了一軍，沒詞了。於是“文的不行來武的”。開會前派來了一隊憲警，說是奉命來“維持會場秩序”的。瞬間全場大嘩，要求維持最高學府的尊嚴，讓憲警退出學校去。雲大的特務訓導長怕事情鬧大，不好收拾，好說歹說，把憲警送走，會議才得以開始。並不是所有教授都講得精彩，有的教授講得聲音低，很多人聽不清。可是大家都珍惜這個會議，即使聽不清，也忍耐著，保持鴉默雀靜的秩序。

我們事前已經通知了聞一多先生，請他來參加。他說這個會是討論政治、經濟的，他沒有發言權，但是他願意作為一個聽眾來參加。他悄悄地在人群裏擠進來，準備隨便找個座位坐下來。可是同學發現了他，把他讓到前排來。幾個鐘頭裏他一直耐心地聽著。晚會進行到中間，許多條子飛到主席台上來，要求聞一多教授講話。他卻推辭，寫了一張條子給主席：“我對政治、經濟毫無研究，我是來聽、來學的，不要讓我浪費大家的時間。”於是大家才不勉強他了。

可是這時，雲大那位著名數學家兼校長上台去大談數學。他說數學不管多複雜，都可以按規律演算出來。若隨便改變公式，就會錯得一塌糊塗。他企圖從數學理論的角度來證明“變”會帶來“亂”。結論是國家大事要聽從政府指揮，不要亂變。這一下把大家惹得生氣了，噓噓之聲四處發出，他只好草草收場。

忽然，聞一多先生站了起來，要求發言。全場響起了熱烈的掌聲，他很激動甚至是很生氣地走上台去。他說：“今天晚會的佈告寫得很清楚，是時事報告晚會，我對政治、經濟懂得太少，所以是特來向諸位有研究的先生請教的。但是大家看得很清楚，有人並不喜歡這個會，不贊成談政治，據說那不是我們教書人的事情。”

他停了一下，繼續說："我的修養非常不好，說話容易得罪人，好在大家都是老同事、老朋友，既然意見不同，可以提出來討論。"他用目光掃了一下那位數學家，毫不客氣地駁斥起來："深奧的數學理論，我們許多人雖然不懂，但這哪裏值得炫耀？又哪裏值得嚇唬人？今天在座的誰沒搞過十年二十年研究？誰不想安心研究？但是可能嗎？我這一二十年的生命都埋葬在古書古文字中，究竟有什麼用？究竟為了什麼人？不說研究條件，連起碼的人的生活都沒有保障，怎麼能再做那自命清高、脫離實際的研究？"

聞一多先生的情緒激昂起來，在燈光下臉色發紅，那鬍鬚也怒張起來，他大聲說："國家糟到這步田地，我們再不出來說話，還要等到什麼時候？我們不管，還有誰管？有人怕青年'鬧事'，我認為鬧鬧何妨？

'五四'是我們學生鬧起來的，'一二·九'也是學生鬧起來的，請問有什麼害處？現在我們還在鬧，有人自己不敢鬧，還反對別人鬧，真是可恥的自私！"

這時，那位數學家沉不住氣了，在旁邊嘀咕："聞一多，你誤解我了，你太誤解我了。"

聞一多先生理直氣壯地回答："沒有。雲大當局是這樣，聯大當局也是這樣，膽小怕事，還又逢迎，這就是這些知識分子的態度！"

在滿場的鼓掌聲和歡呼聲中，晚會結束了。

公道話

聞一多先生才衝出傳統的學術界為他編織的精緻的牢籠，才下樓做了幾聲應有的呻吟，才在群眾中呼吸一點兒自由的新鮮空氣，就不能容於那些"高等華人"了。有的人在為他惋惜，認為他還是"老老實實搞學問的好"，連清華大學的校長梅貽琦教授也以老友身份勸告他："一多，要適可而止呀！"還有一些號稱聞一多先生的好朋友，現在已經從教授轉化成國民黨區分部主任和大學訓導長的人，表面上拉攏聞一多先生，背地裏卻佈置特務和“三青團”分子進行監視和破壞，並且造謠中傷，散佈流言：“聞一多想出風頭，趕時髦。”“別聽聞一多那一套，他還不是肚子餓得發慌，才變得這麼偏激！”有的特務學生背地叫他“聞瘋子”。

聞一多先生聽到這些流言，卻並不生氣，他對我們說：“那些從來就吃得很飽的先生們愛怎麼說就讓他們說吧，因為我捱過餓，所以我懂得那些沒有捱過餓的先生們不懂得的事情。因為我現在吃得飽一點兒了，所以有力氣來說這些偏激的話。國家糟蹋到這步田地，人民痛苦到最後一滴血都要被榨光，自己再不站出來說幾句公道話，便是可恥的自私。”

他說著說著，把他的手工業工具雕刀“噹”的一聲扔在檯子上了，憤憤地說：“他們是怎麼吃得飽飽的，我不知道！我現在吃得飽一點兒，是靠我的這把雕刀！”

我本來是想和他談談，大學裏有一大批處於中間狀態的教授教員，是我們團結的對象，而不是我們批判的對象，那天晚上雲大那位數學家兼校長就是這樣的人，甚至雲大、聯大當局也和省黨部是不同的，要講分寸，不能只圖一時痛快，但是一來聽到他對那些“吃得飽飽的知識分子”的怕事自私思想表示憤慨，我就不好說了，只得告辭。

第二天我又去找他，轉彎抹角地談到像雲大那位數學家這樣的人，在聯大也不少，要怎麼對待才好。

我說：“這些人都是好人。”

聞一多先生說：“好人，都是這些好人愛擋道。”

我停了一下說：“聞先生，作為你的學生，我想向你請教。對這些擋道的好人，是一腳把他們踢出道外去呢，還是把他們拉進來和我們一道前進呢？”

他突然用思索的眼睛盯住我，不發一言。

於是我乘機告訴他：“聽說你去參加一個座談會，一進門看到你那位為土財主寫墓誌銘的老朋友也在座，你臉色一變，立刻轉身要走，好不容易才把你勸住了。有這樣的事嗎？”

他說：“我就是看不慣這樣的人。”

我說：“這種知識分子在品格上是不怎麼好的，但是在政治上要是不壞的話，我們也不要拒人於千里之外。”

聞一多先生開始思索了。他也覺得近來有些苦惱，他說他太容易激動，有時急躁，有時和老朋友也說僵了，傷了感情，有些在學術上常來往的同事、同學也疏遠起來了。看起來他對於自己作為一個思想進步的知識分子，瞧不起思想落後的知識分子，並且表現出某些偏激情緒，是有所覺察了。

於是我們又進一步談到他發表的講演和文章。他在文章中猛烈地抨擊了專制獨裁，政治腐敗，攻擊那些發國難財的投機商，造成貧富懸殊越來越大，他認為這個國家痼疾很深，已經危機四伏。他說：“一部分人忍受剝削，在飢餓中如牲畜似的沉默，另一部分卻在舒適中興高采烈地粉飾太平，這不知是肺結核患者臉上的紅暈呢，還是將死前的迴光返照？”

他希望這樣大聲疾呼，能驚醒那些醉生夢死的人，起來挽救民族的危亡。這當然是好的。可是他發出“民族已經麻木”“國事已不可為”的慨歎，卻是不可取的，因為他還沒有機會看到另一個中國。有一次，在他又對我表示他的憤慨和歎息後，我委婉地說：“你大概不會忘記在中國，一面是荒淫於無恥，一面卻在莊嚴地工作吧。中國其實還有另一個大有希望的地區，另一個中國。就是在我們這裏，也有一股巨大潛流，就要爆發出來。”

他點了一下頭，說：“我相信，可惜‘那邊’的情況我知道得太少了，要能去親眼看看，該多好呢。”他問起我認識的他的幾個姪兒的情況，他知道他們正在“那邊”戰鬥，他很高興。過了一會兒，他意味深長地說：“他們比我們幸福多了，少走多少彎路。”

魯迅對，我們錯了！

魯迅逝世八週年紀念日（10 月 18 日）快到了，昆明文藝界決定要開一次紀念晚會。這也是為了進一步推動民主運動。可是在籌備這個紀念會的時候，對請不請聞一多先生來參加和講話感到為難。有的人說聞一多先生曾經是“新月派”寫“豆腐乾詩”的詩人，而“新月派”曾被魯迅深惡痛絕、屢加斥責過。聞一多先生現在對魯迅的看法是怎樣呢？他願不願意到會講話呢？但是，更多的人認為這個紀念會實質上也是昆明民主運動的一部分，如果聞一多先生不參加，那帶來的影響會是破壞性的，所以決定先找聞一多先生商量一下。結果出乎意料，聞一多先生毫不猶豫地表示要參加，並且願意講話。他還去動員一些大學裏搞文藝的先生來參加。我們都為他能來參加這樣一個進步的文藝集會而感到高興，這會使文藝界的民主運動向前推進一步。

10 月 18 日晚上，雲南大學致公堂裏燈光明亮，說是請昆明文藝界人士參加，結果各方面來的人都不少，坐得滿滿的。通道上也坐滿了人，聞一多先生進來時都有點兒難以通過了。

會上，有幾位對魯迅有研究的人做了介紹，接著聞一多先生懷著激情，站起來講了不長的話。他說：“有些人死了，儘管鬧得十分排場，過了沒有幾天，就悄悄地隨著時間一道消逝了，很快被人遺忘了；有的人死去，儘管生前受到很不公平的待遇，但時間過得越久，形象卻越加光輝，他的名聲卻越來越偉大。我想我們大家都會同意，魯迅是經受住時間考驗的一位光輝偉大的人物，他是中國歷史上最偉大的文學家。”

全場熱烈鼓掌。我們沒有想到這位過去參加過和魯迅作過對的“新月派”的詩人，會對魯迅作出這麼高的評價。

接著，聞一多先生讚揚魯迅曾是被“通緝”的“罪犯”，但是他無所畏懼，本著有“一分熱，發一分光”的精神，勇敢、堅決做他自己認為應該做的事，在文化戰綫上衝鋒陷陣。學習魯迅就要先學習他高尚的人格。聞一多先生的這些話，大家都相信是發自肺腑的，他本人就正在學習魯迅精神，在民主運動的最前綫，勇猛堅定，衝鋒陷陣。

但是引起全場最熱烈掌聲的是聞一多先生敢於在大庭廣眾之下，在魯迅的遺像面前，進行知識分子的自我解剖。他說："反對魯迅的還有一些自命清高的人，就像我自己這樣的一批人。"於是他講他們在北京的自稱"京派"的人，瞧不起魯迅這樣他們稱之為"海派"的人。說到這裏，他忽然轉過頭去，望著牆上掛的魯迅畫像，鞠了一躬，然後說："現在我向魯迅懺悔：魯迅對，我們錯了！當魯迅受苦受難的時候，我們都還在享福，當時我們如果都有魯迅那樣的骨頭，哪怕只有一點兒，中國也不至於這樣了。"

大家對於聞一多先生這樣坦率的自我批評精神，怎能不報以熱烈的掌聲呢？

接著，聞一多先生現身說法，勸導到會的文藝界的知識分子，尤其是大學裏那些自命清高的知識分子，他說："罵過魯迅或看不起魯迅的人，都應該好好想想，我們自命清高，實際是做了幫閒幫兇。如今把國家弄到這步田地，實在感到痛心！"

聞一多先生的一席話，無疑是給在昆明聚居最多的"京派"人物一個當頭棒喝。最後他以激昂的調子結束了精彩的講話："現在，不是有人在說什麼聞某某在搞政治了，在和搞政治的人來往啦。以為這樣就把人嚇住，不敢搞了，不敢來往了。可是時代不同了，我們有了魯迅這樣的好榜樣，還怕什麼？"

"聞瘋子"

是的，聞一多先生正像當年的魯迅一樣，什麼也不怕。那些來自在大學背地裏嘁嘁喳喳的"清高"人物的諷刺和謾罵，他並不理睬，也不畏懼國民黨特務給他放出的種種謠言，正如他們曾經散佈的"魯迅拿盧布"這一類的謠言，還加上恐嚇。那些人甚至無聊到把聞一多先生和吳晗教授改名為“聞一多先生夫”和“吳晗斯基”。

聞一多先生義正詞嚴地反擊了那些大學御用學者們當面詆毀的讕言。他忍受中學解聘和特務破壞他的“小手工業者”的招牌給他生活帶來的威脅，他不理睬國民黨的文化劊子手禁止登載他的文章的禁令。他還是像一頭勇猛的獅子，怒吼著向著他認為正確的方向義無反顧地奮勇前進。

在大學裏，那些當權者奉了當局之命，解除了聞一多先生在清華大學教授會議裏的書記職務，並且放出要把他解聘的謠言，甚至一直散佈到重慶去。他在昆華中學語文教員的兼差被解除了，使他喪失了一月一石米，特別是兩間住房的待遇。他為人刻圖章的掛在街上的收件吊牌，也被特務破壞了。敵人以為這樣就可以使他落入飢寒交迫的境地。

當時在昆明，社會上暗地裏流傳著喊喊喳喳的謠言，說聞一多先生是政治上投機分子，說他愛“出風頭”，甚至說他是“神經病”，叫他“聞瘋子”。國民黨圖書雜誌審查委員會故意刁難，扣留或亂刪他的稿子，警告報刊不准登他的文章，要剝奪他的發言權。於是他不得不學魯迅那樣用曲筆，甚至改名發表。

有一次真叫他火了。聽說在清華大學的一次會議上，一位清華大學的權貴人物當面問他：“有人說，你們民主同盟是共產黨的尾巴。為什麼要當尾巴？”

在座的有的教授莞爾而笑，以為這一下能把聞一多將了軍了。聞一多先生卻義正詞嚴地說：“誰的意見正確，我們就支持誰。如果說這就叫作‘當尾巴’，我們就是共產黨的尾巴。共產黨做得對嘛！有頭就有尾，當尾巴又怎麼樣？難道自命清高而又逢迎有術，反倒是光彩體面的嗎？”

罵聞一多先生是共產黨的“尾巴”，連民主同盟內部也有人在背地裏議論，說聞一多先生已經“三變”，不知道他還要變到哪裏去。暗示“聞一多先生變成共產黨的尾巴”。對這來自自己陣營的詆毀，最令他感到痛心，他真也有魯迅說的要“橫著站”這樣一種苦惱。但是當他和火熱的青年一接觸，和革命真理一接觸，又仍然那麼生氣勃勃，無所顧忌了。

1945年，昆明的學生民主運動更加如火如荼地發展起來，聞一多先生也更加積極地參加到學生的一切活動中，他幾乎每會必到，每會必講話，他用他那詩般的語言，鼓舞大家奮勇前進。他說他和青年們在一起，更加年輕了。他不知疲倦地參加學生們舉辦的壁報、講演、唱歌、演戲、繪畫、詩朗誦、出版刊物等活動。甚至聯大學生組織的石林旅遊團他也參與其中，和同學們一起長途跋涉，在石林和旅途中觀看同學們的唱歌、跳舞和詩歌朗誦。他在一塊大石頭上坐著，滿足地微笑著，抽著煙斗，容光煥發，留下了一張最能表現他的精神狀態的不朽的照片。什麼老朋友“善意”的“忠告”，什麼不敢見天日的小人在背地施放的冷箭，什麼無恥特務向他發出的恐嚇信，什麼同一陣營的野心政客罵他“左”得可愛，“變”得太快，他都毫不在乎，就像他微笑著咬著的煙斗裏升起的煙子，都風飄雲散了。他說既然認定了路，就勇猛地向前走去。

這一年的“五四紀念週”到來了。5月4日下午，聞一多先生參加了全市性的群眾示威遊行，他發表了“天洗兵”的鼓動講話，他和青年同學們一同迎接抗日戰爭的勝利，歡樂慶祝。他在抗戰初就誓言留長鬚到勝利，我們見他馬上把長鬚刮掉，他更顯得那麼年輕和生氣蓬勃。但是，他沒有料到更激烈的戰鬥正在等待著他。

烈士的血不會白流

抗戰勝利，聞一多先生還夢想“青春作伴好還鄉”，準備回到清華大學時，卻被國民黨掀起的內戰推到更激烈的學生反內戰的鬥爭中去了。

國民黨特務兇惡地鎮壓學生反戰運動。1945年12月1日，國民黨特務肆無忌憚地射殺學生，導致了震動全國的“一二・一”慘案，更激起了學生運動的爆發。聞一多先生義無反顧地參加進去，並且走到鼓手的前列。

四烈士的血沒有白流，昆明全市罷課，全市人民形成四烈士送葬大遊行。聞一多先生和十幾位教授走在送葬群眾遊行的前列，到達墓地後，聞一多先生發表了烈士墓前的演說。

“四烈士永遠安息在民主堡壘裏了。我們活著的，道路還遠，工作還多，殺死烈士的兇手還沒有被懲辦。今天我們在這裏許下諾言：我們一定要為死者復仇，要追捕兇手。我們這一代一定要追還這筆血債，追到天涯海角。我們這一輩子追不到，下一代還要繼續追 —— 血債是一定要用血來償還的。”

但是聞一多先生沒有料到，或者他料到了，卻不惜以生命來殉民主運動。國民黨特務竟然冒天下之大不韙，向民主鬥士李公樸開刀，聞一多先生毅然前仆後繼，勇敢鬥爭，犧牲在特務的槍口下。又一位偉大的民主鬥士倒下了。

聞一多先生最後在李公樸追悼會上震天動地的講演，已寫在中華民族解放鬥爭的歷史中，他的血和一切為民主中國而戰的人們的血都沒有白流，蔣介石的反動王朝終於覆滅了，而聞一多先生的英靈永遠留在中國人民的心中。

我這一生中，能成為聞一多先生的學生，聆聽他的教誨，能和他一起為中國的民主自由而戰，實在是一種幸運。在聞一多先生身上，我看到一個真誠的中國知識分子的典型，我把他作為自己學習的榜樣。所以我用了較多的篇幅來紀念我的這位老師。

季羨林

他為我的《滄桑十年》寫序

2009年7月11日，98歲的季羨林和93歲的任繼愈兩位大師在同一天辭世了，雙星同隕，這當然是中國學術界的巨大損失，各界深切哀悼，緬懷二老淡泊名利、寧靜致遠、追求知識真締的人文精神。我雖也感到悲痛，卻是哀而不傷。一則他們都壽逾耄耋，可算已盡天年，再則他們都以畢生之力，在各自的學術領域裏，取得了開創性的進展，作出了非凡的貢獻。並且把學術成果、人格精神薪火相傳，已是後繼有人。二老可以安息了。我無力寫學術性文章追思他們，但我和他們二位有過幾面之緣的往事，還是值得一說，從中足見他們的人品和文品。

史無前例的"文革"落下帷幕後，我們這些從災難中活出來的人，總在思考一個問題，為什麼在社會主義的中國會出現這樣的歷史悲劇。更叫我感到奇怪的是，為什麼如此眾多的受害者卻對之三緘其口，好像中國從未發生這樣的悲劇似的。我雖然不敢冒充歷史學家，去全面地闡述這場悲劇的歷史過程，議論得失，臧否人物，但是我可以把那十年間親身經歷的人和事，如實地記錄下來，這便是我歷十年之久寫出來的《滄桑十年》。稿子寫成以後，自然希望公之於眾。於是我懷揣稿本到曾為我出版過幾本書的人民文學出版社，把稿本交給編輯部。編輯看後，說寫得不錯，但最後總編熱心地和我談了一回話，並請我吃了一回飯，把稿子退還給我。我識趣地抹了一下油嘴，懷揣稿本告辭了。作家出版社聽說後，叫我送去給他們看看，但過了一年，仍沒有音信，我去信詢問，他們說正在準備選擇一個適當時機出版。我不知道還要多久才會有時機降臨到他們出版社。於是我收回了稿本，同時對他們已在這本稿本上做的編輯工作表示謝意。

1998 年夏，我偶然讀到季羨林先生寫的《牛棚雜憶》，大為興奮。感於他的空谷足音，我願步其後塵。於是經過北京大學張光璘教授的介紹，揣著稿本和老友張彥到北京大學朗潤園去拜訪季羨林教授。

我是北大老校友，北大熟人不少，也常進出北大。我們一直走到了朗潤園。我沒有想到，這麼鼎鼎大名的教授，卻住在朗潤園底層不顯眼的幾間房舍裏。因為事先聯繫過，所以進門後，看到季老已等在小會客室裏了。簡單的見面寒暄之後，我們便直奔主題。我說明來意，讀了季老的《牛棚雜憶》，我願步他後塵，並把《滄桑十年》稿本送他手上。他把稿本翻了一下，發現有人步他空谷足音的後塵，有了同道，自然喜形於色，他答應"拜讀"。我們自然地談起"文革"往事來，話匣子一打開，我們一見如故，越談越有同調，竟然過了一個多小時。季老並不是一個健談的人，但他那平易近人、溫文爾雅的學者談吐，卻給我留下深刻的印象，難以忘懷。經朋友提醒，我才起身告辭。臨行前，我說我有個不情之請，如果季老認為這部稿子尚有可取之處，能否為我寫一篇序言。他竟然表示會考慮。

我回來不足半月，朋友就打電話告訴我，季老不僅看完我這部三十幾萬字的稿子，還欣然答應寫序，甚至已經寫好了，叫我去取。我聽了不說是受寵若驚，那也是喜出望外。不覺叫出："季老真是有心人也。"我急忙再度趕到朗潤園，領取季老寫的序言並登門求教。

他知道我是作家，並曾和他一同被聘為中國作家協會顧問。我只比他小三歲，可算同業同輩人吧，所以再見面，就像熟人一般無拘無束地談了起來。我們當然又談到“文革”，說到巴金老人建議建立“文革博物館”的事情至今沒有著落，連著說到巴金講真話的事，不免說到講真話之難。還談到教育，說目前學術風氣不大好。也涉及時政，卻不想多說。我看他對許多事都有獨立見解，令人欣佩。特別是聊到中西文化交流，他反對“歐洲中心論”，認為東方文化包括印度文化一定會發揚起來，這就是他的“三十年河西，三十年河東”的論點。

季老把他寫的序言拿出來給我，我馬上拜讀，寫得真好，講理透徹，文筆生動，序末還寫起詩來。季老給我序言稿，我的《滄桑十年》稿本卻沒有給我，正驚疑間，季老的助手李教授說：“稿本被中央黨校出版杜的編輯拿去了。”他們到季老這裏來，看到了這部稿子，說拿回去看看。我知道季老寫“文革”的《牛棚雜憶》就是這個出版社出版的，如果我的《滄桑十年》能由他們出版，那就太好了。

過了一會兒，我說想參觀他的書房，他叫李教授陪我去。小小的兩間書房，滿架滿地都是書，一直摞到屋頂，幾乎無插足之地。在這兩間書房的臨湖小窗下各放著一張不大的書桌，也堆了一些書，有的還翻開著。桌面中間鋪著稿箋。李教授說，季老每天清晨四時，必定起來寫作，很少間斷。一張桌上寫學術著作，一張桌上寫文藝作品。他從來不以為苦，只以為樂。陪伴他的就是那兩隻波斯貓，其中一隻正在書桌上睡覺，我們驚動了牠，竄出去尋牠的主人，也是朋友去了。

在另一間書房裏，書山下有一張條桌，也放了許多書，李教授說這是季老查閱資料之處。李教授在這裏說了一段故事，她說這裏只能容下一張條桌，所以當國家領導人來看望季老時，連凳子都沒有一個，只能站著說話。李教授說，正因如此，才有我們剛才和季老談話的那間接待室的設置和裝修。那接待室雖然不大，卻煥然一新，有新裝的地板，還擺了成套的沙發，圓茶几和插著鮮花的花瓶，如此等等，都是上了檔次的。我對季老取笑說是“蒙天恩眷顧”了，季老不言也不笑，好像對這樣的事漠不關心，根本不想過多談論。我再坐了一會兒便告辭了。

我回到女兒家，等了不過一個多星期，中央黨校出版社的副社長帶著編輯來訪問我。開門見山地說，他們只花了一個星期便審讀完我的稿本，很好，出版社決定馬上出版。這太叫我高興了，他們把準備好的出版合同拿出來讓我簽字，我馬上就簽了。他們以特有的高效率出版了這本書，兩個月之後就給我寄來樣書，首印八千冊，還是用防盜版的紙印的。

《滄桑十年》能夠出版，季老除為我寫序外，還做過什麼幫助，他是不會告訴我的，但是我一定要去向他道謝。欣喜之餘，我還乘著詩興寫了三首七律詩，不揣冒昧，寫成條幅帶去送他。女兒陪我去了，我向季老道謝，並拿出條幅展開，請方家指正。他饒有興致地讀我寫的詩。

訪季羨老　其一

荷塘雨霽柳迎風，朗潤幽園訪季翁。
魯酒齊歌堪自得，東文西學貫而通。
談鋒似劍鞭闟裏，清議如流發聵聾。
且向書山深處去，雕章琢字樂融融。

訪季羨老　其二

京華到處說《牛棚》，綠漲池塘訪季翁。
斗室開光蒙特眷，書齋轉折似迷宮。
回眸痛說十年劫，皓首仍窮百代功。
最是可憐雙白狸，案頭几上慰龍鍾。

季老讀了竟謬加稱讚，說應該裝裱起來。我們聊了一會兒，我不敢多佔他的時間，再度向他表示感謝，便告辭出門。他卻堅持送我出門，出門後又堅持在湖邊走了一段，送我到車邊。我的感慨之情，真是無以名狀了。

2005 年，我到中國作協開會，聽說季老病了，住在 301 醫院，但他還在堅持寫作。我想去看望他，作協的陳建功副主席和我一塊兒去了。相見甚歡，果然見他在病房裏擺上一張小桌，還在伏案寫作。桌上堆放書報，可見他正在爭分奪秒地讀書、寫作。我們都說這樣不好，他卻滿不在乎。我拿出寫好的一幅"悠著點"的字送給他，勸他要服老——我們都老了，要悠著點。我們兩個人用手牽起這幅字，照了一張相。我把我新出版的《文集》送他後，便告辭出來，我們都說他不會悠著點的，不然就不是季羨林大師了。果然，他把他的文絲吐盡，才終於走了。

任繼愈

去世前給我的信

和季羨林大師同一天走的另一位大師，就是任繼愈。任繼愈大師和我也有一點兒來往。上世紀四十年代的抗戰時期，我們都在昆明西南聯大上學，不過他是我的學長，已經在讀清華大學的研究生，我還在讀中文系本科。他專攻哲學，成績斐然。後來我讀了他的《中國哲學史》，才得知他是以馬克思主義觀點來研究中國哲學史的第一人，是位很有成就的學者。他的《中國哲學史》，洋洋四大卷，真大觀也。我國對於宗教缺乏研究，甚至帶有偏見，他卻獨有遠見，很重視宗教研究，聽說還受到過毛主席的稱讚。他是著名的宗教學家，佛教研究領域專家，著有《中國佛教史》八卷。他還四次註譯《老子》，不厭其煩，精益求精，在學術界創導了一種嚴謹的學風。此外，他還承擔了國家圖書館館長的重任，並作出了開創性的工作，晚年勇挑浩如煙海的中國古籍整理出版的領導工作，推進國學，厥功甚偉。種種貢獻學術界有口皆碑，無庸贅述了。

我和任繼愈雖是同學，都讀文科，但專業不同，往來不多，只在西南聯大校友會上有所接觸，也非深交。我們真正敞開心扉地交流思想，是在成都的一次全國古籍整理規劃領導小組擴大會上。我因參與過四川古籍整理規劃工作，便參加了此會。會上相見，當我們談到西南聯大的優良學風時，真是心有靈犀一點通，我們都留戀西南聯大那繼承自北大、清華、南開的民主科學的學風和自由思想、獨立人格的治學精神，並感慨不已。任繼愈雖身處並不理想的學術研究環境，甚至在逆境中還是矢志於學，鍥而不捨，卓有成就。

此後，我們除了逢年互寄賀卡、互送著作，再無往來。直至今年二月，我忽然收到他的來信——一封多達兩千字的長信。拜讀之後，真如醍醐灌頂。這其實是一篇高水平的論文提綱，除了開頭告訴我他去年患膀胱癌動手術及術後情況外，他談論了許多問題，學術問題、歷史問題、思想問題，如此等等，都有他經過深思熟慮後的獨到見解，發人深省。有些一語道破的雋語，是我過去在他發表的文章中從未見到的，彷彿是他臨走前對老朋友說的心底話，使我大開腦筋。我不願私藏，把它轉錄於下。我想這不僅對學術研究有好處，也許對研究任繼愈這位大師也有參考價值吧。但令我抱憾終生的是，就在我究讀過他的來信，經過思考想回他一封長信的時候，比我還小兩歲的他卻突然先我而去了，傷哉！

以下是任繼愈學長給我的信：

識途：

很長時間沒有與你聯繫，祈諒。

去年5月底動了一次手術，切除了長在膀胱內的一個腫癌。手術成功，醫生也滿意。本來不想動手術，因為年紀過了九十歲擔風險。我下了決心，“那在腫癌不好切除就連膀胱也切去，裝個人工尿袋也可以”。反正我不做更多活動，只希望把經手的未了的工作結束了，足矣。手術後近多半年，只是恢復起來比青年人要費時費力。一切老朋友間也缺少聯繫。一般賀卡由別人代勞也打發了一些，還有一些友朋處不說明情況實在是失禮。在北京我未發現生病症之前，有時與汪子嵩同志見見面，手術後，兩人也常通電話，他的老伴患病要人守護，子嵩也離不開家。

在病中，思想並未休息，我們經歷了新舊兩個中國，新中國又經歷了知識分子改造，人民公社及“文化大革命”，經常思考這些舉世矚目的大變革，何以戰時全民遭劫難，受重大傷亡。“解放”60 年來，前 30 年仍然遭劫難而造成重大傷亡。甚至超過了抗日戰爭。迄今為止，我們的《抗戰史》不完整，也不全面，比抗日戰爭更長的“文化大革命”，連一部《文化大革命史》也沒有寫出來。有幾本也很不完整。

我們都是研究歷史的，又是歷史的見證人。也有人認為中國當初革命就走錯了，如果不革命，走變法立憲道路就好了。又有人說“五四”疑古疑錯了。也有人說中國革命投錯了路，走議會道路北歐也是一個方向。

我認為我們黨是以小農為基本成員的黨，有馬克思主義，但仍是封建思想佔主要地位。人民群眾亂中望治，希望有聖君、賢相為人民做主，拯救萬民，“文化大革命”中，出現了“造神”運動。神是人造的，人們需要神，神才存在；人民不需要神，有人野心，想當神也當不成。國際歌中“不靠神仙皇帝”，我們全黨歌唱“大救星”。這是黨不成熟的表現。歐洲社會為走出幾千年封建社會，花了四百年才走完的路，我們要在幾十年內走完，不走彎路是不可能的。只是革命領導人帶著走，大家（我們也在內）緊跟，推波助瀾，才造成了“文化大革命”的後果。人們投鼠忌器，想保住“紅旗”不倒，想把罪惡算在四人幫的賬上，這種辦法並不成功。人們心中都有一本賬，四個小人物如何把中國攪亂了十年。照搬外國經驗，都失敗了。

中國人要走什麼路仍在進一步探索中。進入小康社會有人均收入的經濟指標，但沒有政治文化的指標。貧窮不是社會主義，有了錢也不能算社會主義。魯迅說過，人“一要生存，二要溫飽，三要發展”。很多問題是溫飽後才會發生的。這一方面應當好好研究透徹。

孫中山是不朽的，從他以後沒有人敢當皇帝。

毛澤東是不朽的，他取消了中國的不平等條約，統一了全國（除台灣），創建了康熙、乾隆以來未有過的新局面。

我是研究中國哲學史多年的舊知識分子，“解放”後又學了馬克思主義。我認為文化是有民族性，又有繼承性的。由於它有民族性，德法相鄰，雞犬之聲相聞，但兩國的文化，哲學不同。英國、德國與法國只隔一道海峽，文化哲學也不同。我們應當走自己的路，有一部結合中國歷史實際，體現中國特色的哲學史。中國幾千年的歷史實際是“多民族，統一的大國”（秦漢以後到今天）。根據這“實際”再看歷史，才是可行的探索之路。“解放”60年來最大的文化失誤是切斷文化傳統，對舊的文化要徹底決裂。事實上，想決裂也決裂不了。譚厚蘭等打破了孔廟的石碑，但沒有清除頭腦裏的封建帝王思想。

舊中國的知識分子從不知道馬克思主義，但中國知識分子有一個幾千年的好傳統，是關心“天下興亡”（古人的天下是國家而不是世界）。新中國成立初，在外國已能立足，有工作的一些知識分子（包括西南聯大的師長們），都有愛國主義傳統。西南聯大師生中，有左有右，但無論左右，抗日救亡的認識是相同的。在艱難生活中志氣不衰，也靠的這種優良傳統。歷次運動中首先捱批判的、被改造的也是他們。他們（我的老師們）高興地看到中國站起來了，不再受奴役了，他們受批判、受委屈也無怨無悔。如金岳霖、馮友蘭、賀麟、錢穆、聞一多和李廣田，等等。

中國56個民族，但中國區別民族（夷夏）不是看血統，而是看他們是不是接受中華文化，接受的才是華夏人。隋唐皇帝家族都是漢族與北方少數民族混血兒，但他們沒被看作“異族”。宋及金、元、西夏和朝都接受了華夏文化，他們被認為華夏而不是夷狄。不接受華夏文化的是夷狄。所以中國二十四史是後來朝代承認前朝的政統。因為文化價值觀都接受“忠孝”傳統，“敬天法祖”。凡千年文化連續不斷，中國是在全世界唯一的國家，既“古”又“新”。

隨手寫來，拉雜不成文。我想中國哲學史要重新寫。

此致

敬禮

任繼愈

2009.2.13

吳晗

千古奇冤

我和吳晗教授往來不多，相交不深，一共不過五六次接觸，只能說有一點兒印象。但是就這麼少的幾次接觸，卻令我有深刻的印象。

吳晗給我留下的第一個印象就非常令人難忘。那是 1941 年 12 月，太平洋戰爭爆發、日軍攻佔香港之後的某一天，在吳晗教授的《中國通史》的課堂上，談到我們西南聯大的著名教授陳寅恪坐不上飛機回來，而國民黨行政院長孔祥熙卻用飛機送洋狗回重慶的事時，他疾言厲色地說："南宋有個喜歡玩蟋蟀的宰相賈似道，人稱'蟋蟀宰相'，現在有用飛機運狗的行政院長，可稱'飛狗院長'。"他的講話給正在醞釀抗議的同學們添了一把火，大家紛紛上街遊行示威，號稱"討孔運動"。吳晗大義凜然的樣子，令我敬佩。

之後吳晗給我留下的幾個印象，就已經是和聞一多等進步教授組織起民主同盟，和地下共產黨多有聯繫的時候了。當時，我在西南聯大任地下黨支部書記，和聞一多先生在內的民盟教授常有往來，和吳晗也有兩次重要接觸。一次是聯大一批進步同學組織了一個黨的秘密外圍青年組織——民主青年聯盟，"民青"在聯大乃至昆明的學運中起核心領導作用，其中許多同學和民盟教授多有往來。後來我得知，民盟的右翼竟然想把“民青”變成民盟的青年組織，於是我馬上去找聞一多先生。聞一多先生早已猜知我的政治身份，同時他又是我在中文系的老師，我們往來較多，因此關係比較熟。我見到聞一多先生後，對他說明情況，他隨即帶我去找住在斜對門的吳晗。我對吳晗教授說明，這個青年組織的章程上就寫明了接受先進政黨的領導，以《新民主主義論》作為自己的綱領。他聽我這麼一說，就明白這本來是共產黨組織和領導的青年組織，便沒有話說了。他答應在盟內解釋。同時他當然猜得到我的身份，便對我說以後多聯繫、多配合。很明顯看出他是樂意追求進步，想靠近共產黨的。

我和吳晗的另外一件重要聯繫，是在一次學生運動的宣言中，因為一個口號和民盟發生分歧，最後通過他得到了解決。顯然他一直不太贊同民盟裏那些右翼教授們的作派——暗地改動我們雙方已經共同商定的口號並直接付印。幸喜大會主持人是我們的地下黨員，被他開印前發現，才得以糾正過來。從這件事就可以看出，吳晗和聞一多一樣，是靠攏共產黨的。

1946 年吳晗隨聯大北遷後，我和他再也沒有聯繫。直到 1949 年春，我代表黨的川康特委去北平迎接解放軍南下時，從同學口中才得知吳晗的情況。他回北平之後，思想更進步了，在群眾民主運動中表現激進，以致不得不避難到附近解放區。在解放區的一年，他受到我黨的尊重，把他作為民主人士的代表人物。所以北平“解放”後，他隨軍入城，參加接管工作，很是積極。他不僅接管教育，還兼有各種重要職務——民盟北平市支部主委、民盟中央的常委、北京市副市長等。我到北平時住在中南海裏的中央組織部，一天晚上，聽說有舞會，我雖不會跳舞，也跟著大家去看熱鬧。我們坐在舞池邊喝茶，看見吳晗也在翩翩跳舞，他和周恩來、朱德等老領導談話，很是自在。他忽然看到了我，走過來和我寒暄，十分親切，各道了別後情況。

吳晗靠攏黨，他擔任北京市副市長後，工作勤奮，特別是在知識分子中帶頭改造思想，為眾人矚目。後來聽說他在北京和鄧拓、廖沫沙成立了一個寫文章的“三家村”，在報刊上發表一系列的時論雜文，批評時弊，鋒芒畢露，全國聞名。他聽說毛主席很欣賞靠發動農民戰爭打下江山的朱元璋，便發揮其明史權威特長，駕輕就熟，修改出版了《朱元璋傳》，很受歡迎。其後，他聽說毛主席在某次會上稱讚明朝清官海瑞，於是在胡喬木的鼓動和授意下，聞風而動，寫了有關海瑞的文章，在大報上發表，轟動一時。他克服寫劇本的困難，趕寫出劇本《海瑞罷官》，全國上演，海內轟動。然而，誰也想不到這個劇本竟然給吳晗招來聲敗名裂的殺身之禍，鑄成千古奇冤。

有的人以為，吳晗是一位連胡適也頗為欣賞的學者，在西南聯大那樣一種學術自由的環境裏，本可以在學術上作出很大貢獻。但是由於相當偶然的機會，他捲入了政治大潮，和聞一多等大學者一起，吹響民主運動的號角，盡了一個中國知識分子憂國憂民、以天下為己任的傳統夙願。有人說像吳晗這樣的大學者，一旦功成名就，便應該回到自己的書齋，做民族文化的傳人，繼往聖之絕學，做今世之學者。但是吳晗和許多知識分子一樣，在幾千年儒家思想的熏陶下，走“學而優則仕”的老路，最終招來橫禍。那意思是說吳晗不該去做官。說得好像很有道理，但是真是這樣嗎？難道這就可以說明吳晗蒙冤是勢所必至嗎？國難當頭，一個有良心的知識分子，不應該以天下為己任，挺身而出，投入到革命洪流裏嗎？在一種特別的歷史時期和政治環境裏，蒙冤的知識分子又何止吳晗一人呢。

這是一個值得研究的學術問題。

吳宓

吳宓軼事

吳宓教授的生平事跡已見於不少專著，可以說是耳熟能詳了，無須我來畫蛇添足。不過有關他的幾件逸事遺聞，卻未必已公之於世，廣為人知，我且在此錄出。

1947年，我到西南聯大中文系就讀時，就聽說在眾多著名教授中有個叫吳宓的教授，對西洋文學很有研究，幾乎將西方文學名著讀遍了，能講述許多文學名著的內容並加以評說。於是我便選讀了他開設的《西洋文學史》這門課程。

到了授課的教室，我跨進門一看，聽課的同學不少，還未到上課時間，這間講大課的大教室裏已坐得滿滿當當。聽說吳宓教授是一位極遵守時刻表的老師，遲到的學生不准進教室，看來名不虛傳；還聽說吳宓教授即使已到堂，哪怕只差幾分鐘就到鐘點，他也不開講，就看著錶，等時間到了，馬上開始講課。

西南聯大有個傳統，教授們都不照教育部頒發的教材授課，而是按自定的內容開講，都是自己的最新研究成果。教授間常常出現“爭鳴”的情況，令學生獲益頗多。同學們都靠自記筆記，所以下課後，三三兩兩到茶館去對筆記，成為常事。

吳宓也和其他教授一樣，開課不發教材。他自己也不帶教材。開講之後，他就拿起粉筆在大黑板上唰唰地用英文寫了起來。學生跟著照抄筆記。他寫得快而且流利，有時看他踮起腳跟在黑板高處寫，很是認真。我們要跟上趟兒，實在不容易。他寫完差不多大半黑板，才停下來，搓一搓手上的粉灰，開始講課。他的中文裏夾雜著許多英文，不細聽就聽不明白，更不用說邊聽邊隨他記筆記了。我的確感到很吃力。

後來我聽說一件趣事，但不知是不是真的，也許是同學編的。據說有一次上課，他照常在黑板上用英文寫教材，同學在下面跟著記筆記。結果他回過頭看到有一個同學坐在那裏，卻不動筆。吳宓奇怪地問他："你為什麼不記筆記？"誰知那個同學說："我不用記，我的爸爸早給我記好了。"隨後舉起手裏的一個筆記本。吳宓走下去，拿起那本筆記本看，果然和他現在講的基本一樣，滿座嘩然。

故事就講到這兒，再沒有下文。有的同學說，可見吳教授學術精湛，他在二十幾年前就胸有成竹地編造了教材的標準本，過了二十幾年還能被公認，所以現在還用過去已爛熟無誤的標準教材。有的同學說，不然，吳教授二十幾年講的是老一套，哪有二十幾年還沒有改進的學術？我則說，這恐怕是誰編的故事吧，誰能舉出是什麼時候在哪個同學身上發生的事呢。只是有一點，吳宓確實是很有自信照他的研究成果講的。我聽了他的這一門課一年，的確在紛繁的西洋文學史中理出清晰的頭緒。他不特講西洋文學，後來也講日本文學，我還記得他很看重《源氏物語》，說那是日本的《紅樓夢》。他也講了印度的神話、佛經故事和泰戈爾的詩。他的確很有學問。

還有一件發生在吳宓身上的有趣故事，卻是真實的，因為是我親見的。

吳宓對於中國文學也很有研究，他特別看重《紅樓夢》，看重《紅樓夢》裏的眾多人物，更看重林妹妹林黛玉。這種看重不僅到了愛的程度，他認為林黛玉的一切行徑都不可更改、不可猜忌到一種神聖的地步，甚至連林黛玉的居室、用具以及侍婢都是必須尊重、不得侮慢的。於是就發生了這樣一件趣事。

許多同學都知道吳教授對《紅樓夢》及其人物，特別是林黛玉的熱愛，有人說吳教授下課後和同學一起走時，常見他低頭自言自語，有時還發笑，但聽不清他說些什麼，也不知為什麼會發笑。有的同學就猜想，吳教授大概是在和林妹妹交談吧？這當然只是猜想。可是接下來發生的事似乎證實了這個猜想。

在西南聯大校外不遠的文林街上，新近出現了一個菜館兼茶館，我知道是我認識的三位同學開辦的，他們是湖南人，所以取名“瀟湘館”，借用了《紅樓夢》中林黛玉的居室名，自然也有以廣招徠的意思。開館時我去祝賀過，吃過很辣卻很對我這個四川人口味的湘菜。我也常到那裏“坐茶館”。

“坐茶館”可是西南聯大學生生活不可分割的一部分。文林街一帶直到鳳翥街、龍翔街，都開了不少茶館。聯大同學在圖書館搶不到座位的時候，就改在茶館裏學習、討論、寫文章，自然也可以做休閒清談、打橋牌、走棋的娛樂。

那一天我和幾個同學正在瀟湘館“坐茶館”，還準備吃湘菜，忽然看到吳宓教授提著手棍，氣沖沖走過來。他在門口大聲叫嚷：“你們敢用‘瀟湘館’這個名字開飯館，這是對林黛玉的侮辱，豈有此理！”於是他不由分說，用手棍“乒乒乓乓”地把玻璃門窗打得稀爛。這館子的江老闆（記不清名字，好像叫江心葦）聽到後，不知道發生了什麼事，出去一看，是吳宓教授，他正在那裏為林黛玉而戰鬥呢。他質問江某：“你為什麼敢用‘瀟湘館’這個名字？”江某答：“我們是湖南人，瀟湘人也，所以用瀟湘館這個名字。”吳教授還在生氣：“你知道瀟湘館是誰的地方？你們怎用這個來開館子，侮辱了林黛玉！你們必須改，馬上改！”一堂的同學都啼笑皆非，誰敢去和這位著名教授講理呢？江某也知道這是沒有辦法講理的事，只好恭敬地說："好，我們改，馬上改。"吳教授這才消了氣，提起手棍走了，還說："這太不像話，侮辱……"

大家都勸江某："你就改了吧，瀟湘館可是林妹妹的神聖之地喲。"

這就是"吳教授怒擊瀟湘館"的故事。

吳宓的確是備受我們尊敬的、既有學問又有個性的教授。他曾經辦過《學衡》雜誌，專向白話文開戰，他也是"新月派"的重要詩人。你別看他其貌不揚，個子不高，衣著素樸，頭上已開始謝頂，卻把雙頰和下巴無故叢生的鬍鬚刮得顯出鐵青色，有人說他是白頭髮和鬍鬚換位生長了，頗為別致。他對於中國漢文字有一種神聖尊重的品性，我們看到過他在民主牆上指摘那些壁報上的錯別字，並親自動筆修正。這一切都說明他是一個性情中人。

我還記起吳宓的一件君子坦蕩蕩的事。那是後來他在西南師範學院任教的時候，適逢什麼政治運動，對資產階級知識分子進行大批判，以圖改造他們。吳宓這名教授自然是首當其衝，鋪天蓋地的大批判大字報，掛滿校內。後來不記得是什麼學術會在成都召開，請他參加。我也到會，我見到他，自然執弟子之禮，向他問好。他當然不認識我，我自報是在西南聯大聽他的《西洋文學史》課的學生。他很高興，幾十年了，居然還有認得他這個老師的學生，便和我懇談起來。他坦陳他在西師接受大批判的事，說："過去大家說我著作等身，我現在正接受大批判，可以說是大字報等身了。"他用手比著他不高的身材說："這麼高。"說罷他輕笑了一下，接著說："只可惜與我等身高的一大摞大字報，千篇一律，你抄我，我抄你，沒有看頭。那文字功夫還不如你們那個時候壁報上的呢，錯別字太多。"我沒有想到他對大批判他的大字報，竟是這麼一個看法。我一句話也沒有勸他。可以說他是"死不悔改"的知識分子，也可以說他是坦蕩蕩的君子。

謝韜

謝韜其人

2010 年 8 月 21 日，北京傳來噩耗，謝韜走了。我聽說後極為震悼。他怎麼先走了呢？我正有許多疑惑處，相約要向他請教馬克思主義，為我解惑呢。他卻失言，匆匆走了，我很惆悵。

謝韜這個人，可以說是在馬克思主義研究的學術圈裏最有名望的人了。不僅在國內書刊、網路上常見他的大名，甚至海外華人學術圈裏也多有稱道。然而他對我說，他之所以成名，是因他一生遭遇的三場災禍。

他說，他和當年中國國難當頭的許多知識分子一樣，抗戰時期，在成都金陵大學（現在的南京大學）參加學生運動，和李慎之等一撥革命青年，轉輾到了革命聖地延安。他在主管科學的吳玉章老人領導下，從事馬克思主義的研究。"解放"後，吳老帶他的一班人馬進了北京，他又幫助吳老籌建中國人民大學。他在人大設立了其他大學尚未設立的馬克思主義學科。篳路藍縷，他勤奮學習和教學馬克思主義，直到升為教授，並造就了不少馬克思主義學者。但不幸的是，全國開展抓"胡風分子"的時候，他偶然在白區與胡風活動有點兒瓜葛，竟名列最高領導親批的有關胡風的材料中，於是他被定為胡風反革命分子。幸得吳玉章力保和關說，暫未入獄。

可是不久後，他還是罪不可逭被送入獄。大難臨頭之際，卻被管監獄的領導發現他嫻熟馬克思主義，便叫他在監獄裏對在押的國民黨犯人講授馬克思主義。從此他竟然又可以開課當老師，仍然主講馬克思主義。他說也許是因禍得福，得以專心致志地在那裏深研馬克思主義。不過全國抓右派分子一來，他自然難免池魚之災，至於"文革"一來，更是難逃大難，他料想此生已矣。但時光如逝水，他竟然等到平反，又回到人大當教授並任副校長，同時還在社會科學院主管出版社。

謝韜說他從此要更深入地觀察和研究馬列主義的世界傳播情況，研究奉馬克思主義為指導思想的第三國際系統的蘇聯以及"一面倒"過去的中國，也研究第二國際系統的西方各國的社會民主主義（後均改稱為民主社會主義）。

謝韜當然更關注馬克思主義在中國作為指導思想的情況。他說，馬克思主義的經典和這些國家的現實情況，令他產生了許多疑惑。他發現西方資本主義國家中的繼承第二國際傳統的社會黨或工黨，有的不僅依靠工人階級通過選舉獲得政權，而且治理得很好，像北歐的瑞典，工人黨連續執政四十幾年，人民生活福利得到普遍提高；相反，他看到東方的蘇聯和中國，卻發展得相對不夠理想，人民生活仍很貧困愚昧。都是信奉馬克思，卻產生完全不同的結果，他無法從馬克思主義中找到答案。經過斯大林改造並傳播到中國的馬克思主義，到底是不是真的馬克斯主義的精髓？這值得研究。

這個時候，我，包括和謝韜也結成朋友的胡績偉等參加革命並入黨有七八十年歷史的老黨員，都產生了一些疑惑。我們在各種崗位上擔任領導工作，進行革命和建設工作，我們都是真誠地信仰馬克思主義，忠誠於黨，堅信只有共產黨領導的社會主義才能救中國。只是面對一些和馬克思主義對不上號的種種事實，不能不去追根究底 —— 我們到底出了什麼問題？

我有幸於1980年和各地一部分省部級老同志，參加了中央黨校的高研班，胡耀邦宣佈了“三不”，要求讀馬克思原著並結合自己的實際進行討論，大家幾乎都產生了同樣的疑惑。正是在這樣的背景下，我結識了謝韜，希望從這位一生從事馬克思主義研究的學者那裏找出答案。每次，無論是我去北京還是他回成都，我都會和一些老同志約他見面，向他請教。但是他似乎也在疑惑中。但是他向我傳達《哥達綱領》中那條著名的社會發展規律，大概他想以此作為為我們解惑的鑰匙。

2007年，我到北京開會，還未見到他，就在《炎黃春秋》上看到他發表的一篇皇皇大文——《民主社會主義模式與中國前途》（原稿的標題是《只有民主社會主義才能救中國》），在全國學術界引起轟動，波及於海外各地。他真的一夜成名了。然而這篇學術論文卻引來掀天的風波。我看了這篇大文章，頗有啟發，欣喜之極，寫了一首七律詩，他收到後，拿去裝裱起來掛在客廳。我和胡績偉一塊兒到他的新居祝賀時，他卻說這篇文章可能將給他帶來一生最大的，也許是最後的災難。許多學者也估計，這篇文章會帶來重大的影響，因為他說出了許多老同志的心裏話。有些人要攻擊他是必然的。他說，一切嚴重後果都能想到，也做好再去坐牢的準備。但是後來恰恰相反，聽說中央和各地領導同志讀了贊成的不少。後來聽說中央採取開明態度，認為學術性的文章，中央最好不表態，結論是不討論、不批判、不爭論。這篇極有學術價值並極有中國針對性的文章，將來可能會成為經典。於是，我和謝韜及胡績偉三人照了幾張相片作為紀念。

後來他來到成都，和一些老朋友、老同志見面，詳細講述了發表這篇文章的前因後果，用犀利的口鋒講出對中國現狀和前途的看法，十分深刻和尖銳，更見他的文筆風格。我不禁用古話讚他：“惟大英雄能本色，是真名士自風流。”

謝韜不枉此一生，真正算是“能本色又風流”的人物了。

于光遠

智囊人物

于光遠是中國文化界著名人物，也是 1935 年冬北平“一二·九”學生愛國運動的先驅人物，在清華大學首創組織“民先”（中華民族解放先鋒隊）。後來入黨後去了延安。“解放”後一直活躍在宣傳戰綫，研究社會主義經濟學，成為著名經濟學家。“文革”後，他積極參加胡耀邦創導的關於真理標準的討論，推動思想解放運動，為鄧小平所賞識，成為鄧小平手下智囊團裏的重要人物。鄧小平所作的在中國轉型中起了決定作用的“解放思想，實事求是，團結一致向前看”的講話，就有于光遠他們的出謀劃策。後來，他公開展出由他起草的鄧小平講話提綱的底稿原件，可見他是扭轉乾坤的鄧小平講話的參與設計者。于光遠不愧是一個很有分量的智囊人物，並聞名理論界。

我和于光遠雖然有一點往來，但非深交。值得一提的是，早在上世紀六十年代初，我們有一次較深入的交談，至今不能忘記。那是中央宣傳部召開的大學文科教材討論會，會議由周揚主持，有許多大學的文科教授和研究單位的研究學者參加。他做上下聯繫工作，十分活躍。我則是作為中央西南局宣傳部副部長受邀參加會議，和他多有接觸。

他是清華大學出來的，而我是西南聯大文科出來的，但不知怎麼的，我們一交往談話，便多有共同語言。有一天，他以聯絡的名義，到我住的北京飯店找我，稱之對討論文件徵求意見。說實在的，我對這樣的會議既感陌生，又沒有多少創見，在會上聽那些教授和學者慷慨陳詞、爭論不休，我其實興趣不大。于光遠一來便開門見山地說："你是讀過西南聯大文科的，希望你發表意見。"我不摸底，就探問他："到底中宣傳和教育部是什麼打算，什麼看法？"他說："就是大學的文科教材，要統一編寫，統一教材，文科教材是屬於意識形態的，說白了就是統一意識形態，不讓所謂異端邪說，在大學文科學生中流行。在討論中，頗有一些教授，特別是像北大等著名大學的教授，頗有一些不同意見。有的說大學的文科有必要編寫統一的教材嗎？從蘇聯來到各大學的教授傳過來的那一套已經執行多年了，夠思想統一的了。現在我們要編一套統一的文科教材，你讀過西南聯大文科，你們那時的文科教材是怎樣的？"

我理解了他的思想傾向性，其實和官方的意圖是有差距的。我可以發表我的看法，但是我想我是代表西南局宣傳部來的，我不可以發表與官方不同的意見，那會惹來麻煩的。我就對于光遠說："你是正式來徵求意見的嗎？那我只能說，我擁護中央決策統編的文科教材，這是我的正式回答，可以記錄上報的。你要我說西南聯大文科教材的情況，那是另外一回事。"他說："我正是想瞭解西南聯大文科教材的情況，這是我做研究所要瞭解的真實情況，並不作為你的正式意見上報。"他還補充說："我今天來訪問你，雖然是以徵求意見的名義，但我也是以私交關係來看望你的，我們不打官話。"

我終於明白了他的意圖，便直言不諱地說："對你，我不能說假話，西南聯大是繼承了北大、清華、南開精神的，要求學術自由，教授們上課是堅持獨立思考精神的，根本沒有統一的大學文科教材。當然，當時國民黨的教育部是厲行統一教材的，只是西南聯大從未接受教育部的那一套，而是獨立思考，自編教材，大半都是教授們拿出自己最新的研究成果，很多都是學術的前沿觀點。正因為這樣，學生多有‘自由之思想，獨立的精神’，接受各科最新研究成果的導引，才能培養出如此眾多的後起之秀。所以你要我說真話的話，我不贊成統編大學文科教材。想學蘇聯的那一套和國民黨統制思想的做法是不好的，我們不是主張‘雙百’方針嗎？百家爭鳴呀，我們不能搞一家獨鳴。”

于光遠打趣地說：“你不知道沒有什麼百家，其實只有‘兩家’的說法嗎？兩家就是資產階級一家和無產階級一家，說白了，只有無產階級一家。”

這個我當然知道，於是我順勢說：“所以我們來開會，就是要編一套無產階級一家的大學文科教材。”

經過這一場私家懇談，我和于光遠可以說是“人是相知，貴相知心”，可以建立為知交了。

後來不知怎麼的，聽說這個會無疾而終了。

吳祖光

緣分，《咫尺天涯》

正值抗日戰爭時期的1944年，我在昆明的西南聯大就讀，和我同讀中文系的好友王松聲，發起並導演了吳祖光編的話劇《風雪夜歸人》，十分轟動。我也去看了，果然感人頗深。我問王松聲："吳祖光是何人？"他說："吳祖光是重慶郭沫若領銜的進步文化圈中號稱少年才子的作家。"這便是我第一次知道吳祖光。

又過了十八年，"解放"後的1961年，我的第一部長篇小說《清江壯歌》發表了。這部小說的"序章"裏記述了我用了二十年工夫，經過十分曲折的過程，終於找回了烈士劉惠馨遺孤、我的女兒吳翠蘭的故事。同年的某一天，我忽然收到來自北京的一封信，打開一看，是署名為吳祖光的人寄來的。信上的字用毛筆寫得很工整，我馬上想起這是在西南聯大看的《風雪夜歸人》的吳祖光。他在信中對我描寫的尋找女兒的複雜過程頗為欣賞，他有意把這一段故事演繹成一個評劇本，希望獲得我的授權。

我對吳祖光當時的情況完全不瞭解，於是給老朋友王松聲寫信，詢問吳祖光的情況。王松聲當時正在北京市文聯擔任領導工作，他馬上給我回信，說這就是寫《風雪夜歸人》的劇作家，他在北京是頗有名望的文人，與著名評劇明星新鳳霞結成鸞鳳，成為一段佳話。新鳳霞是松聲從天橋發現並提拔起來的，所以他們三人得以結成朋友。松聲認為，吳祖光大概是想為新鳳霞量身編一部評劇，而大劇作家用我的作品編劇，是大好事，他希望我到北京時，介紹吳祖光、新鳳霞和我認識，一起討論劇本。不過松聲又告訴我，吳祖光被打成了右派，新鳳霞也願跟他去當右派。我卻想，就憑他們這一段情緣，我也願和他們結交。吳祖光聽到此話，對我表示尊敬。

不久後我到北京，通過松聲和他們夫妻二人見了面，新鳳霞可算是絕代佳人，卻和身短貌平的吳祖光生死相依，我也對此表示尊敬。吳祖光果然是個大才子，一聽他開口，便知他學識淵博，文思奇巧。他說看了我的那段尋找烈士遺孤的敘述，深為感動，便想編成一部評劇，交給新鳳霞演出。我說那真是才子佳人、鸞鳳和鳴了。

吳祖光說出他的主意，基本故事結構是，公安專案組的一男一女兩位青年，根據綫索奉令前往各地尋找失蹤的女兒，但是並不順利，總是找錯人。在這個過程中，展現出社會的各種景象，最後終於找到女兒，父女團圓。我知道他是仿夏衍的電影《五朵金花》的框架結構，也是通過找到五個不同生活的女人，反映現實生活，最後終於找到正確的人。這樣一種戲劇結構，我在大學選西洋戲劇課時，也曾聽老師講過，或尋人，或尋找寶物，或尋找要件，總找不到，反覆經歷不少險境惡鬥，終於完成任務，樹立起典型英雄。我知道吳祖光和夏衍都可能是套用這個結構。

於是由我提供生活素材，來填充每一次的失敗尋找情節。首先當然要有引子，表述地下嚴峻鬥爭，烈士被俘，帶著初生女兒，英勇就義。特務處理遺孤，或拋棄，或送人，或自養成女特務，種種可能，但無結果。引出“解放”後設立公安專案，各處尋找，又找錯的情節，可以先是找到另外一個烈士的遺女 —— 不是；又找到特務逃走後留下的女兒，疑是特務詭計 —— 不是；又找到各種職業如旅遊導遊員、商貿售貨員、演戲著名演員、農村女模範教師等 —— 都不是，藉此表現社會各種生活。最後終於找到了。

是誰找到的？吳祖光忽有神來之筆，就是那個找尋者女公安員本人，於是皆大歡喜。我真佩服吳祖光的戲劇天才。他果然為新鳳霞量身打造出一場好戲。烈士和長大的遺孤、各種行當的女演員，都由新鳳霞化妝而成。吳祖光為她編寫評劇的唱詞和聲腔，我只待好戲登台，盡情欣賞了。

但是正應了“好事多磨”的古話，他們夫妻二人因背負右派分子的惡名，受到不公正待遇，無人支持，此劇終成絕劇。好端端一台好評劇，便這麼胎死腹中了。

後來他們的遭際，毋庸我說。只是後來每次我去北京，松聲都要帶我去吳祖光夫婦那簡陋的房舍看望他們。新鳳霞已是中風的人，手腳不便了。幸喜新鳳霞得吳祖光幫助提高文化水平，寫出兩本暢銷書來。只是有一次在北京碰到吳祖光，他告訴我他正在為申請海外講學的准出證而奔走。我說現在形勢早已大變，祝他申請成功。

我和吳祖光合作的劇本，被他取名為《咫尺天涯》，最終沒有實現。只聽說武漢楚劇團曾就他編的故事框架演出過楚劇，結果如何，不得而知。我卻還念念不忘，根據我們商定的框架故事，寫出了一個七千字的電視劇本大綱。我是戲劇外行，這大綱只能存在我的電腦中，不敢示人，也可能就此銷聲匿跡了。

周而復

人之相知，貴相知心

我和周而復似乎天生有緣，我們二人的人生軌跡有許多重疊之處。比如我們都是愛國青年，在國家危亡之際，以愛國之心參加了“一二·九”學生運動，在學生救亡運動中接受先進思想，因而先後加入了中國共產黨。我用識途老馬的典故，改名為馬識途，他用周而復始的成語改名為周而復。我們都真心誠意地為黨工作，不計死生，他從事統戰工作，我從事地下工作。“解放”後我們先後承擔了黨的建設工作，他擔任了上海市委統戰部長，我擔任四川省委宣傳部副部長。他後來調北京任文化部副部長，我調任中央西南局宣傳部副部長。更重要的是，我們都先後被吸收為中國作家協會會員，並被選為理事。他早我出版了《上海的早晨》，我繼後出版了《清江壯歌》。更加重要的是，我們都因文章罹禍，在“文革”中被整得死去活來。然而又被無罪“解放”了，復出當官。我們相會，幾乎心心相印，所見略同，一見便結成無話不談的知心朋友。當然我們性格也大概相近，常常遇到不順心的事而又特立獨行，從而為權貴側目而視。巧合的是，我們兩個於1980年秋同時進入中央黨校的高研班學習，而且同住一個宿舍，於是有早晚相交的機會。那時全國政治大氣候煥然一新，正值實事求是、思想解放之際，從各地來參加高研班的學員很多才被“解放”（有的才放出監獄），中央黨校領導宣佈“三不”，鼓勵各位學員暢所欲言。於是有些膽子大的學員就“大放厥詞”，倒苦心，訴苦情，總結經驗教訓，尋求“建國之道”。我和周而復都是讀過不少馬列毛的書的知識分子，且是很有思想見地的作家。在高研班裏按規定重讀馬列經典原著，並結合自己幾十年革命和建設的實際討論起來，有理有據，各抒己見，熱鬧非凡。我和周而復都算是積極分子，我們二人因是知心好友，更是放言恣肆，無所顧慮，把所見所聞所思所感都倒了出來。雖然在中央黨校高研班只有半年的時間，但我們都感覺是“解放”以來最愉快的一段生活經歷。

我和周而復在黨校畢業後，各回自己單位了，但我們的友情卻更深了。我們交流文學作品，他寄來他出版的著作，我也寄去我出版的書。他是著名書法家，經常把自己出版的書法集和親書的書法作品寄給我，於是我也照辦。雖然我不敢稱自己為書法家，但我熱愛寫字，就把書法作品寄給他求教。他在文化界交際甚廣，常帶我去拜訪文化名人，如周揚、夏衍、曹禺等。

我們只要碰到一起，就要做促膝之談。最令我至今不能釋懷的是，他不只一次向我道出他的冤情。他因“莫須有”的罪名，被共產黨組織除名了。這件事的經過，許多文化界的人都知道，但聽他訴說冤情最多的是我。他對我說，他曾帶一個文化代表團去日本訪問，在把正事辦完後，想要搜集創作素材，便以一個作家的身份，未經請示，到日本的靖國神社門口張望了一下，並未進去參拜，卻被大使館的人告了一狀。同樣為了體驗生活，他到當時日本頗為流行但國內尚未得見的地下 DISCO（迪斯科）舞廳，想見識一下熱鬧的場合。結果這又成為他的罪狀，被告到中央。他回來後，聽說他的密報內參資料，被領導大筆一揮 —— 開除黨籍！於是他被通知開除出黨了。作為一個為黨工作幾十年的老黨員，竟然因為作家的身份在日本搜集寫作素材，體驗生活，便被定性為喪失立場，有損國格，開除出黨，實在是冤枉。密報中到底還添油加醬地寫了些什麼罪名，他不得而知，他過去工作和生活中的某些錯誤，肯定也作為罪證的附加佐料了。

我作為一個老黨員也是一個作家，聽了他的訴冤，深感同情，只能鼓勵他向中央組織部申訴。每次見到他，他都說自己申訴了，但回答含糊其詞，不得要領。又過了幾年，情況有些變化，他繼續申訴，據說回答是停止黨籍，現在可以參加組織生活了。但是他要求的平反，卻一直沒有得到明確的回答。莫非要他抱憾終天嗎？

至於他訴說的冤情是不是還有遺漏，他被開除是不是還有什麼隱情，我就不能也不願去加以考察了。我作為他的一個知心朋友，一個在人生軌跡上也有一些相似的作家，只有懷抱同情之心為他悼念。而他和我一同在中央黨校高研班學習，在和我的討論及私下交流中，他將自己幾十年的革命實踐，與研究馬克思主義的精鑽的深厚知識相結合，他多次所作的睿智發言，我一直有如醍醐貫頂。他的許多願想已經在後來的社會實踐中實現了。我把他和許多老同志的見解記錄下來，已經以《黨校筆記》的書名，在中央黨校出版社出版了。這也算是對他的一點紀念吧。

汪曾祺

你不應該走

雖然我可以說“我的朋友汪曾祺”這樣的話，但是說實在的，我和他算不得親密，只能算是淡交五十多年的朋友。

我和汪曾祺認識是在昆明西南聯合大學，正是抗戰時期，我和他都是中文系的學生，他高我一年級。有一次，中文系出了一個通告，是那種別有風味的書法，引起我這個書法愛好者的注意。我問同學，這是誰寫的？同學告訴我是汪曾祺。汪曾祺是誰？同學回答，是我們系裏的一個才子。他寫得一手好字，更寫得一手好散文，頗得朱自清、沈從文教授的賞識，是沈從文的及門弟子，其貌不揚，卻為人瀟灑。這是我第一次知道有汪曾祺這個同學。後來由於西南聯大實行的學分制，我和他雖不同年級，卻同時選了沈從文先生的文學創作課和聞一多先生的《楚辭》《唐詩》幾門課，於是在課堂上認識了。但是相交淡若水，沒有多少來往。

那時我看過他寫的字，也讀過他發表的散文，覺得都很出色。他的散文淡雅清麗，讀來別有情趣。從藝術上說，很有特色。我也聽說，沈從文說過他自己的散文趕不上汪曾祺；還聽說，汪曾祺為人捉刀寫論文（當時以交一篇論文或作品作為期末考試卷），交到聞一多先生那裏，聞先生看了說，這篇論文比汪曾祺交的論文還好一些。有這樣的事情，可見他也受聞先生的賞識。

那時我們認識，我卻未想和他來往，就因為他是一個瀟灑的才子。我尊重他是我們中文系的一個才子，從藝術上我也欣賞他的散文，但是我並不賞識他的散文中那種脫離抗戰實際的傾向，特別是他們那一些才子過的瀟灑生活，也就是睡懶覺，泡茶館，打橋牌，抽煙喝酒，讀書論文，吟詩作詞，名士風流。這時正當抗戰時期，這種玩世態度和瀟灑生活，就為學校的進步同學所詬病 —— 不說他們醉生夢死，也可以說是政治上不求進步的吧。我則認為他們的愛國上進之心是有的，認真鑽研專業是可取的，在政治上居於中間狀態，是我們爭取團結的對象。事實上他們後來都捲入到學生運動中來了。汪曾祺就是這樣一個知識分子。

大學畢業後，我們各奔東西，直到"解放"後，我才從在北京文聯工作的聯大中文系同學王松聲的口中得知，汪曾祺在北京文聯的民間文學部門工作，卻很少讀到他的散文。後來才知道，1957 年抓右派，他受到不公正的對待，下放勞動改造，回來後調到北京京劇團工作去了。

然而他好像並沒有灰心，相反，他在京劇的改革上作出了很好的成績，特別是在改編劇本方面當行出色。著名的《沙家浜》的改編劇本就是他的代表作，其中茶館"背供"那一段戲，至今唱來仍叫人盪氣迴腸，堪稱傑作。雖然他很不願意別人提起他被江青拉去改編《沙家浜》劇本的事，他更不願向人道及。然而我知道，江青很賞識他的橫溢才氣，並把他拉去和羅廣斌、閻肅一起改編《紅岩》的京劇劇本。他們住在頤和園，我去看望他們。他和羅廣斌一樣，對我說起被強拉硬扯為人作嫁衣裳的苦情。其實從根本上來說，把他弄去做編劇，本身就是一個錯誤。他雖然在劇本改編和京劇改革上都做得很出色，然而我認為這是對一個天才的浪費。他的才華就應該用在文學創作上，特別是散文創作。

真正使他的才華得以顯露的還是在新時期。我們在幾次作家代表大會上都見了面，還是淡交如水，互相點頭寒暄幾句便了。其實他本來是一個以“布衣”自居，自甘寂寞，老是站在文化圈邊緣，從不願往熱鬧堆裏擠的“散淡的人”。我們雖然淡交，卻還算是心相知的。只是有一回我提起，“文革”初，我被打成“周揚黑幫”被鬥得不可開交時，忽然在報上看到他被江青召喚到天安門上接見的事。別人以為他這一下好了，上了保險，不會捱整了。我卻知道他被強拉去綁在江青的戰車上，未必是好事。他說，正是如此，他惶恐之至，後來幸得解脫。不然“四人幫”垮台，他就不得了啦。我慶幸他沒有受“名人之累”。

後來他寫了《受戒》和《大淖記事》，登時名聲大振。我很欣賞他用那早已熟練的散文筆法，寫出別有風味的小說。這在中國作家中是少有的。就算有之，也是他的宗師沈從文了，或者說他是師承沈從文筆法和情調而又自出一格。他寫平常的人，寫平常的事，卻是那麼不平常地受看，叫人愛不釋手。他不是蘇東坡說的“發纖穠於簡古”，卻是他說的“寄至味於淡泊”。我不是文學評論家，無法把他的文學風格說個明白。但是有人說他的藝術是小橋流水的境界，從他那裏可以感受到某些陶淵明、某些王維，亦有知堂、廢名、沈從文的影子。據說他自己也說過，他不屬於偉岸的高山，不會養“浩然”之氣，他屬於清風白水，竹籬茅舍。我不完全同意。他似乎是追求王維的“境界”和知堂老人的脫離煙火氣。他的幽默和趣味，頗師承沈從文，但是又有不同，他是入世的，關注世道的，他從未逃避生活。他同情那些苦人，從他們的苦難中提煉出人性美來，叫人看到希望和美好未來。他不追趕熱門，不奏主弦，也不想追求黃鐘大呂，響徹雲霄，他逃避名聲卻偏偏得了名聲。他的作品自成一格，自釀其味，自造其境。有一次邵燕祥到成都來，我們說起汪曾祺，他說汪曾祺的作品，不是筵席上的大菜，卻是絕不可少的冷盤。我想是的，沒有冷盤下酒，酒就喝不好了。我看汪曾祺，一個作家如果沒有外視散淡而內儲熱火的胸懷，沒有時刻關注人生的眼睛，沒有願入地獄的菩薩心腸，大概很難寫出他那樣的作品來。所以他來成都，我們相見時閒聊，我說：“現在有些人想學你的風格，我以為你是不可學的。只能有此一家。”他說有人說他學沈從文，沈從文也是不可學的，也只能有此一家。

不知道是陰差陽錯，還是命該如此。1997 年 5 月，他和一批著名作家到成都來參加筆會。我知道他的身體不是很好，又聽說他不久前回到昆明去尋訪舊跡，我有過這樣的體驗，那是既令人興奮又極耗精神的，這對他的身體未必是好事。誰知他接著又應邀來到成都。座談倒沒有什麼，但因他是名人，文學界的往來是不會少的，這卻費神。特別是四川的美酒不少，他這個才子又是嗜酒成癖，在酬酢中難免要喝幾盅吧。他還是一個很不會擺架子的人，有人求字求畫，不說是來者不拒，總得應酬若干張。我也有此經驗，那是漏夜操筆，十分辛苦的。再加上熱天到川南竹海一帶旅遊，難免勞累。如此種種，就構成了對健康的威脅。但是他到成都，我在賓館和他見面時，看他氣色不錯，興致特高，我想不到會有問題。

我們一見面，還沒有寒暄問好，他就拿出一張畫來送給我。我知道許多人向他求畫求字，我從未向他開口，他卻主動送我一幅大家都盼望著的紫葡萄畫。我當然高興，當即答應回贈他一幅字，隨後寄往北京。我問他：“學長（他的歲數雖然比我小七歲之多，但當時在聯大比我高一年級，理應叫他學長），近來貴體如何？”他答：“粗安。”我說：“這次是五糧液酒廠做東，你們將到宜賓酒鄉去，你這個好喝酒的才子，可以流杯飛觴，大醉酒鄉，做一段佳話了。”他說：“不行，我不能喝了，我有食道靜脈曲張病，不敢喝了。”我不知道這個病有多厲害，還以他到了美酒之鄉，不能大飲，引為惋惜。

我們閒談一會兒，說道他的文章風格不可學。我並說，雖然他現在以小說聞名，但是我還認為他的小說寫得好，有特色，是因為他的散文寫得好，寫散文體或叫筆記體小說之故。我說，寫小說總難免要結構、架勢和雕飾，容易失去自然。按其稟賦說，不如多寫抒發情感、行雲流水的散文。我願可以讀到他更多的散文，他也說自己近來更多地寫散文或散文體的記事了。

我們參加完開幕式後赴宴，我和他坐在一起。雖然有五糧液擺在桌上，他卻不敢喝，只喝點兒飲料。我們閒談起在《沙家浜》的著作權問題上，他糊裏糊塗地吃了官司的事。他說：“那個時候奉命編劇，哪裏知道有什麼著作權問題，真到編《文集》，也不知道什麼叫侵犯著作權。現在既然出了問題，我這把年紀，陪不起打官司，便委託上海的律師一切代辦。”我說：“學長，你不要把有限的時間浪費在打這種冤枉官司裏去，你還有很多好文章應該寫出來。我稱這是一場冤枉官司的意思是，說老實話，《沙家浜》的原本《蘆蕩火種》不過是當時出現的許多現代地方戲中的一種，雖然基礎還好，恐怕也會隨時間的推移而逐漸湮滅。要不是經過你這個大手筆的修改，寫了不少像茶館‘背供’那樣好的台詞，哪有後來風行全國的《沙家浜》？也許就不存在現在這樣一場官司了。”同桌的作家都和我有同樣的看法。

同桌的作家聽我叫汪曾祺為學長，不知就裏，我的年紀明明比他大得多嘛。我便說在西南聯大中文系，我雖然比他大許多歲，卻比他低一年級，所以他理應是我的學長。他開玩笑地說：“你那時是在當‘職業學生’呀。”是的，我那時因為在四川和湖北被國民黨特務追捕，南方局叫我疏散到昆明，準備長期埋伏。我報考了西南聯大，從一年級重新讀起，可以做四年學生工作。我進西南聯大中文系，一邊讀書，一邊擔任著聯大地下黨的支部書記。所以那時的國民黨報紙罵我們為“職業學生”。後來更罵我們為“匪諜”，必欲捕而殺之了。

汪曾祺看我年歲比他大，身體卻比他好，問我：“你身體這麼好，有什麼養生之道？”我回答說：“我們四川有位百歲老人張秀熟，人家問他的養生之道，他說：‘我的養生之道，第一喝酒，第二抽煙，第三不運動。’我的養生之道是奉行張老的養生哲學，而不奉行他的具體措施。我一不喝酒，二不抽煙，三堅持運動。但是我欣賞張老的養生哲學，那就是‘聽其自然，頤養天年’。這個養生哲學很好。他的說法是，要吃就吃，要玩的就玩，要做的事就做。不要一天到晚，憂心忡忡，怕活不長，到處去打聽長壽秘方，無病大養，小病大治，吃各種補藥，聽各種偏方，做各種功法，辛苦得很。往往越是怕死的越不得長壽。他不怕死，聽其自然，反倒長壽到一百歲了。達觀，我看就是最好的長壽之道。”

汪曾祺聽我說了，很以為然。但是我告訴他說：“酒要少喝，煙最好不抽了。”他也頗以為然。然而這位才子覺悟晚了一步，一生喝酒抽煙，這次到宜賓酒鄉去，恐怕少不了還要喝點兒好酒，酒興一來，熱情自高，恐怕又少不了漏夜為人寫字畫畫。他回北京後，他在成都的親戚楊揚到我家來，我問起來，果然如此，她說擋也擋不住。於是回北京後帶來嚴重的後果，1997 年 5 月 6 日，汪曾祺在北京因病去世。

嗚呼！汪才子，你不該走，我還等著讀你那清淡的散文哩。

夏衍 / 曹禺

劫後訪夏衍和曹禺

我已經記不清我與夏衍、曹禺見面的準確時日了。不過肯定是在“文革”後，上世紀八十年代的某一年，或許是在我和周而復一起在中央黨校高研班學習之後不久。我記得是周而復約我去看望夏衍和曹禺的。

我們先到北京北小街路東一個街口的民家小院，院子不大，卻也清靜，還有花草。周而復好像很熟悉，一直把我帶進夏衍的書房。夏衍靠在桌邊，好像在寫什麼。最深刻的印象是，有一隻很肥大、一身白毛的波斯貓，很乖順地蹲在書桌上陪伴主人。我從未見過這麼大的純白色的波斯貓，不禁驚讚。夏衍並沒有站起來迎接我們，我們都知道他在“文革”中受盡虐待，一條腿被打斷了，現在還穿著墊了厚底的鞋子。他抱起波斯貓，撫摸柔順的白毛，稱讚：“這是我的好朋友。”

周而復把我介紹給他後，我們寒暄了幾句。我提到“文革”前他在文化部，挨批判前我們曾在中央宣傳部的一個會議室裏見過一面，他當然記不起來了。我們繼續談了什麼，我也記不起來了。但是他當時對我們說了一句話：“整人者，人恆整之。”印象十分深刻。不知道他是在責人呢，還是在自責，我理解是我們這些人都捱過整，可是我們也整過人的意思。

我們幾個人都曾做過文藝部門的領導，都曾在文壇上經風雨、見世面，在各種政治運動中捱過整，可是我們作為文學部門的領導人，在運動中又何嘗沒有整過人？所以夏衍說的那句話，簡直是經典的話語。我們是人同此心、心同此語的。只是各人所處具體情況不同，有輕重之分而已。不過周而復補充說：“這是中國的文藝界特有的現象。文藝班頭周揚整過不少人，他自己也捱整，而且捱得不少，以致弄到秦城去受八九年的苦……”

我這次去看望夏公，別的全忘了，就他這一句經典話語至今未忘。

就是這一天的下午，周而復又拉我一同去看望曹禺。記得好像是坐車到了北京木樨地那幾棟高樓的某一棟。這幾棟大樓裏住著部級領導官員，也住有許多文化名人。我有幾位老友住在這裏，我到北京必去看望他們，比如沙汀。我從沙汀的口中得知，作協的領導和許多著名作家也住在這幾棟樓上。說實在的，這些樓上的單元住房並不寬闊，而且在鬧市中，實際上比各省市的領導人住得差多了。但是據說要想住進去，也頗要有一點兒資格，並要辦好一些手續的。

周而復帶我走進高層的一套房屋裏，曹禺來接我們在他的客廳坐定，記得好像他的夫人李玉茹也在座。我們寒暄之後，說了些什麼，記不清楚了，大概還是三句話不離本行，談論文學創作相關的事。周而復說得多，我不太熟，沒有多話。不過我說起還在上海和南京讀書時，就看過他的《日出》演出，後來還補看了《雷雨》（當時還有一部叫《大雷雨》的也在演出，我堅持要看的是他的《雷雨》）。我說當時在學生中很受感動，連幾句精彩的對話，都背得出來，什麼“太陽出來了，我們要睡覺了”，如此等等。並且還議論紛紛，說妓院那一場戲是否有必要，但聽說那是曹禺親自去體驗生活，還捱了打，才寫出來的。

我說了這些恭維他戲劇創作的話，曹禺似乎並不激動，靜靜地聽著，沉默不語。周而復卻快人快語，大發議論，真叫哪壺不開提哪壺。他說：“‘解放’後再也沒有看到這麼好的話劇了。”曹禺雖然也寫過幾本話劇，簡直不能同日而語。曹禺聽到這些話，卻引起他的注目，不斷擺手，說：“別提了，那大多是命題作文。”

周而復說：“不只你一個，那幾位大作家，‘解放’後誰寫了什麼出色的作品啦？”他轉向曹禺：“你為什麼不寫，難道真是江郎才盡了嗎？”

曹禺似乎頗不以為然，說：“你看我能寫嗎？”他轉過身又對我說：“你看我能寫嗎？”

我們都沉默了。

我們的確理解他，他那個時代和生活已成過去，新的社會和生活並不熟識，而因為他的聲名在外，各種不同的頭銜戴在他的頭上，今天在這裏開會，明天去那裏出差，許多時候言不及義，離基層生活越來越遠，而同時卻要勉力去接受一些寫作任務。他也想真心誠意拿出有水平的作品來，為國家作貢獻，但是他的時代已經過去，力不從心，所以我們說起來他直搖手。

周而復說：“那麼你可以寫你熟悉的生活嘛。”

“我是有熟悉的生活，也有東西能寫，但是，”他又問我們，“你看我能寫嗎？”

於是我們又歸於沉默。

有人說，曹禺的交際太廣了，無謂地消耗了他的才華。有人說，曹禺太容易被人請去參加官場活動了。有人甚至說，曹禺想當官。我和周而復都不同意這樣的觀點。表面看來，實有其事，他真心擁護新時代和新生活，抹不過面子，只得委身侍奉。直到他身患重病住醫院，李玉茹終年陪著他，他已走到生命的盡頭，還答應作為中國文聯主席的候選人。

就在我正準備到北京參加全國作家代表大會那年，他託人帶話給我，說有什麼事要託辦，準備等我到北京和他見面。但是開大會前夕，我到北京，住進賓館，卻被告知“曹禺昨天在醫院去世了”。不僅我震驚，聽說籌備大會的領導也很為難，於是馬上把準備的第二號老作家周巍峙推上去，才解決了問題。至於他到底要我替他辦什麼事，我只有抱憾了。

我和周而復曾經議論過，曹禺的處境和心情，其實我們感同身受。我們何嘗不想寫點兒自己想寫的，且夠得上傳世之作的水平的作品。我們在幾乎整個二十世紀的中國所親身經歷、所見所聞所思所感的生活素材，作為一個作家，是有望寫出自己的傳世之作的。然而我們都落了空，只有終身抱憾。因為我們從參加革命，就委身於事業，而且根據需要被派到一個個官位上去為人民服務，風裏來，雨裏去，身不由己，哪能潛下心來寫出較好的作品？我忽然想起巴金老人在去世前說過的話 —— 我是為別人活著的，這句話使我深長思之。我們注定是為中國革命而活著的，不是為文學創作而活著的。

劉紹棠

大家笑他一句話

劉紹棠這個作家，我知道得很早，相識卻很晚。我很早就知道，他是一個年齡不大卻異軍突起的青年作家。他是離北京城不遠的通州人，一個農村小娃，卻寫出通州的鄉土文學，通俗的筆調，十分生動。我是一直提倡通俗文學的。我很贊成賀敬之十分關懷的、從延安就提倡的大眾文學。劉紹棠的通俗鄉土文學被文學界發現後，受到文學界包括文學界領軍人物的重視。我讀了他的作品，就想見這個青年。

有一次在北京開會，我專門到他府右街的小院去看望他。我原以為他是一個彪悍漢了，一見卻是一個富態的大胖子，說話帶有冀東爽朗土味。大概他也讀過我的常用擺龍門陣式格調的通俗文學作品，所以我們一見就很談得來，總離不開“為中國老百姓喜聞樂見的中國作風、中國氣派”的老話。

我坦率地說出我的文學觀，中國的文學就是中國人寫中國故事給中國人看的文學，就是中國老百姓喜聞樂見、帶有中國味兒的作品，能為中國大眾服務的文學就是好文學。把文學分成雅文學和俗文學本來沒有道理，但現實就是認為雅文學才是文學正宗，開會評獎只有雅文學的份，而俗文學卻被認為是低級的，上不了中國文學的台面。然而偏偏奇怪的是，通俗文學如張恨水、金庸等作家的作品卻很風行，延安出過的趙樹理的作品一直傳到"解放"後還很流行。通俗文學刊物《今古傳奇》一期發行幾十萬冊，頂得上許多地方的雅文學刊物發行總數了。我認為文學無分雅俗，雅中有俗，俗中有雅，雅文學應該向通俗方面靠一靠，俗文學應該向雅文學學習提高一步。《紅樓夢》等四大名著不就是提高的典範嗎？實際上就是一個普及和提高的問題，最後做到雅俗不分，雅俗互補，以至雅俗合流，達到雅俗共賞、老少皆宜，老百姓都喜歡的文學。我說我就是偏愛趙樹理和劉紹棠的作品，是脫俗近雅的。

我們那次相見及以後開會再見，談得就更親近了。他說他正和賀敬之建立中國大眾文學會，提倡大眾文學，要我參加。我很願意。他就引我去和正在領導大眾文學會的賀敬之見了面，吃了飯。賀敬之提議劉紹棠和我一同編一套《大眾文學叢書》，我們都贊成。事後我們便動手做起來。主要是他在辦，但他很尊重我，要我做主編。我的公事很多，便由他編第一本，在四川文藝出版社出版。但是只出了一本，就沒有續編，有點兒遺憾。

後來中國作家協會派作家代表團出訪南斯拉夫，我任團長，他是團員。我和他同住一個客房，日夕相處，我才得知他是一個帶有農村土味的文人，不大修邊幅，不斷抽煙，而且嗜酒如命。吃酒吃肉多了，自然發胖。晚上睡在鐵架床上，翻身發響，打鼾如雷，弄得我不好入睡。但他為人十分豁達，很親近人，容易和大家融洽。我倒很欣賞這樣的漢子。

不幸的是，不知他在什麼上"童言無忌"吧，曾被打成了右派，後來平反，聽說他說這是"娘打兒子"的比喻。就這句話，一下在文學界引為笑談，延續很久，我倒認為他的天真是可愛的，不值得笑話他。

後來聽說他中了風，我認為這是他那個胖子必然的結果。我們只在開全國作代會時見過面，那時他已是坐在輪椅上了。可惜這樣一個頗有才華的作家，大概再難有作為了。後來他住在前門大街市文藝家宿舍的四樓，我的老友王松聲也正住那裏，松聲引我去看望他，見了最後一面。雖然門上貼著一張不見客的告示，他還是讓我進去了。他坐在椅上歡迎我，他說還想寫點兒什麼。我看他手腳都不靈便，這個願望是無法實現了。不久聽說他去世了，可惜。

黃宗江

老頑童，一本讀不完的珍本書

在我這本書稿的文人卷裏，不能缺席“黃宗江”這個名字。

黃宗江何許人也？

無需問這樣的問題。不敢說在全中國，至少在全中國的文人圈裏，黃宗江可以說無人不知、無人不曉。他多才多藝、能文能武、亦中亦西，是身跨演戲、編劇、作文三界且都很出色的奇才、怪才，總而言之，天才！文人出版家范用說他是一本讀不完的善本書、絕版書、珍本書。可惜我聞名久矣，卻半世沒有讀到這本珍本書，更無緣一親風采，直到偶然間我們有兩次不期而然的相會，而且終身也只有這兩次相會。

我們第一次的偶然相會，是在井岡山上某個作家聚會。我們見面，熱烈握手，互相說了一句“相見恨晚”。我是真心的，他怎麼樣，我不得而知，但從他握手的力度上看也是真誠的。只是初次見面，說話不多。我在觀察他，看他的身材面貌，舉止談吐，的確是一表人才、翩翩公子，很有教養的模樣。他沒有和我說太多話，但和他熟悉的朋友說說笑笑，十分活躍。而且似無避諱，心直口快，給我印象頗好。

這就是我和他第一次見面。

此後不知過了多少年，在2006年初春的一天，我接到大邑安仁鎮建川博物館的主辦人樊建川的電話，他說：“黃宗江遠道參觀我這裏的博物館來了，明天就要回去，他想來看望你，你今天就到安仁鎮我這裏來和他見面吧。我們也好久沒有見面了。”於是我決定當天就去看望黃宗江，同時也想看一看樊建川又搞出什麼新名堂來了。

樊建川在四川算得一個奇人。他憑自己努力，居然白手起家，在安仁鎮上建立起幾個抗戰系列專題博物館來，轟動全國，來參觀的人絡繹不絕。他常有新點子，也許又建成一種怪名目的專題博物館，要我去參觀吧。現在我也該去看一看了。

我驅車直到樊建川的博物館的主客廳，樊建川和黃宗江已經等候在那裏了。我對黃宗江說：“有朋自遠方來，不亦樂乎？稀客，稀客。”他說：“幾十年不見，終於在這裏見到了你。”我說：“真的是，大概有二十幾年了，井岡山上的翩翩人物如今卻是白髮滿頭了。”我們寒暄幾句後，他就像那年在井岡山上我看到的一樣，縱橫天下事，臧否古今人，有如長江水，滔滔不絕地高談闊論起來。我有點兒驚奇，似乎無論在熟人還是生人面前，他都是這樣袒露心跡，口無避諱，把自己想說的話直白地說出來，而且在鋒芒畢露中，夾帶著幽默趣言。這位原演藝大師也是語言大師，我算拜服了。只是心中揣摩，他在大庭廣眾之下，人心叵測之時，言人之未能言，言人之未敢言，他能安然無事嗎？果然，他說他的嘴給他帶來過許多災難，有時甚至面臨殺身之禍。然而江山易改，本性難移。既到晚年，也無所謂了。他竟然是這樣的達觀。當然，他大概也可以從我的作品中，看到我是一個什麼樣的人，所以今天才能這麼放言恣肆，知無不言，言無不盡了。

樊建川也是一個開放型的人物，和我們很談得來。

後來在飯桌上，我們邊吃邊聊，真是酒逢知己話偏多。我和黃宗江的第二次會面，不過半天，他卻古今中外地談了一些我聞所未聞的人與事。

最後我們告別時，我對他說：“聽君一席話，勝讀十年書，無以為報，即興寫一首詩：井岡初遇識翩翩，天府再逢已雪顛。喜讀鴻文多妙趣，放言真話語驚天。”並當場寫成一張條幅，請他笑納。我真的認為他的放言動地驚天。後來我聽說他把我送的條幅裝裱起來掛在房裏。是否真的，不得而知。

他後來給我寄了一本《藝術人生兮》，在扉頁上寫著：“識途長兄指正，宗江，2008 五四”。他還另批幾個字“盼賜《滄桑十年》600161 北京六里橋八一電影廠幹休所”。我收到書通讀一遍，認為這是一本十分有趣的書。他在寄來的書裏，夾寄他寫的近作《夜讀抄》的複印本。他在第一頁頂上，寫了“識途兄長，遙寄問候，盼賜自傳。弟宗江稽首，庚寅春晚”。這篇文章，大概是他的最後一篇文章，因為他在此文尾寫著“庚寅春晚，年九旬或可封筆矣”。

2010 年 10 月，我從報上讀到他去世的消息，不禁長呼：“蒼天竟不佑英才，一代文星，溘然長逝矣，傷哉！”

曾彥修

一位“良知未泯”的好人

曾彥修是一個在中國一度很出名的文化人。他的出名，不是因為他是抗戰初最早投奔延安、文化工作做得很出色的知識分子；也不是因為北平“解放”後，他進城做文化工作，最後成為中國最大的出版單位人民出版社的社長；而是不知因為何故，禍從天降，被欽點為大右派，光榮地成了第一個上了《人民日報》頭版的領導幹部。於是蜚聲海內，真出名了。

經過文化部多次批評指正，他洗心革面了，但秉性還是“死不改悔”。後來他終於獲批到上海一個規模不大的印刷廠車間裏參加“四清”運動，在“四清”工作組裏當個“材料員”。這個材料員非同小可，“四清”工作組領導專門要他閱讀重點分子的檔案材料，要他作出分析。他閱讀了五十幾個重點分子的材料，竟然發現有三十幾個被懷疑有政治問題的人，都是無中生有的冤案。這一回這位大右派，偶然地得到機會辦了一件大好事。在他的努力下，細心地面對調查，證據確鑿地為這批重點分子解除了懷疑。不然的話，這些人很可能被無情地批鬥，無限上綱，被打成反革命。

他後來對我說，他革命了一輩子，總算做了一件大好事。他推算起來，全國各地搞“四清”的做法都差不多，都是這麼個搞法，該可能出現多少錯案、冤案？更推而廣之，那些年搞了那麼多的政治運動，又該出現多少冤假錯案？他說，幸得中國有一個不信邪的中央黨校校長、中央組織部部長，敢於說不管是什麼政治運動，也不管是誰批的，凡是搞錯了的，都要實事求是地平反。於是全國上下，成千上萬，哭天喊地，要求平反。只有在中國大地上，才有那幾年的千古奇觀。中國得救了，中國的黨得救了。好人呀，辦好事呀！

“可是，”他忽然大轉彎地說，“好人辦好事，得好報了嗎？”他唏嘘不言了。我只唸了我曾經作的舊體詩中的兩句給他聽：“紙花又灑兩回白，熱淚重流十里街。”

我和曾彥修，雖然都以寫魯迅式的雜文而神交多年，互相傾慕，卻天各一方，職業不同，只有兩次見面。一次是 1978 年，他到成都我家裏來，約我和他一起主編《中國雜文選叢書》。我因為擔負的行政工作太重，無力參加，而且我只寫點兒雜文，編輯是外行，不能應命。但是我們卻一見如故，親熱交談了很久。我笑問他到底是不是“欽點右派”？是不是自報名列右派名單上的第一名？他說，有許多是傳聞，真真假假，也不想去分清是真是假了。

我們第二次見面，就到 2014 年了。2014 年 6 月，我和他同時在三聯生活書店出書。我到北京去，我們在人民出版社見面了。多年不見，自然歡暢。寒暄之後，互相簽名贈送新出版的書。他送我一本《平生六記》，我送他一本我的書法集。我們一面翻看，一面談話，自然有互相讚譽之詞。我們坐在一起照相後，就近親密地高談闊論起來。我們都是經過風雨、見過世面的人，也是喜歡寫同樣不大受歡迎的雜文的人。談起那些未免常受人幫助的往事，自然有轍鮒之痛和相濡以沫之情。

當天晚上，人民出版社設便宴為他們的老社長曾老祝壽，我也應邀參加，在場的還有人民出版社、三聯書店的幾位領導人以及幾位作家。大家舉杯為我們兩位離休老人祝壽，說我們都從風雨裏走過來，居然活到九十幾、一百歲，還這麼健康。我們都不能喝酒，以飲料代，表示謝意。我興奮之餘，隨口說幾句詩："又見曾公號彥修，雜文泰斗誰能侔。少年豪氣依然在，漫對炎黃說春秋。"同座的作家王春瑜即席也作一首七絕詩送給曾老，比我作的要好，可惜我沒有記下來。有同席的出版家介紹，那年曾老自己還沒有平反，他卻四處奔走，為出版社其他同志要求平反，可見曾老的高風亮節。曾老卻說："我諒定他們要主動來給我平反，他們急，我何必急？"惹得大家笑起來。

但是天有不測風雲，2015年3月，我忽然接到北京的電話，說曾彥修老人去世了。我不勝震悼。曾老靈堂上，到了不少著名文化人，我卻因為遠在四川未能到場。

我寫了一首七律悼詩寄去北京。

錚錚鐵骨世無倫，讀罷奇書熱淚零。
筆伐千張遵聖諭，口誅百舌捲風塵。
群雛欲護甘自罪，寫證救人願損身。
未寄獻詩聞噩耗，南天焚稿哭英魂。

李劼人

郭沫若說他是中國的“左拉”

十九世紀末年，李劼人先生出生在一個家境清寒的下層知識分子家庭，成長在半封建半殖民地的中國，特別是在更落後、更黑暗的四川。他自幼顛沛流離，對舊社會十分痛恨而又無可奈何。他和郭沫若、巴金等人一樣，都是受五四新文化的洗禮，走出舊社會，並且到外國去尋找救國救民之道的。然而他一直沒有找到新路，像當時的許多四川留法學生一樣，走上社會革命的道路，回國參加革命，卻是企圖用他的筆來喚醒民眾。他還做過振興民族工業、勞而無功的美夢。他一直徘徊在舊民主革命的思想中，這就對他的事業和創作造成了限制，無法達到以他的聰明才智應該達到的水平。

他並沒有讀馬列主義和其他革命書籍，也沒有捲進洶湧的革命浪潮，然而他具有同情人民、忠於生活的現實主義品格。所以他仍然用他那現實主義的筆，相當準確且精細地刻繪出他生活過的舊社會的面貌。他從“死水”中看到“微瀾”，繼而看到“暴風雨前”的景象，終於親歷了辛亥革命的“大波”，而且看到後來的蔣王朝中“天魔亂舞”的形形色色。他終於把中國這場資產階級民主革命中的大動盪、大轉變的歷程，用他藝術家的眼光，盡收筆底，寫出了輝煌的《死水微瀾》《暴風雨前》《大波》三部曲和《天魔舞》。看來他很想寫出一部歷史長卷，如西方的巴爾扎克和托爾斯泰那樣。但是他的思想水平和藝術功力都不足以當此大手筆，而且他年事已高，無力完成。但是他到底留下了一部如郭沫若所說的“中國的左拉”，寫出了“小說的近代史”或“小說的近代《華陽國志》”。總之，他成為四川現代作家的主要代表人物之一。

李劼人雖然沒有馬克思主義世界觀的修養，他作品中的思想深刻性不能不受到某些局限，但是他清醒的現實主義的筆觸，卻把他帶到歷史唯物主義的結論中去。因此他的三部曲中所描繪的辛亥革命時四川的景象，各種人物的形象、命運和歷史發展傾向性，還是沒有作家能夠超過他。無怪乎司馬長風在 1975 年出版的《中國新文學史》中提醒大家注意研究李劼人，說他是“三十年代中國長篇小說的七大家之一”，稱道他“風格沉實，規模宏大，長於結構，而個別人物描寫又細緻生動，有直逼福樓拜、托爾斯泰的氣派”。周揚在他的文學報告中也把李劼人的小說和茅盾的《子夜》並列。近年來，李劼人的作品似乎已經受到文學界更多人的注意。

正如巴金老所說，李劼人“是一個寫實主義者”，也就是現實主義者。但是有人問，他的作品是舊現實主義的吧？郭沫若也說他是“中國的左拉”，和左拉的自然主義拉到一起。其實，他的手法雖然有舊現實主義的影子，但並非自然主義，而且他一直反對自然主義。從他的三部曲看，他卻是向新的現實主義前進的。當然他在馬克思主義光照下修改的《大波》，也許不能說是革命現實主義的作品。但是無論他的政治思想傾向還是文學創作傾向，都是向前的。他在政治上傾向於革命，他的作品傾向於革命現實主義。一個老的知識分子從舊的譴責小說起步，而達到向革命現實主義逼近，也是難能可貴的了。他想把中國歷史用藝術長卷的形式記錄下來，其雄心也是可嘉的了。

特別引起我注意的是，李劼人善於把西洋小說的創作方法和中國傳統小說的創作方法結合起來，這也可說是一個典範。更令人驚異的是他對於地方風土人物的描寫，有一種特別的愛好和本領。他對於成都的風土人情可以說瞭如指掌，他筆下的成都人栩栩如生，惟妙惟肖。特別是他把本來就十分生動豐富的成都方言進行藝術提煉，對於人物形象的刻繪起了很好的作用。這也可以說是他的一大長處。我們常常說，要具有中國老百姓所喜聞樂見的中國作風和中國氣派，李劼人的小說，特別是《死水微瀾》，可以說就具有中國作風和中國氣派，而且還具有特別的"川味"。他的小說讀起來有一種特別的藝術享受，可以說他是真正具有個人風格的作家。

但不知道是什麼原因，李劼人的作品，即使受到郭沫若的高度讚揚，還是沒有得到文學界公正的評價。至於研究李劼人及其作品的著作，更是寥寥無幾。我除了看到李士文著的《李劼人的生平和創作》外，再沒有看到別的專著。但是李劼人的確是我國當代一個很有特色的作家，在藝術上卓有成就，他的為人也是大家所敬佩的，在中國文學史上應該佔有一定的地位，文學評論界也應該對他進行研究，給他以應該有的評價。

周揚曾把李劼人的作品和茅盾的《子夜》相提並論，我想這絕不會是偶然的。沙汀生前曾告訴我，李劼人的作品在藝術上也絕不會比《子夜》差。然而《子夜》在文學史上的地位有多高，大家都是知道的。總之，我認為對李劼人的研究應該引起文學評論界的重視，特別應該引起四川評論界的重視。

沙汀生前曾提議建立李劼人研究會，並且特別希望在成都市建立李劼人研究會。因為李劼人是成都人，生於斯，長於斯，學於斯，成名於斯，而且他從"解放"直到去世，都是成都市的副市長。我很高興現在成都市終於成立了李劼人研究會，並且把他的故居加以整修，後來又撥款、撥地擴建為博物館。這才是把李劼人和他的故居菱窠抬舉到在成都應有的地位，這才是作為中國著名文化城市應該辦好的事。因為在文化界，李劼人無疑是一張文化名牌，會給成都增添光彩。如果加以利用，他的故居也會是成都旅遊資源之一。李劼人的《死水微瀾》的川劇曾叫響全國，也上演過電視劇，得到好評。

在這裏我還想附帶地說一說我所知道的李劼人的往事，從這裏也可見李劼人的人品。

從李劼人在成都高師附中參加過辛亥革命時的反對清朝統治者的活動，到後來他在成都組織少年中國學會，辦報紙，寫文章，都可看出他是一個對封建王朝深惡痛絕，對舊社會極端不滿的人。然而他也止於抗議、不滿、抵制，卻沒有找到什麼辦法來匡時救世。後來他到法國留學，除了熱愛、學習和翻譯法國文學，當然也受到法國資產階級革命自由民主思想的影響。回國後，他從事文化、教育活動，以至後來辦實業。

從外部形象看，李劼人是一個資產階級民主激進分子，且和在法國同學的幾個中國青年黨人有私人來往。但是在他骨子裏卻和真正的革命派 —— 共產黨人，有著千絲萬縷的聯繫。不過他一直是一個革命的局外人、同情者，也可以說是革命的同路人。直到"解放"都是如此。

他曾積極參加抗日進步文化活動，是成都抗戰文藝協會的領導人之一。他給予文藝刊物物質的支持，從未斷過。特別是他對他的共產黨人朋友陳翔鶴的掩護，使我印象深刻。當時，我得知陳翔鶴同志上了國民黨特務的黑名單後，通知他必須立刻撤走。在極其危險和困難的情況下，李劼人伸出援助之手，把翔鶴同志送到樂山，隱藏在他當董事長的嘉樂紙廠裏近一年之久，直到"解放"。"解放"後，他被川西區黨委和成都軍管會邀請參加各界人士座談會，在那次會上，他受大家的委託，代表人民，當場接受反革命分子的投降。他那種審判官式的威嚴神態和義正詞嚴的訓斥話語，我至今還有印象。

後來，他在成都第一屆人民代表會議上被選為副市長。他是真心誠意地靠攏黨的，並且開始讀馬列主義的書，企圖用馬克思主義的文藝觀來重新審視他原來的作品。他實在無意於做"官"，除了參加人民代表大會、省人民委員會（他是四川省人民委員）和市長辦公會，他大半的時間都蟄伏在成都郊區、他自己出錢修建的茅屋——菱窠裏，從事筆耕。他把自己過去出版的幾部長篇都進行修改，重新出版。特別是《大波》，他想在馬克思主義的光照下，重新寫過。他告訴我，現在他才得到了最好的創作時光和創作環境，可以大展才情。可惜他沒能完成這一個巨大工程，便溘然長逝。他曾和我談過，他還有更巨大的歷史畫卷式的長篇創作計劃，這自然也成為抱憾終天的事了。

我當時在成都市委工作，也是省人民委員，和他接觸的機會自然很多。他把“解放”前夕寫成的一本描述成都歷史沿革和風土人情的《說成都》初稿給我看，我認為寫得十分生動有趣，勸他拿去出版，他卻說還要修改補充。但是他後來一直忙著修改三部曲的大工程，沒有時間著手修改這本小冊子。後來在“文革”中不知散失到哪裏去了，至今沒有找到，實在是一憾事。

當李劼人看到我在發表作品，並且寫出長篇《清江壯歌》後，他曾約我到他的菱窠去，和我談創作問題。他認為我的生活底子較厚，文筆也還可以，是可以寫作的，應該把過去的生活寫出來。後來有一次他竟對我說：“你這個人，我看可以寫文章‘立言’，而當官‘立德’‘立行’的事，恐非你之所長，讓他們去幹吧，你還是潛心於創作的好。”可惜我卻沒有實現他的希望。果然如他所言，我在“立德”“立行”上沒有作出什麼名堂，卻耽誤了我的“立言”工夫。在“立言”上，我雖然寫了十來本書，卻沒有寫出什麼經世之作，甚至還為此在“文革”中付出了慘重的代價。李劼人早離人世，也許是他的幸運，不然他也許要受大苦，至少不會比沙汀和艾蕪在“文革”中的處境好。

我和李劼人相處的時間並不長，只有十二年，但是我們還算談得來。在我的印象中他是一個沒有名利慾望的人，一個免於低級趣味的人。除了公事場合，他一直穿著長衫（就連參加省人民委員會議，他有時也穿長衫來），總以一個平民面目自居。他對人總是熱心誠懇，對黨和人民的事業，總是積極擁護，雖然他對我們的某些做法不盡以為然。1957 年他曾直陳對知識分子工作的個人看法，那一次卻給他帶來想象不到的結果，他在人代會上曾經作過公開檢討。從那以後，他遇事多持沉默。但是我知道，他仍然沒有改變他作為共產黨的朋友的初衷。

這就是我所知道的李劼人。

李亞群

亞公——“蜀中奇人”

亞公 —— 人們都這麼懷著尊崇之情稱呼李亞群同志 —— 離開我們許多年了，但是我總覺得他還活著。

我彷彿仍然看到四川省委宿舍的淺草坪上，有一個滿頭亂髮的小老頭，坐在藤椅裏，背向著我家的窗口，在那裏曬太陽，一兩個鐘頭不做一聲，似乎已經“入定”了。不知道為什麼，我想象他的靈魂已經從這個乾瘦的軀殼裏升騰起來，用他冷漠的眼神，在觀察當時“妖風四起，烏雲蔽日，狐蛇蠅鼠攔當道，松柏黃蘭遭焚擊”（他的詩句）的世界。他在思考，為神州傾危而憂心如焚，他呼喊：“滄桑朝夕變，風雨黯神州。杞國非無事，天傾實可憂（他的詩句）。”然而在他深沉地思考之後，終於得到了歷史的結論。他充滿著信心地說：“故宮狐鼠倡狂盛，肯信神州又欲沉！”坐在我的窗下曬太陽的乾瘦小老頭，竟是這麼一個鐵錚錚的硬骨頭。我為他的幾首傳統詩的風骨而震顫。

我雖然很早就聽過李亞群這個名字，但真正知道他卻是因為他和我的幾段奇緣。第一段奇緣就是“文革”初，我和他還有沙汀，“奉命”被組織了一個四川的所謂反革命的“三家村”。我們當時雖然沒有見面，卻同時受到造反派“該千刀萬剮”的大批判。

我們的另一段奇緣，就是他把誰也不願意接手的四川文藝領導這個火紅的“炭丸”交到我的手裏，然後向我一揖到地，對我說：“我算是找到了替代了。”

我們的第三段奇緣，就是在他即將離開這個世界的病床上了，他雖然不斷喘著粗氣，卻坦然地對我說：“老兄，我要先走一步了！”就像我們在茶館喝茶道別一樣從容。

就是通過我們相交的這三段奇緣，我認識了這位原蜀中奇人。就讓我從我的腦中不甚清晰的記憶裝置中抖擻出我和亞公相交的幾段往事來。

我和亞公都先後參加了革命，進行過艱苦的地下鬥爭，九死一生，一同目睹新中國的誕生。我和亞公又先後擔任了四川文藝工作的領導，又一同承受了史無前例的“文革”的生死考驗。因為同命運，我們便常有往來。

我還記得我到他在省委宣傳部的辦公室，他似乎從來不正襟危坐在寬大的辦公桌前批閱文件。幾乎每次去，總見他躺在那張陳舊的藤躺椅上，專心讀文學作品。我對他打招呼，他好像沒有看見我，只是呵呵兩聲，說一聲：“來了。”便坐起來叫我喝茶，閒談起來。談了些什麼記不起來了，大概總是離不開文壇風雲吧。現在還有點兒印象的，是他對於省文聯和作協老是扯皮的事很頭痛。我們都有同感，不知道為什麼要把這些文人弄成一堆，在一口鍋裏舀飯吃，鍋碗瓢盆總難免碰得“乒乒乓乓”的，難說誰是誰非。他想和稀泥也和不好，卻說了幾句名言：“一個和尚挑水喝，兩個和尚抬水喝，三個和尚沒水喝，我看不如叫他們散夥。”

我把他的經典語言，記在筆記本上了，至今還留著。他當然無權散夥，只是把文聯和作協分成兩攤子，各掃門前雪，才得以消停一下。可是更大的風暴——“文革”，卻從文化部門裏開了頭，我們二人都陷入絕境，我去蹲文明監獄，他到灣丘五七幹校做養雞專業戶了。

“那時候，五七幹校革命領導看我身體虛弱，不能參加重體力勞動，便叫我去養雞。對我說：‘你就一輩子在灣丘養雞吧，死在灣丘，埋在灣丘。’我想一輩子養雞不也是幹革命嗎？於是我去當‘雞司令’了。”亞公曾詼諧地和我談起這件事。我也聽從灣丘五七幹校回來的人對我當趣聞講過，說這位老頭，以養雞為樂。一大群大雞小雞跟著他轉，熟悉他的口令，叫走就走，叫回就回。在當時那種情況下，亞公苦中尋樂，真想養雞終此一生了。他把他當時作的一首詩寫給我看：“少年鬥龍蛇，無米飼群雞。灣丘風物好，此物最相宜。”

可是好景不長，灣丘五七幹校被解散了，亞公只好告別他的雞群，隨大隊回到成都。我和他同在宿舍外的草坪上曬太陽。他竟然對我說，他沒有死在灣丘，埋在灣丘，頗有幾分惋惜呢。

他原來是四川省委宣傳部分工管文藝的副部長，管文藝工作二十幾年了，很有經驗，很有見地，本人又是一個頗有造詣的作家。他的詩文無論在思想水平上還是學術水平上都是我早就敬重的。既然被“解放”回到成都，理應官復原職，管文藝工作，他駕輕就熟。於是我到他家去看望他，心想如能把我肩上管文藝工作的重任卸下交還給他就好了。

可我倆一見面，亞公似乎看穿了我的心思，他嘿嘿一笑，說：“老兄，你莫想我會上當，把你從那棵樹上放下來，把我套上去了。”他一揖到地：“好，好，我算取到‘替代’了。”（“取替代”是四川一種風俗，說凡是凶死的人，比如跳河上吊死的，要想轉生，就要引誘別的人去跳河或上吊，這樣自己便取成“替代”可以轉生了。）我無可奈何地對他說：“我真的給你當了替死鬼了。”亞公又是開心地一揖到地，而我只能是苦笑了。

“四人幫”垮台了，亞公欣喜若狂。他忽然變得生氣勃勃，寫了詩，還堅持下鄉搞社會主義教育，聲言要拚命幹了。我打電話，用下命令的口氣說：“把他弄回來！”大家硬是把他的病體抬回來。他還埋怨我：“你大驚小怪，我還死不了。”我生氣說：“我可不想給你開追悼會。”

他的身體每況愈下。送他進醫院，度過冬天，開春又接他回來。他對我說：“這一冬天又算蒙混過關了。”可是，1978 年的冬天，他終於沒有蒙混過關，奉命去“報到”了。

何其芳

走上革命的詩人

那是“文革”落幕前不久，我在四川省委宣傳部工作。有一天，一個個兒不高、微胖又很斯文的人上門來找我，開口就說“我找馬識途”。我說：“我就是馬識途。請問……”他馬上說：“我有事找你。我叫何其芳。”

哦，何其芳，有名人物。他說話的口音，聽起來和我的家鄉忠縣的口音幾乎一樣。問起來才知道他是萬縣人，他家隔我家的距離不過幾十里，我們一下就熱絡地談起來。我早就知道他是老同志，文化界的知名領導人物，是一個書生氣十足的知識分子，比較坦率和真誠。我接待他後便問有什麼事，原來是為了他的老友楊吉甫出版詩集。當時，許多事還沒有開頭，我無能為力。他雖然失望，卻因為知道我是作家，我倆又是同鄉人，相見恨晚，真是如俗話說的“同鄉見同鄉，兩眼淚汪汪”，我們便親熱地談起來。

我們互相介紹身世，交流思想。我們都是為了尋找救國之道而走出三峽的知識分子，一直在摸索，不知路在何方，感到彷徨，是日本的侵略和出現學生愛國運動，才得以清醒，走上進步之路，參加革命。卻又歷經文壇風雲，“文革”一來，更覺迷茫。我們談了好一陣才分別。

“四人幫”垮台後，何其芳給我寫了一封信來，說他欣喜若狂，一口氣寫了一首批判“四人幫”的長詩，叫我送《四川日報》發表。我送去了，卻不知何故，未能發表。

大概是 1978 年我到北京，專門到他家拜訪。這一次可算是我們一生所做的最長的竟日之談。我們都是作家，都擔負過文藝領導工作，親歷波譎雲詭的文壇風雲。又是在劫後相見，有說不完的感慨，道不盡的苦衷。他充分表露自己詩人的氣質，打開思想的閘門，放言恣肆，滔滔不絕。三句不離本行，他講得最多的是文藝思想和文藝理論的爭論。

他說他把畢生精力放在研究中國古典文學上，尊重文化遺產，主張繼承而不泥古。他贊成厚今人但不薄古人。他能寫很好的傳統詩詞，卻提倡寫新詩，但又對新體詩不大提倡格律而耿耿於懷。他說他和聞一多先生一樣，主張新體詩也要有格律，他有過格律新詩的嘗試，卻不成功。他熟讀《紅樓夢》，有自己獨立的見解，卻受到理論界如姚文元之流的批判，他頗不以為然。他說他不信神，不怕鬼，曾奉毛主席之命，編出一本《不怕鬼的故事》，奮起反擊，敢挧戰當時論壇新星。結果“文革”一來，當然對他新賬舊賬一起算，吃了不少苦頭，但他仍然堅持自己的觀點。

最後，他興致勃勃地對我說，他正在醞釀寫一部長篇小說，寫一個中國的知識分子經過怎樣曲折的道路，終於走向革命，卻一直在不斷痛苦地進行自我改造，反反覆覆的悲劇人生。我看他其實是想“夫子自道”吧，這其實是我們這樣的知識分子在這樣的中國環境中的供狀，結果他卻溘然長逝，沒有寫成。

何其芳走了，大家給他蓋棺論定是詩人、文藝理論家，一個固執於自己信仰的知識分子。據我瞭解，他非常看重“革命”二字，他以他作為一個小資產階級知識分子，能夠走上中國革命的道路，能從一個文藝上的唯美主義者自我改造成一個革命文學家而感到十分欣慰。我不大贊成評價何其芳的一些論點，如說他的文學活動與思想嬗變有多麼的複雜和矛盾，甚至說他是一個"在文藝上有爭議的人物"，甚至認為他在改造中已失去詩人的品質而轉化成為正統的文藝官了。

這樣的觀點，我不想苟同，我認為何其芳一生走的道路，實際上是在當時中國那樣的歷史環境中，一個有愛國良心的知識分子必走和應走的道路，他是一個很有天賦的詩人，他更是一個響噹噹的革命文學家。革命對他來說是第一義的。他的文藝思想是正宗的馬克思主義的文藝思想，並未離經叛道，並未違反文藝規律。他在長談中，評價《畫夢錄》這部作品，認為那是一個還處於蒙昧狀態的青年的感情的發洩，無可取處。但是文藝界卻認為，從藝術的角度上看，那是他最好的作品，文學史上能留存久遠的說不定就是這部作品。這問題我們沒有繼續討論下去。讓文學史說話吧。

沙汀

四川作家的領班人

1950年初春，成都剛“解放”不久，我在川西區黨委組織部工作。有一天，一位我不認識的人來找我。舉眼一看，是一個不怎麼修邊幅的中年人，由於清瘦，又穿了一件褪色的長衫，人顯得特別頎長。他的臉上有黴暈，很容易被人誤以為煙暈。“怎麼有抽大煙的共產黨員來找我呢？”我一看，條子上寫的是“沙汀”。“他會是沙汀嗎？”我有點兒疑惑，但我是長期在白區工作過的，知道地下黨的同志為了掩護自己，常常是“其貌不揚”的。我怎麼能說他不是沙汀？

一問起來，方知道他是奉南方局周恩來之命，隱蔽在他的家鄉四川安縣的。但是，我雖然知道他是地下黨員，可他的關係在南方局，和我們地方的地下黨沒有組織關係，按照規定，是不能接上關係、分配工作的。這使我為難，我請示了賀龍老總，由於沙汀過去和賀老總很熟，賀老總後來便把他調到重慶去籌辦西南文聯工作，其後再調到北京，過了幾年又調回四川，擔任了省文聯主席。

1959年國慶十週年紀念節前，沙汀派人找我，讓我為《四川文學》寫一篇紀念文章。我寫了一篇回憶錄性質的小說《老三姐》交給他們，沒想到在刊物上發表後，竟然引起沙汀和北京《人民文學》的注意，《人民文學》還決定轉載。

我沒有想到就這麼一篇小說，竟把我引上了文學創作的道路。《人民文學》編輯部知道我是一個有長期革命鬥爭經歷的老幹部，像《老三姐》這樣的故事一定不少，就派了周明到成都來，通過沙老的介紹上門組稿。周明組稿的辦法很妙，大概也是沙老的主意，不是直接要稿，而是來和我"擺龍門陣"，聽我擺過去的革命生涯，時不時地插進來說："好，就是這一段，可以寫一個短篇小說。"我把一個找紅軍的故事寫了出來，定名為《找紅軍》，他們拿去發了頭條。從此更引起沙老的注意，他一直鼓勵我寫作，說我的經歷是別的作家少有的，很有革命教育意義。

說實在的，我不想涉足風雨文壇。我對沙老透漏了這個想法，他說："你寫的都是過去革命鬥爭的故事，有什麼問題？"說的倒也是，可是我還猶豫著。誰知不久後我到北京開會，不知道是不是沙老的關照，全國作家協會書記處的書記張光年、嚴文井、郭小川和《文藝報》的主編侯金鏡來找我。張光年是原來認識的，我們一塊兒在昆明辦過文學刊物。他們來約我去參加作協黨組書記邵荃麟的便宴。

在便宴上，主題自然還是勸我寫作。邵荃麟說，從我發的作品看來，我是有複雜鬥爭經驗的老同志，同時又是有寫作能力並且具有自己風格的作者。這樣的老同志不多，應該參加進文學創作的行列裏來。"這也是革命工作嘛！"邵老強調地說，"你寫革命文學作品，對青年很有教育作用，你多做一份工作，等於你的生命延長一倍，貢獻更大，何樂不為？"其他幾位書記也贊同這個觀點，認為這"等於你一個人幹兩份工作，生命延長一倍呀"。一個人能夠作兩個人的貢獻，倒真有點兒令我動心。等我一回到成都，《人民文學》編輯部便派編輯主任胡海珠來找我組稿。也是用叫我"擺龍門陣"的方法，一下就組稿幾篇。不久後，作協書記處批准我入會的通知和會員證也送來了。這一切精心的策劃，沙老在其中起了什麼作用，他沒有對我說過，但是我知道他是非把我引進，甚至可以說拉進作家的行列裏來不可的。從此以後，沙老就更名正言順地催促我，輔導我寫作品了。他為了把我造成一個作家，花的功夫真不少，特別是在《清江壯歌》的創作上。

自從我那剛生下就跟母親去坐牢，在母親犧牲後失散了二十年之久的女兒被找到的佳話傳開後，沙老就把我抓得緊緊的，認為這是最好的寫作素材，要我把它寫出來，並且專門在省作協組織的座談會上，請省裏一些作家來聽我擺那一段生活的"龍門陣"，大家聽得都入神，鼓勵我寫成作品。這時我已經在《人民文學》《解放軍文藝》《四川文學》和其他報刊上發了一些作品，引起廣泛的注意。寫我熟悉的《清江壯歌》那段生活，不成問題，而且我這時已經有了強烈的創作慾望。沙老很樂意給我當輔導，和我討論我寫的提綱。我開了一百多個夜車，拉出一個大模樣，並且因為《成都晚報》要連載，改出了五六萬字，送給沙老看一看。沙老看了，給我充分的肯定。這稿子在《成都晚報》上發表了幾章後，在社會上引起了廣泛的關注。沙老決定在《四川文學》上同時連載，他不辭勞累，細心指點，讓我獲益不淺。我這篇《清江壯歌》的小說，就這樣一邊寫，一邊在《四川文學》和《成都晚報》上連載。後來出版社決定出版，沙老又專門為此召開一個座談會，請了一些作家和評論家開了一天會，進行了認真地評論，對我幫助不小。

可是這個時候，"千萬不要忘記階級鬥爭"和"以小說反黨是一大發明"之說出來了，叫人膽戰心驚。曾經參加過北戴河會議的中央監委副書記，我的老上級錢大姐告誡我，還是不出版的好，以免惹出是非來。於是，我將出版社排出的清樣稿件扣下，沒有改定退回。這一扣就是五年。一直拖到 1966 年的春天，人民文學出版社社長、我的老朋友韋君宜寫信催要稿件，我才退給出版社。終於，《清江壯歌》在 1966 年初夏出版了。可是一出版我就被捲入"文革"的風浪裏，成為四川大批判的靶子，為此付出了慘重的代價。

此外，沙老為了扶植文學新生力量，推出新的作品，不知付出多少心血。像《紅岩》這部小說的三位作者羅廣斌、劉德彬、楊益言，原本都不是作家，但是當他們寫的《在烈火中永生》出版後，立即引起沙老的關注，後來一聽說要寫成小說，更得到沙老的極力支持。他熱心地向重慶市委領導宣傳，取得了領導的支持，還多次找羅廣斌、劉德彬、楊益言談話，鼓勵他們，給他們出點子。後來寫出初稿，他又把他們找來，一章一章地和他們研究如何修改。從初排稿本《禁錮的世界》，直到最後定名《紅岩》正式出版，沙老對這本書，一直寄予厚望。《紅岩》出版後，在海內外影響很大，發行幾百萬冊，廣播電台多次連播，電影、戲劇紛紛移植，風光無比。可這時的沙老，卻絕口不談他和這部小說的任何關係。

沙老這個人，就是一個正直狷介以至於有些急躁的知識分子。他看到有不好的事，不合情理的事，就容易著急、生氣，以致發起脾氣來，甚至拍起桌子，罵起人來。我總勸他不要著急，免傷身體，他卻說難改。他對我說，大概由於這種性格，他在機關得罪過一些人，他也很失悔。我則說："你行得正，走得端，不為私，就是有點兒急躁，大家也會諒解的，有什麼失悔的？"當然，話雖這樣說，但著急確易傷身。沙老一聽到艾老去世，九天後也隨之溘然長逝，恐怕就和他這著急的性子很有關係，甚至他的青光眼發作以致失明，也非偶然。不過，話又說回來，他的這種急性子，正是他的滿腔像烈火一樣奔突的熱情的外露。如果他沒有這一腔感情的烈火，也許就沒有他的創作，也就沒有今天的沙汀了。

1966 年，史無前例的"文革"開始了，我竟然榮幸地和沙老、亞公一起，被組成所謂的四川"三家村"，綁在一根"反革命修正主義"的繩索上給拋了出來，被點名批鬥。而且後來，我竟然還和沙汀、艾蕪在省革委的文明監獄相遇了。

那時，我被關在院子上面一排的正房裏，而沙老的"號子"則在另外一排的矮房子裏，雖然每天打水、打飯、放風，我們都能碰面，但卻無法交談。不過我卻常聽到他喊"報告"的聲音。在獄裏無論做什麼，都要喊報告，出門喊報告，進門喊報告，上廁所喊報告，吃飯喊報告，打水喊報告。於是一院子裏成天聽到在喊"報告"。據說沙老就喊報告成癮，這表面看來是他很守規矩，但也許是他有意而為之的開玩笑。為此他曾寫過一首詩："不煉金丹不參禪，馬恩列斯有遺篇。鬥私批修誠盛事，報告聲裏又一年。"

沙老在這文明監獄裏，雖然表現規矩，卻沒有少吃苦頭。最惱火的可能就是背《語錄》和背"老三篇"（後來發展到背"老五篇"）。那時候，如果背得不好，就被視為不忠，就得向牢房裏牆上的那位老人家請罪。我當時還能對付背一些，就是請罪，我也可以做得比較標準些，因而少捱些折磨。可沙老卻由於年歲大一些，常背不好，被執行請罪儀式時，也不容易做得夠標準，於是被按倒在地上，然後又被拉起來重做，折磨個沒完。有一天晚上，我就聽到沙老不時倒在地上的聲音，我心裏既憤慨又擔心。半夜裏我聽到他的隱泣聲。再也沒有比聽一個老年人夜半隱泣更令人痛心的了。

後來我搬到另外一排牢房，就不知道沙老的情況如何了。只是他上廁所總要從我的牢房外的土路走過去，雖然看到他有點兒吃力，但還走得動。當然我知道，那是由他的剛強性格硬支撐著的。

大概是 1970 年下半年吧，我突然得到通知，可以從這個文明監獄回機關參加"文革"了，這自然是令我高興的事（當時我並不知道回機關後又會被造反派關進"牛棚"）。但是我走以前，很希望和沙老、艾老告別。我在獄裏寫了一些舊體詩，其中有送沙老和艾老的，很想交給他們看，可獄規不容許。我正感到無計可施時，忽然看到沙老從我門前走過去，上廁所去了。我靈機一動，馬上報告我要上廁所。得到允許後我匆匆地走進廁所，幸好沙老在解大便，還沒有離開。我走過他面前，對他說："我要出去了。”然後把寫著兩首詩的小紙片塞進他的手裏，說：“我寫了兩首詩，送給你，做個紀念。”沙老馬上把紙片藏到自己的衣服口袋裏。我走出廁所，回到房裏，不一會兒就有人叫我上車，送我離開了。

我送給沙老的兩首七律詩其中一首是：

夕陽滿樹噪昏鴉，古廟蒼茫遇老沙。
對面無言同陌路，鄰居咫尺若天涯。
我無寶劍雄三尺，君學詩書富五車。
努力加餐勤鍛煉，他年古木發新華。

後來，沙老終於也被“解放”出來了，可是不知是什麼樣的一條“小尾巴”拴住了他，出來了卻不給作結論，也不分配工作。我為他上下奔走，不得要領。後來還是他通過北京有關係的人，也可能是周揚給四川打了招呼，才無保留地解決了。他來看我，對我說他的問題解決了。北京有意要調他去工作，徵詢我的意見。我極力贊成他趕快調走。1978 年初，他終於被調到北京中國文學研究所，去接何其芳留下來的所長職務。在那裏一直幹到他主動要求回成都養老，和艾蕪又可以朝夕相處了。

1992 年 12 月 5 日，艾蕪老去世了，我們還沒有來得及給他辦好後事，忽然又傳來噩訊，沙汀老也走了。相隔才九天，他們兩個老人好似早已約好結伴同行一般。這太叫人難以置信，然而這是千真萬確的事實。我趕到沙老家裏，那經常由他獨坐的椅子還在那裏，然而人去椅空了。

艾老剛去世時，我們很費躊躇。以沙老的身體條件來說，實在是不應該把艾老不幸去世的消息告訴他。可是沙老和艾老是生死之交，情同手足，如果事後他知道我們瞞他，以他急躁的性子，一定會大發雷霆，這於他的身體更為不利，況且還想請他口授一篇悼念艾老的文章，在報上登出來呢，所以，不告訴他是不行的。我們瞭解到沙老當時出院不久，住在家裏，病情還算穩定，於是請他的家屬做工作，試探著告訴了他。看來還好，沙老口授了一篇情真意切的悼文。

但是，沙老這篇悼文，是他強忍悲痛而作，內心卻是經受了極大刺激的。聽說他晚上獨自流淚，不斷地呼號般地說；“道耕太苦了，道耕太苦了。”湯道耕是艾老的原名，沙老的意思顯然指的是艾老南行流浪，經歷了難以名狀的痛苦生活，後來又長期過著極清貧的生活，仍堅持寫作，自奉甚薄，過著苦行僧般的日子。沙老想到這些，自然發出悲號，然而這卻大傷身體，以致讓他不起。雖然醫生早就告訴過我們說沙老的確已經到了油乾燈熄的地步，但是艾老的先他而去，卻促使他吹滅了自己的生命之燈，艾老走了才九天，他就隨之而去了。從這裏正可以看到他們兩位老人的交情之深。

沙老去世後，我作了一首詞悼念他：

念奴嬌·悼沙汀同志

看君嶙骨，似鐵梅，磊落一身奇節。冷眼看穿舊世界，巨椽肅清妖孽。滬海亭間，睢水關頭，多少風和雪。其香居裏，妙手文章新頁。

曾記昭覺同牢，面壁無言，好友成路陌。“赤匪”翻然成“黑幫”，“報告”聲中年月。努力加餐，無過可省，壯志堅如鐵。惜君先去，為歌悲曲聲咽。

艾蕪

青峰點點到天涯

我雖然知道艾老很早，早在抗戰時期，就讀過艾老的作品，卻沒有見過面。我們見面遲到"解放"後的1962年了。

1962年，艾老回到四川，暫住在五湖春招待所。那時我在西南局宣傳部工作，和羅廣斌去看他，初次見面，給我的印象果然和他寫的文章一樣，那麼平淡衝和，平易近人。從他那樸實的衣著和黃瘦的面孔上，實在看不出他的胸中有多少熱情。但是從他那明亮且渴求的眼神裏，可以看出他總是在觀察和思考所看到的一切，一談起來，卻分明感到他的熱情炙人。

我們見面，談得很隨便，在五湖春的臨河大花園裏散步閒談，談些什麼，早已不記得了。他雖然不是一個善於言詞的人，但總是那麼平和，那麼誠懇，帶著熱情。

我們再一次見面，已是1968年初夏的"文革"時，昭覺寺那個文明監獄裏了。那是"新生紅色政權"省革委特意為我們"走資本主義道路的當權派"修的。我一直不明白為什麼要把艾老、沙老兩個搖筆桿子的文人，和幾位省委書記、西南局領導以及他們認為的要犯關到一起。當時說我是四川地下黨"叛徒集團"的頭腦、"周揚黑幫"在四川的代理人，沙汀則是四川“修正主義”文聯的主席，抓去關上，尚有可說，艾老只是一個從北京回四川定居的作家，他有什麼問題，如此被“看重”？

那裏是監獄，每個人被關進一個幾平方米的小房子裏，門被鎖著，窗外還日夜站著一個小戰士，除了打飯、上廁所和放風，是不准出來的，因此我們無法問訊。我們只能在放風時，用眼神做無言的交談。沙老當時被關在另外一排牢房裏，我和艾老則被關在同一排牢房裏，他隔我兩間。我上廁所都要從他的窗前經過，可以看到他坐在床上的身影。他除了勞動，就是讀書。我常見他坐在床上捧著一本大部頭的書，聚精會神地閱讀，真有“兩耳不聞窗外事，一心專讀聖賢書”的樣子。後來才知道，他是在讀英文本的馬克思的文集和《毛澤東選集》，他倒把那裏當作英語進修學校了。

放風時，我總見他那麼坦然地散步，無牽無掛，優哉遊哉，好像一切都不在話下。幾次把他和沙汀老一起拉到大邑文藝界學習班捱批鬥，雖然看他回來很疲乏，卻並不顯出有一點兒不平之氣或憤懣之色，還是那麼君子坦蕩蕩的樣子。這給我留下很深的印象。

後來我留心他在早晚放風時，十分專注地往院子裏的一棵高樹處張望。我才發現，他原來是在早晨諦聽高樹枝頭的好鳥在唱歌，傍晚在看樹頂上那一抹晚霞出神。有時，我發現他望著對面高牆邊一派青蔥可愛的翠竹，在風中瀟灑搖擺，感到很高興的樣子。我馬上也有所感染似的領悟了什麼道理，這不正是淨化自己的靈魂，在危難中尋找自我超脫的好辦法嗎？於是我也學他那樣，想努力在大自然中尋求自適之道。我也在放風時忽然看到那蕭蕭風竹，階邊芊芊小草，似乎都是有情的，與我們悠然相得。有一回，我突然發現幾枝紅梅翻過獄牆，它好像是想翻過獄牆來看望我們似的，我驚喜不已，於是寫出了“開心最是凝眸處，一樹紅梅過獄牆”的詩句來。我甚至發現站在窗外監視我的有著稚氣小紅臉的小戰士，也不那麼可惡了。似乎我身處逆境，遭受冤屈，以致被拉出去批鬥，受到侮辱和虐待，也不必在意了。天下自有公道在，我想他那種物我相得、物我相忘的境界，就是能寫出那麼多感情真摯的作品的契機吧。

我們被長年關在監獄裏，無所事事，韶光易老，令人難過。管理當局同意我們從事力所能及的體力勞動的要求。艾蕪老參加了栽種蔬菜的勞動。我有意和艾老搭檔，種起冬瓜來。艾老對種冬瓜頗有知識，我就聽他的提調。種冬瓜的活兒不算重，只是擔水澆地麻煩。艾老和我兩人一前一後抬水。我想他的年紀大了，便悄悄把桶繩抹到我這一頭一些，他馬上發覺了，不同意，我也說不行，他用嚴峻的眼睛望著我說："這點兒活對我來說，不算重。"我只得依了他。我們種了一季下來，收穫可觀，收了幾十個大冬瓜，有一個重達四十幾斤。艾老抱不起來，卻十分高興。一個素來寡言少語的老人，竟像小孩一樣，嘻嘻地笑了起來。

我們一塊兒種瓜，常常相聚在一起說話。我向他提出一些文學創作問題，他都謙虛且誠懇地盡其所知，告訴了我。總的印象，好像是作品總要落到一個"情"字上，無情不成文。"文革"以來，他受到過那麼多的批判，似乎還是那麼頑固地堅持他相信的人情味和人性，而且那麼坦然地告訴我。

我是在這樣的閒談中，才得知他南行流浪的經過。身無分文，從四川步行到昆明，生計無著，又流浪到群山蒼茫的滇西，給人家當小夥計，幹清理馬糞的苦活兒。後來又流浪到了仰光，住在一個什麼廟子裏，認識了什麼出家人，關係不錯。後來他辦刊物，參加革命活動，被驅逐出境，輾轉到了上海。他在街上偶然碰到了沙汀，其後他們一同給魯迅寫信，受到魯迅的鼓勵，明確了創作道路，堅定了創作信心。他參加了"左聯"的活動，被捕坐牢。經過沙汀請史良大律師出面辯護，才得以出獄。抗戰中，他流落四方，從上海到桂林，又回到重慶。他在"文協"堅守陣地，編刊物，寫作品。他沒有想到"解放"後回四川定居，卻莫名其妙地被抓來蹲自己人的監獄。

我們坐了幾年自己人的牢，我先於沙老和艾老出獄，艾老又先於沙老出獄。我聽到消息後到艾老的家裏去看望他，他正坐在門廊下優哉遊哉地往菜籃裏擇菜。我把在監獄裏寫的兩首贈他的詩送給他，這兩首詩都是七律，其一首是：

艾蕪吾愛老方家，文錦織成富五車。
蝴蝶泉邊生彩翼，野牛寨上落綺霞。
巴山自古多芳草，蜀水尤堪濯錦華。
休歎聲名百世累，青峰點點到天涯。

我那時已經得到“解放”，並且被省委指派到省委宣傳部去管文藝工作。省文聯恢復了一個刊物《四川文藝》，要我向艾老徵稿。我親自去了，艾老熱情地寫了一篇短篇小說《高高的山上》，發在刊物頭條。誰知沒過多久，“四人幫”的文化部發了通報，說《高高的山上》的發表，是復辟回潮的典型，於是又批了起來。我很過意不去，到艾老家去向他表示歉意。他說：“這哪能怪你呢？讓他們批吧！”沒有把這個當一回事。

“四人幫”垮台後，1979 年開全國文代會，我們四川的代表到北京參加會議，我和艾蕪住在一個客房裏。他的許多老朋友和景仰他的青年來看他，可見他的德高望重。大家都慶賀他安然無事，他卻還是那麼淡然處之，但是談起話來卻又是那麼熱情。我更看得出來，他表面上如一泓清水，內心裏卻始終燃燒著炙熱的感情。他的遇險不驚，他的寬宏大量，他的毫無名利和低級趣味之心，他的安於儉樸的生活作風，都給文學界留下深刻的印象。

他去世前留下一件他最關切的事。他是 1932 年參加“左聯”的，按中央文件，他參加革命工作的時間應該從 1932 年參加“左聯”的時候算起，享受應有的待遇。大家都在根據中央文件，填表申請，他卻一聲不響，沒有申請。直到他去世前和子女談話，才一再說他是 1932 年參加革命工作的。他只是希望糾正他參加革命工作的時間，而並無他求，足見他的高風亮節。

孫靜軒

孫靜軒的三句話

孫靜軒走了許多年了。世上絕大多數的人都經不起歲月的淘洗，兩眼一閉，言行兩冥，便從人們的記憶中逐漸淡化，以致消失了。但是孫靜軒曾經對我說過的三句話，卻叫我至今難以忘懷。第一句話是“我不認識你，也不想認識你”；第二句話是“我現在要來認識你了”；第三句話是“我現在認識你了”。

孫靜軒何許人也？

我所知道的孫靜軒的生平，實在不多，我只是在作家協會開會時，從他向我說的簡介中略知一二，還有從在“清污”運動中的“重點”材料裏又看到一點兒，但那是他的“錯誤”乃至“罪行”材料，難以窺見他的真實全貌。

據我所知，孫靜軒出生於山東，在抗日戰爭中，他在共產黨領導的抗日根據地裏成長，幼年也曾當過“小八路”，和過去的“紅小鬼”一樣，這些娃娃扛起比他們身高還高半截的紅纓槍，在小學操場上喊殺連聲，輪班在村外大路邊站崗放哨，查禁漢奸。他長大一點兒也間或做送個情報之類的革命工作。他在根據地的戰爭環境中很難接受正規的教育，幾乎總在流動的抗戰鬥爭中零星地學點兒文化。那裏的文藝書籍很少，但他一接觸那些書便好像沾上蜜糖，難以放手，著迷地讀起來。從此他便有了一個夢，想當詩人。其實他也只是寫點兒抗日的標語、口號，最多再寫點兒順口溜、快板之類的東西。他便自以為成長為一名抗日文藝戰士了。

在抗日和解放戰爭中，他隨部隊南征北戰，走了幾千里路，南下到了四川，進入成都。許多同輩都在幹部十分缺乏的新解放區以解放者的姿態出現，成為接管幹部，他呢？他算是個有點兒文化的青年，在解放者的隊伍中也算稀缺貨，卻撈不到一官半職，至少是可以穿上他說的“四個兜”的幹部服吧。然而他卻說自己對那些毫無興趣。南下中，領導問他想幹什麼，他卻異想天開地說要到新組建的文聯工作。他認為那裏十分神聖，嚮往不已，他想好好向作家們學習，有朝一日成為作家，最好是成為詩人。有志者事竟成，經過幾年的努力，他不僅學成為一個詩人，甚至成為在四川和全國頗有點兒名氣的詩人。他那副模樣也真的像個大詩人，抽煙過多形成的蠟黃清瘦的面孔，一張口一排煙熏火燎過的黃板牙，一伸手那被紙煙熏黃的手指頭，衣履不振，邋邋遢遢，很不像幹部的形象，然而這才被公認是名士風流的詩人的形象。孫靜軒不光是有詩人形象，還真寫出許多叫得響的詩歌。他不像那些沉默寡言、憂心忡忡、總覺得天要塌下來、“眾人皆醉我獨醒”的行吟詩人，反而是心直口快，對看不慣的人和事，總愛發點兒高論乃至牢騷。他不覺得那時代是“牢騷太盛防腸斷”，結果捉右派運動一來，自然難逃為他編織的黑網，被打成了右派。他說他的右派是被“打”出來的，既然領導要他當右派，他就奉命當吧。他就這麼稀裏糊塗地當了二十幾年的右派。他還沒有做夠那些惡夢，忽然又被平了反，還他一個真正詩人的本來面目。於是，他又發狠地寫起詩來，像噴泉般奔湧而出。其中有一首叫《一個幽靈在中國大地上遊蕩》，一時享譽全國。他甚至用他的號召力，成立了中國詩歌研究會的民間詩歌組織，把好多著名作家、詩人請到成都，高談闊論，飲酒賦詩，好不熱鬧。

但誰也沒有想到，他當然更沒有料到，雖說不搞"運動"了，結果又來了一個不叫運動的"運動"——全國"清污"！好傢伙，"文革"那套雷霆萬鈞的聲勢復現於中國，四川當然也要響應"清污"，於是頭一個目標——他們稱之為"批判重點"——就是孫靜軒了，他面臨千鈞的重壓，要他把在中國大地上遊蕩的幽靈拖出來接受眾人的口誅筆伐，接受"文革"式的大批判，於是他又莫名其妙地陷入天羅地網。正在無可奈何之時，忽然聽說"清污"不搞了，他又被從寬發落，沒事了。於是他又恢復詩人的本來面目，並且被選為多屆省作協的副主席，直到他的去世。

那麼我說的他的那三句話是怎麼回事？

這要從我做文藝官說起。全國"解放"後，我確認自己是一顆螺絲釘，心甘情願被擺放在任何認為必要的地方，勤勤懇懇，盡心盡力地工作。幾十年裏，我調任過不少崗位，發揮過不少功能。我幹過組織、宣傳、工業、建設、科學、文藝工作，還多次代表過人民，上過北京，去過人民大會堂，可風光了。最後還想"知其不可為而為之"地為人民去掌權，進入省最高權力機關的省人大常委會。其實我都是外行充內行，外行管內行，盡心盡力，想努力做一顆合格的螺絲釘。幾十年來總算在風雨泥濘路上，撲爬跟斗地在"運動"中走過來。回想起來，以己昏昏，使人昭昭，雖大言不慚，卻總難免時常感到心虛和困惑。

在這些崗位中，我最不願上崗的是省文聯和作協，被安排選為主席。我是一個半路出家的文藝新兵，是很偶然地被作家沙汀、張光年、邵荃麟拉進作家隊伍裏來的，卻要在雷鳴電閃中去佔領崗位，參加戰鬥。我是掛著四川省委宣傳部副部長的牌號上崗的，也就是一個宣傳高官去執掌文藝大權。只能算半個外行來管全部內行，閒言碎語，自是不免。

給我印象最深的是，我初到文聯，去拜訪作家時，在孫靜軒這個詩人面前，我還沒有開口，他就劈頭對我來了一句："我不認識你，也不想認識你！"便拂袖而去，給我一碗閉門羹，叫我難以嚥下。這就是他對我說的

第一句話。顯然地，他對我這個高官來管文藝，是很不以然的。

若干年後，“清污”來了，開了大會，他那首著名的《一個幽靈在中國大地上遊蕩》作為首選的標本，他自然也成為重點批判對象。一時人言嘖嘖，以為非對他進行大會批判不可。我既然站在那樣的崗位上，就不能不參加戰鬥。但是把孫靜軒的那首詩作為標本，對作者公開大批判，我卻不以為然。我作為作家讀了那首詩，認為的確是一首好詩，言人之未能言，言人之未敢言，這是詩人的本分。其次，中央既然明令不搞“運動”，現在又想用“文革”老一套進行大批判，不合時宜，必定在文藝界引起反感，以後工作就難做了。而且我們宣導的百花齊放便成了空話，文藝繁榮云乎哉？我把這個意思對主持會議的省委管文教的書記說了，並建議可以背靠背“批判”，不要對孫靜軒進行面對面大批判了，交給我和他個人對話吧。這位書記歷來比較開明，他在“文革”中遭罪不輕，深有體會，便同意讓我先試一試。

我找孫靜軒個別談話，首先我就聲明，我不是作為一個領導來和他談話，而是作為一個作家和他談話。我不想批判他，只想和他切磋詩藝。我們剛見面時，他給我一個很難看的冷面孔，大概不知道我要怎麼整治他吧？見我對他下了矮樁（四川話：放低姿態），開始對我有了好感。我繼續說：“你的那首詩我讀了，就一個作家來說，是一首好詩。”他在那樣山雨欲來風滿樓的境遇中，居然聽到我說這樣的話，他睜大眼睛望著我，有幾分疑惑，又有幾分欣慰。我接著說：“但是你現在發表這首詩，不合時宜。”他又疑惑地大張眼睛望著我，我解釋說：“現在雖然是解放思想了，可是‘文革’過去不久，有許多人的想法和你的想法並不一樣，‘運動’一來，你就成了靶子了，活該你捱整。”我的意思想來他可以猜出，他“哦哦”兩聲，不說話了。我看他是聽進我的話了，我便給他出主意，要他做個自我批評，好下台階，至於會上的事，我去找書記說話。他同意了。一個劍拔弩張批判鬥爭，便這樣偃旗息鼓了。他後來見到我，對我說：“我現在要來認識你了。”這便是他對我說的第二句話。

又過了若干年，我也因為不合時宜，在錯誤的時間發表了一篇“錯誤”的短文章，輪到我捱整了，下不了台。那些以改造客觀世界同時也改造別人主觀世界為職業的老同志們，努力好心幫助我，要我從“失途”回到“識途”。但是就在文聯“背靠背”幫助我時，卻偏有些作家和詩人，有認識的也有不認識的，到我家裏來，什麼話也沒說，只說一句“馬老保重”便告辭了。甚至還有說是從重慶來的，進門後只對我鞠了個躬便離去了。我從莫名其妙中終於明其妙了。這時，孫靜軒也來問好了，他說了一句話：“我現在認識你了！”說罷便走了。這便是他對我說的第三句話。

從此以後，孫靜軒主動來和我交朋友，關懷備至。我不想再當作協主席了，他卻在作協會上力挺我，要我再做主席候選人。他聽說我有痛風病，便為我介紹了一個鄉下老中醫。我去看了那位中醫，也拿了藥。其後，他不知從哪弄來一個方子，叫他愛人給我送來一大包藥，我欣然收下了。我收下的不是那副藥的療效，而是他的這份感情。

孫靜軒吸煙成癮，是個老煙槍，我勸他年近老齡要戒煙限酒，他卻聽不進去。不幾年後，便聽說他因肺癌逝世。當時，我因為正在住院，沒有為他送行，這成為我的終生遺憾。

周克芹

很可惜的英才早逝的作家

周克芹，四川簡陽人，是一個道地的從農民長成的作家，獲過第一屆茅盾文學獎，後來調到四川省作家協會接我的班，成為四川作家的領班人，誠懇老實，鞠躬盡瘁，勤於創作，大有可為，卻英年早逝。

我認識周克芹已是在他得大獎之後了，我和沙汀商量調他來作協接班的事，才得知他的情況。他是簡陽土生土長的農民，卻自小喜歡讀書，好不容易考上四川農技校，得以進城學習專業知識。這是當時許多農村青年想“跳出農門”的唯一途徑。他孜孜不倦地學了三年，可以憑一技之長回家謀生了，卻因時逢 1957 年“大鳴大放”之時，他並未鳴放，最後畢業鑒定書上得了一個“政治不合格，不予分配工作”的結論。他的理想破滅了，只得捲起舖蓋捲兒回到鄉村。他始終不知道什麼叫作“政治合格”。這個鑒定像一個鐫刻在他臉上的“黃金印”，判他一生倒楣。

他被遣回農村，看似是他的不幸，結果卻是他的大幸。他回到農村，一幹就是二十年，反而對他起到磨礪和鍛煉的作用。他整天和鄉村的各色人交往，讓他有深入觀察生活的機會，整天是面朝黃土背朝天，融入青山、綠水、白雲、細雨、微風和濃密的莊稼中，使他獲得自然和鄉情的恩賜，沉入到一個特好的創作環境。這些情，這些景，誘引他試用文字記錄下來。他的靈魂和作品凝結在一起，便產生了《許茂和他的女兒們》這部作品。他寫完了還不知道是不是能發表，便先在本地小刊上連載，接著被重慶市的大刊《紅岩》所賞識，終於為沙汀、周揚等大作家發現，成了一顆閃耀的新星。

我們文學界似乎有一種常規，就是一登龍門，身價十倍。在鹽車下即使呻吟長鳴，無人理會，一朝伯樂識馬，一鳴驚人，於是一擁而上的榮譽、提拔、歌頌，不脛而走。周克芹獲獎後，領導重視，要改善他的生活環境，就必須把他調進城市裏來，雖不能說從此錦衣玉食，反正生活條件是大大改善了。我和沙汀研究是否要調他到成都，沙汀很躊躇，我也頗有遲疑。沙汀認為這個新苗，應在那樣的生活中盯下去，還會有更出色的作品問世。一調出來，有了好待遇，地位變了，如能認識生活基地的重要，自覺堅持在創作基地生活和創作還好，如不自覺自勵，也許會曇花一現，銷聲匿跡。這樣的事，屢見不鮮。

我理解沙汀的正確想法，但我想的是如不把他調出來，有個崗位，而繼續窩在鄉下的貧苦生活中，他的身體健康也很差，情何以堪？為了改善他的生活環境，只有調到成都，進入省作家協會，吃住工資都解決了。還好，他進入大城市後，仍自覺不放棄農村生活基地，堅持創作。他還有豐厚的生活積累，有作品可寫。但是他調到省作協以後，我看他卻似乎並不愜意。他雖然堅持經常下鄉，也寫了和發表了在發表水平以上的作品，有的還較好。但我看來，終歸不如那部得獎作品的氣派了。

我一直失悔不該要他擔負其實很不適合他擔任的作協行政領導工作。他天天要處理各種會議、人事的麻煩事，創作時間被剝奪了一部分，身體也受到無形的損傷，終於五十四歲英年早逝。看起來調他出來提了職級，是照顧他，其實是傷害了一個正在成長的作家。我一直自問，調他出來，幸耶，不幸耶？

我後來和他不常見，見面時我看到他那力不勝任又無可奈何的樣子，知道失算了。誰知他得了病，直轉直下，我曾到醫院去看望他，但已經是破船下灘的模樣，得了不可救治的惡症了。

車輻

成都的活字典

車輻，號稱“老成都”，有人誇讚他是成都的活字典。我和他交往幾十年，感覺他的確是一位交遊甚廣，淡泊名利，很有趣味的人。

抗日戰爭時期，許多流亡在重慶的電影演員到成都來演出謀生，處境十分困難。車輻為他們安排住地，組織演出，渡過難關，大家都感激他。曾經有一個演員病逝，無處安葬，也是車輻幫忙料理，把家裏一塊田地拿出來，作為安葬的地方。大家都很感動。這些演員許多後來成為大明星，依然和他多有往來。

車輻在“解放”前曾在一個報社當記者，也寫點兒文章，不知為什麼得罪了人，竟然被列入黑名單。“解放”後他到省文聯工作，和我有些往來。他喜歡“擺龍門陣”，擺起成都的掌故來，如數家珍。我勸他寫書，他果然寫出一本書，還頗有賣點。

車輻九十歲生日時，我去為他祝壽，並為他寫了一首順口溜：“車老九（“文革”中稱知識分子為“臭老九”），不能走。龍門陣，沒擺夠。一百歲，有盼頭。我和你，一齊走。”可惜的是，車輻他終於沒有熬到一百歲，霍然而走了。

周有光

懷念周有光老人

我認識周有光先生很晚，慕名已久卻無緣識荊。一日在京和老友張彥（《今日中國》原副主編）說起，他恰是周老舊友，於是便引我去周老家拜訪。我們尋尋覓覓，終於在人民文學出版社的背後找到了坐落在後拐捧胡同的一幢舊樓，這便是周老家所在地。我們沿樓內陡梯上到三樓，走進周老的家，來到他窄狹的書房。書房兩壁書架的中間，靠窗有一張三尺小桌，周老坐在桌前一邊的椅子上。經介紹後，他請我在他對面的木凳上落座，那是一個陳舊的凳子，我坐上去只聽得"嘰嘰咯咯"一陣響，很擔心把凳子坐垮了，周老似乎並不在意。

雖然當時我和周老是初次見面相識，可他卻如見老友一般，如擺家常般放言恣肆地高談闊論起來，語多幽默機智，言人之未能言，言人之未敢言，使我大開腦筋。

周老說他本是研究經濟的，1955 年周恩來總理把他從上海調到北京，到文字改革委員會，改行研究語言學，創制中文拼音字母。他後來才悟出，這原來是周總理有意救他，不久上海打右派，他的著名經濟同行沈志遠輩，全罹大禍，他獨在北京而安然無恙。他還說，後來"文革"中他年老力衰還被下放寧夏五七幹校勞動，十分辛苦，但是他頑固難治的失眠症卻不藥而癒，至今未犯。他慨然道：“人生失意莫自悲，逆順禍福本相依。山窮水盡似無路，柳暗花明又一村。”笑說“塞翁失馬安知非福”。當時他已近百歲，我們問他長壽之道，他幽默地說，大概上帝把他忘記了吧，一直沒有召喚他。引得我們大笑。他說，古來皇帝為了長壽，沒有不去求仙的，可哪有一個活過一百歲？現代許多富豪人家，總是怕死，其實怕死才是催命鬼，任你花錢吃名貴補藥，甚至求神拜佛，但有幾個活到一百的？關鍵是人到百歲不言老，真到點兒不請自去，如此達觀，才能長壽。

我聽了周老關於人生哲學的至理妙言，感佩無已。回來後作了一首七律詩，寫成書法，連我的十二卷文集送給他。我的七律詩是這樣寫的：“行年九七未衰翁，眼亮心明耳未聾。西學中文專且博，語言經濟貫而通。隨心閒侃多幽默，恣意放言見機鋒。垂老初交唯憾晚，聽君一席坐春風。”周老看了很高興，把我納入他的朋友行列。他每出版一本書，都要簽名寄我一本，前後已有三四本，都是文短而意長，言淺而思深，其中一些幽默而略帶辣味的話語，更啟人思考。我還把周老的長壽之道融入我與家兄馬士弘斟酌寫成的“長壽三字訣”中，據說此三字訣經報刊登出後，不脛而走，全國流傳，其實是轉述周老的要言妙道而已。

後來，我只要去北京，必爭取去看望他，每次一見面，必“大放厥詞”，互相交流切磋。還記得大約是他年已逾百後的某一年，我已經有九十八歲了，到北京後去看望他，仍是一如既往，放言恣肆。說到不言老卻偏言老的話題，我隨口唸了我作的順口溜：“老朽今年九十八，漸聾近盲唯不傻。閻王有請我不去，小鬼來纏我不怕。人生能得幾回搏，栽個筋斗算什麼。愁雲憂霾已掃盡，國泰民安樂無涯。”他聽後拊掌大笑，如一頑童。

現在周老走了，我那與我一起擬得“長壽三字訣”的兄長也在他進入一百零五歲的那年走了。我今年已進入一百零三歲，卻還老是想起周老的人生哲學和長壽之道，不自慚形穢，也不是魯迅說的那種無聊之人，借死去的人不能說話之機寫紀念文章以自衒，我已近瞎漸聾，還摸索著執筆寫這篇紀念文字，了我心願而已。

楊絳

走在我前頭的老作家

楊絳是我國有名的女作家，風光美妙的江南的女才子。出身高門，自幼聰慧，畢業於清華大學，中英文精通。很早就創作新劇，蜚聲上海劇壇。她當時與也是著名學者的丈夫錢鍾書在上海齊名，但是她比丈夫錢鍾書的名氣還大一些，所以人們不稱"錢鍾書的楊絳"，卻稱"楊絳的錢鍾書"。後來，錢鍾書成為大學者，出版了學術名著《談藝錄》和文學名著《圍城》，蜚聲全國，大家才正名稱"錢鍾書的楊絳"，到底丈夫比妻子更有名了。這曾經是一段文壇佳話，卻是逐漸湮滅了。

"解放"後，錢鍾書和楊絳都在外國文學研究所工作，是研究外國文學的兩根台柱子。錢鍾書在中西文學的研究上碩果纍纍，在學術界盛名日升，如日中天，甚至形成眾望所歸的"錢學"專門學派了。此時的楊絳，除了從事重要外國文學作品的翻譯，如賽凡提斯的《堂吉訶德》，同時她也有別具風格的頗為出色的散文作品。至於她也擅長的長篇，除了《洗澡》等三本作品，再未見後作。很明顯，她是為了突顯錢鍾書而有意"藏拙"的，從這一點更看出她的高風亮節。

一代女才人、散文家楊絳，是我久所仰慕的，卻無緣一睹風采。

第八次全國作代會我去參加了，我以為能看到這位年逾百歲的長者，但她卻稱病未能出席。不久，第九次作代會將開，我的身體如好，就會去參加，也許還有機會一親風采。然而從報上得知，她於 2016 年 5 月 25 日去世了，享年一百零五歲。如此高壽離去，不必惋惜。我忽然心血來潮，作了一首順口溜，以為博笑。

百歲作家有兩個，楊絳走了我還在。
若非閻王打夢腳[1]，就是小鬼扯了拐[2]。
途中醉酒打迷糊，報到通知忘了帶。
活該老漢偷倒樂，讀書碼字且開懷。

1 打夢腳：四川方言，這裏指腦袋突然糊塗而至疏忽或忘記什麼，喻粗心大意。

2 扯拐：四川方言，這裏指出差錯，事情做壞。

第二卷

友　人

張黎群

張黎群這個人

張黎群到底是一個什麼樣的人？

他顯然不是思接千載、視通萬里、睿智過人的天才；不是心雄萬夫、力舉千鈞、叱咤風雲的雄才；不是學富五車、著作等身的秀才；當然也不是因緣際會、攀附高枝、隨流進退，最後退隱山林、追求長壽的庸才；自然更不是飽食終日、無所用心、碌碌一生的蠢才。我只覺得他是一個人才，但不是一般的人才，而是一個風流倜儻、志存高遠、一心為民、胸懷坦蕩、且有"青年團本色"，一個永遠年輕的老年人。

"青年團本色"，這麼一個內涵極其豐富的概念，往往只能意會、不能言傳，使人浮想聯翩。我認為黎群就是一個具有"青年團本色"的人才。我不想為他蓋棺，但可以這麼論定。

正因為黎群是一個具有"青年團本色"的人才，就注定要成為時而雲飛風舉、青雲得意，時而疾風暴雨、載沉載浮、命運坎坷的人。

他的一生，因為和我在一起相處時間不長，我知之不多，只能摘出一些他生活中的吉光片羽來勾起我對他的回憶。

我知道黎群這個人很早了。那是 1946 年的秋天，我從昆明到當時在重慶的四川省委（實是南方局搬往南京後留下的重慶局）談工作。組織部長于江震對我說起南方局審幹的事。談到一個叫張佛翔（在《新華日報》上寫文章用張黎群這個名字）的黨員。他說在敵特內部資料上曾有一份叫《關於張黎群供稱共黨青運方針的供狀》。剛好被我黨打入敵特內部的同志看到（也許是特務故意洩露的），馬上報告南方局，立即引起南方局的重視。這還了得，張黎群已經被捕過且已供出黨的機密了，居然還繼續埋伏在南方局，這不就是危險的叛徒嗎？剛好在這以前，張黎群寫過介紹信寄給合川的一對地下黨夫婦，然後發現他倆就被特務追蹤了，這好像更證明張黎群是證據確鑿的危險敵人。於是南方局決定對他進行審查。如果他真是潛伏的叛徒，那麼正由他主持動員的500名去中原軍區的重慶進步青年，都將中途被俘，另外他還知道很多學校和農村的黨員關係，這些人都將陷於危險境地了。當時王若飛對張黎群說："這房子外邊就是國民黨地區，你不願意和我們一起革命，可以自由抉擇。你要留下就得上山去接受政治審查。"結果這個張黎群竟然同意上山去接受政治審查，他被隔離審查了幾個月，審來審去，不得要領。最後問題終於搞清楚了，原來是小特務邀功，把張黎群在報紙上討論青年工作的文章，加以改編，就說是張黎群的口供。當時，于江震說道，周恩來領導的南方局審幹，最講實事求是。像張黎群這麼看似證據確鑿的案子，如果讓康生之流來"搶救"一下，恐怕早已打成無可翻悔的叛徒特務了。然而，南方局王若飛最後向張黎群正式宣佈，審查結論是"沒有問題"，張黎群是個好同志。

這便是我第一次聽說張黎群這個人。

時間過了十年，張黎群已是青年團中央常委，主持《中國青年報》的工作。這個報紙果然是一張青年人辦給青年人看的報紙。我那時不是青年人了，但也喜歡看。報紙辦得生動活潑，立論公允尖銳，對於官僚主義嫉惡如仇，常常公開揭露，加以批判，大快人心。我至今記得那個"辣椒"副刊，辣得真是可以。一個青年扛起一個辣椒當掃把，一副橫掃千軍的架式。在 1956 年“大鳴大放”時，他更是敢為人先，大聲疾呼，我當時看了更覺過癮。但是不久就變“放”為“收”，捉起右派來了。當時我想，這一下糟了，給這張報紙掛帥的張黎群肯定跑不掉，一定是極右派！

然而後來聽說，青年團打出一大串右派，張黎群卻逃脫了。我為他慶幸，也以為怪。後來才得知，他的逃脫得力於兩個人，一個是毛澤東身邊的秘書田家英，田家英一面給黎群打招呼，一面在總書記鄧小平面前替他說好話；另一個是時任青年團中央第一書記的胡耀邦，當時胡耀邦剛從外國回到新疆，正是青年團捉右派捉得起勁的時候，胡耀邦為此大呼：“該剎車了！”對張黎群，叫“刀下留人”。後來，正如張黎群自己說的，正因為耀邦同志的“刀下留人”，才“叫我這個不怕事的孫猴兒在老君的八卦爐裏打了一個滾又跑出來了”。他只得了一個嚴重警告，下放米脂做芝麻官的處分。

在這一次大劫中，黎群的身名算是保住了，可是他卻無法取得心理上的平衡。他在《中國青年報》的左膀右臂被砍掉了，一大群思想敏睿、才華出眾的棟樑全給拆垮了。他們頭戴帽子，身心受創，充軍各地，家破人亡。黎群怎麼能心安理得去做芝麻官？後來在《中國青年報》創刊三十週年紀念時，他寫了一篇長文表示內疚不已。

這就是我第二次知道張黎群這個人。

可歎的是，夢魘過去，大家都平反了，黎群的兩個救命恩人卻先他而去了。且說田家英，他曾奉命到四川來視察公共食堂，我聽過他的一次報告，我們都覺得講得很好，實事求是。我們說他是一個“清醒的馬克思主義者”，但是他走後卻有人告了他一狀。誰知道這位清醒的馬克思主義者，卻沒有過好“文革”這一關。

而另一位呢？

六十年代初，中共中央西南局在成都成立，我被調到宣傳部和科委工作。

從中央工業部副部長職位上調到西南局書記處任書記的于江震告訴我說，張黎群也從北京調來了，任辦公廳副主任。我很想見一見這個在“老君八卦爐裏打了一個滾又跑出來”的不怕事的人，是個什麼三頭六臂的模樣。

果然我們在一次會上見到了。原來是這麼老實本份的人，只是那一頭桀驁不馴、“蓬勃向上”的頭髮，很有氣概。我們像老朋友見面一樣地高談闊論起來，頗有相見恨晚的意思，彼此都是“久聞大名”了。

其後各人忙各人的事，往來不多，只是我們都喜歡在報紙末欄寫點兒小文章。都是屬於雜感之類，彼此讀過，心有靈犀一點通，碰到一起就放言無忌地亂談起來。我對他在《重慶日報》上的《巴山漫話》專欄和《成都晚報》上的《夜談》專欄裏發表的文章，頗為欣賞；他對我在《光明日報》等報刊上發表的《走馬行》之類的文章，也有好感。但也僅此而已。

不知道是何人的靈敏鼻子嗅出了什麼，認為我們這樣的人有下農村去“鍛煉一下”的必要。於是，我們都被下放到南充去參加社會主義教育運動。說通俗一點，就是下農村去捉走資本主義的當權派。我們二人各在一個大隊任工作組長。我們到南充城裏開會，自然都同車來回，難免交流心得。我們總覺得把所有幹部先趕“上樓”，再一個一個地“下樓”的做法，未免良莠不分，打擊一大片。但是那時的領導同志要我們警惕的是右。和我們相鄰的一個大隊組長整幹部整得不可開交，整死了人，還在交流會上大吹“階級鬥爭一抓就靈”的做法，而且作為典型受到領導表揚。而我和黎群這兩個組就“相形見絀”，被批判為右傾。我去找黎群，被說是右傾，這怎麼辦？黎群卻好像還是胸有成竹地按他自己那一套辦，當然也就不夠“熱火朝天”了。於是我們在交流會上既不追先進典型，也不做落後典型，自然被認為是勉強驗收合格的工作組了。

後來不知怎麼的，大概是因為我的“四川種棉花事件”和“四川水利方針”事發，我被批了一通，就下放到南充縣委做副書記，專搞社教。黎群不知是為什麼，大概是他的《漫話》和《夜談》也出了事，被派到綿陽地委做副書記去了。既然是“鍛煉”，我們都樂於接受，各奔前程去了。

誰知我們二人都是罪孽深重，史無前例的“文革”一來，都被調回西南局，成為四川最早被拋出來批判的人。我們想要交流被批判和檢討的經驗也不可行，因為都被隔離審查了。只是在報紙上常常看到他一版我一版地受那些筆桿子的圍剿。我們兩個在機關都被抓起來關上，捱不完的批判，寫不完的檢討，受不完的罪，流不完的辛酸淚的日子來了。從此我們天各一方，不通音訊，準備把牢底坐穿。

然而，在七十年代，我的歷史被查了幾十遍，除了跟著走了資本主義道路，既不是原定的叛徒集團首腦，也不是國際間諜，白白坐了幾年牢。突然，我被宣佈“解放”了，而且硬把我推到省委宣傳部去做副部長，要我撿拾起誰也不願摸的火紅炭丸——管文藝工作。實際上，那段日子還沒有坐牢安逸，一會兒“左”了，一會兒右了，無所適從，反正隨時準備捱大字報受復辟回潮的批判吧。

張黎群呢？這時卻沒有消息，也不知他被送到綿陽什麼地方去了。大概是 1974 年，我突然在省委組織部招待所看到了黎群，他和他愛人住在一間客房裏。問起來，批倒批臭自不必說了，家破人散也不用說了，大家都彼此彼此。他一直想不通：“這真像一幕諷刺劇，執政黨的幹部被造反派隨便監禁七年半，說聲‘出去’，就又成為有自由權的黨員了，這真是荒唐！”這是他發的牢騷。

黎群這個人和許多從“文革”之獄中出來的老同志一樣，老友重逢，如同隔世，互相唏嘘之餘，不免發幾句牢騷，罵幾句後就要求工作。畢竟牢騷歸牢騷，工作歸工作嘛。黎群一被放出來，便馬上要求工作，但他的結論還沒有完全得出，不可能給他戴上官帽子。但這又怎麼樣，有工作就行！於是他去當一名“高級臨時工”，實際上是參加指揮四川的兩個大建設工程。這兩個工程正中他幾十年革命所一心企盼的，叫中國老百姓“豐衣足食”。一個是天然氣化工的尿素工程，這是為多打糧食的關鍵工程，一斤尿素可增 5 斤糧食，年產 50 萬噸尿素，能多打多少糧食？還有一個是維尼龍化學纖維工程，所產的合成纖維，等於一百萬畝棉田的收穫。曾經，有一個農村姑娘對他說“我多麼想穿一條滌綸褲”，他想實現她的願望，也希望能讓更多姑娘穿上花衣裳。

我去看他時，他還是那麼舉手投足，神采飛揚，講他參加工程奮戰的快樂。我給他潑了一瓢冷水，說：“你不過是一個高級臨時工，排位第幾（也許是第五）的指揮長呀！”他才不管第幾呢，有些掛名但不幹實事的指揮長，就讓他們逍遙去，他卻實實在在地在工地指揮起來了。

當時這些工程仍然在“文革”的陰影中，常常風浪一來，造反派便冒出來。他不在乎，就是要以“生產壓革命”（造反派是這麼批他的），把工程拿上去了，個人生死榮辱得失，算什麼呢？

這且不說，黎群當時卻是家散人未亡，一家大小被“文革”搞得四處離散，從北大荒到西南各地。他一直沒有一個讓他歇腳的家，直到 1979 年去杭州浙江大學任黨委第二書記，才算安了一個家。這且不說，他的子女有的在北大荒，有的在鄭州，都還沒有安穩的生活。1976 年清明悼念周總理，他的一個兒子寫了一首悼念長詩，那詩我讀過，寫得真好，傳得很遠，有棱有角，鋒芒畢露，結果被捕了。此時的黎群正在建設工地奔波，他的惡劣心情，卻不表露出來，也不管造反派如何起鬨，仍然專心搞他的建設。他的這種處境，激發了我的靈感，我寫了一部中篇小說，寄給黎群，他很珍視。

黎群這個人，經過像“文革”這樣大災難的折磨，好像並未“覺悟”，銳氣未減，用四川話說，叫作“不落教”。他從來不是一個安分守己、得過且過的人，總是有不盡的理想和希望，計劃著許多要辦的事業。總是這邊還沒完，那邊又起頭了。他的工程還未收尾，就到浙江大學做黨委書記，可是幹不了多久，又聽說他回到北京做起青年團的工作來了。他到青少年研究所做領導工作，是“二胡”的意思。於是一個老青年又和青年人打起堆來。他對我說，現在如何對青少年進行教育，太重要了。老幹部碰到新問題，過去的一套政治思想、工作方法都要改革。1980年秋，我在中央黨校學習，曾有一回，黎群約我到北京大學去看望朋友韓天石。適逢大學生自治會選舉，競選十分熱鬧，好像是在提候選人問題上發生了爭執，形勢緊張。黎群說，清華大學的黨委書記劉達很聰明，他讓學生自由提名，容許競選演說，自由選舉，結果想選上的同學都被選上了。我和黎群都主張順應民意，自由提名，民主選舉，這樣才能平息事端。我們對黨委書記韓天石提了這個建議。

這件事情後來怎樣，我記不起來了，好像是不久後，黎群就莫名其妙地被免去在青少年研究所所長的職務。但是他對我說："不幹研究所，我自己成立一個青少年研究會，還照樣幹。"他認為青少年犯罪的問題十分嚴重，犯罪低齡化是一個不可忽視的問題。於是他全身心地投入到青少年犯罪學的研究中去，成立了一個專門的研究學會。他天南地北地飛來飛去，從事調研。據說他對這個問題預見得早，抓得及時，很受重視。不久，他給我寄了一份中國孔子研究會的章程，說他在抓這個學會的工作。後來又見他寄來一份材料，說他正在籌辦中國名人協會。在這同時，他還發表了不少研究文章，並積集成書。他告訴我，正在編的幾本書，其中一本叫《未完成的一本書》，是自傳性的，不久後就寄給了我。如此等等，我真不知道黎群這個人，到底有多少精力，多少時間？有一回，我們和幾個朋友小宴時，我即席送了他一首打油詩，詩曰："張公八十飛蹁躚，地北天南年復年。覆額青絲如幼孩，滿座燦然聽宏言。"這大概可以形容黎群的當時情況。

黎群不僅是一個狂熱的工作迷，還是一個熱情奔放的人，很富於感情。對我們這些共患難的老戰友，始終保持友情，自不必說，他還很關心親屬和家人的成長和安危，他的家庭大概可以用"民主和睦"四個字來概括。從那本"未寫完"的自傳中，就可以看出。

我每次到北京，都要到黎群家去看望他們。2002年初夏我到他家，看到他滿架的圖書古玩，一屋的花草，滿牆掛的字畫，真是一個文化氣息很濃的溫馨的家。使我奇怪的是，還看到練武的劍和練臂力的提墩。我問他玩這個幹什麼，他把雙臂舉起，緊握拳頭，說："天生我一副結實的身體，叫我受用了大半輩子，幾十年來，風風雨雨，受冤枉，捱處分，從浪尖到浪谷，幾經折騰，我依然是我，如果沒有一副好身板子，恐怕早已到了黃泉。" 我問他強身之道，他說他幾十年來早起鍛煉，舞劍舉石鎖，還自己編了一套"張氏功"45節，從頭到腳都鍛煉了，其妙無窮，幾十年沒有住過醫院。似乎真的是上天叫他到人世，注定要多幹幾十年活兒。他的樂觀情緒也感染了我，我說："我的身體本來也很好，折騰了幾十年，還吃得、睡得、走得、幹得、受得，自稱'五得'。誰知天有不測風雲，腎癌光顧了我，動手術摘除一個腎，得到徹底解決，自我感覺良好。我也要像胡績公給我發來的宣言那樣：'閻王請我我不去，不去不去就不去。'" 我們正放肆狂言，他的老伴王玉如回來了，說要陪他到醫院檢查，我才發現他雙眼發黃。他以為是黃膽，沒當一回事，我也以為是這樣，但總該去看看才好。

過了幾天，玉如告訴我一個壞消息，黎群膽囊開刀，結果發現胰頭生癌，極為嚴重，經過最高明的醫生會診，認為不能開刀，只能姑息治療，還可以支撐幾個月。這真是晴天霹靂，令人難信。黎群幾十年的坎坷都走過來了，誰知卻被癌魔擊到。

黎群也許知道，也許不知道。我到醫院去看他，人已大消瘦，他緊緊握住我的手，還樂觀地說東說西，高談闊論，還計劃著要幹什麼。當他與我提起人生意義，說到"咱們這樣的人，算沒有白活"的話時，我想他大概已經量定要來的事就來，馬克思的報到通知已經在路上了。

黎群終於走了，我寫了一幅對聯給他送行。

壽登耄耋，還如火如荼，果然青年團本色。

歷盡坎坷，猶自歌自得，更顯真名士風流。

王宇光 / 賈唯英

我的終身老友

我的老朋友，老革命夥伴王宇光走了，得到這個噩耗的時候，我正在北京出差。我詢問他是得了什麼病死的？回答說大概是腦梗阻，腦子突然出現問題，我知道後不禁喟然而歎，用孔夫子對他的亡故弟子冉伯有的話說："亡矣夫，斯人也而後有斯疾也！"就是說，只有這樣的人才得這樣的病死去。我知道王宇光終究是會得腦病而亡的，這個人性子有些急燥，常常對我說："我就不信那個邪！"他很喜歡用腦子思考問題，而且愛發議論，放言無忌。這就注定他用腦過度，因腦死而亡。

我們有七十幾年的交情，一樁樁，一件件，都像放電影一樣，顯示在我的眼前。

1936年，我在南京中央大學工學院上學，因我在上海參加過"一二·九"學生救國運動，進中大後自然很快和進步同學交往，並和我的戀愛對象劉惠馨一起被接受參加共產黨的外圍秘密青年組織。在進步活動中，無意碰到在中大附中上學的四川老鄉王宇光，他也參加了同一個秘密組織，參加南京的學生運動。1937年抗戰爆發後，我們先後退到武漢，我在武漢入了黨，分配做工人工作，他進入陶鑄辦的農村合作訓練班，那裏實際上也像一個秘密的黨訓班，劉惠馨在那裏入了黨，她便也介紹王宇光入了黨，他們都被分配到鄂西做農村工作。1939 年，我從鄂北調到鄂西，擔任地下黨的鄂西特委書記，劉惠馨任特委婦女部長，王宇光從黨的巴東中心縣委書記調到鄂西任利川縣委書記，於是我們在一起工作了。後來因他太“紅”，在利川待不住，改做南方局對鄂西特委的政治交通工作。1941 年初，鄂西特委被特務破壞，特委書記和劉惠馨（連剛生下的女兒）一起被捕，後被殺害。當時王宇光正從重慶南方局出發回到恩施，很可能落入敵網，我在利川努力沿途攔截，終於把他攔住了，使他免於被捕。我們先後回到南方局，他被派往成都的金陵大學，從事成都地區的學生工作，我被派往昆明考入西南聯大，也是做學生工作。

1946 年我被調到成都，先後任成都工委和川康特委副書記，又碰到王宇光，而且他任川康特委委員，我們又可以在一起工作了，十分愉快。1947 年國民黨全國大逮捕，我從內部情報裏得知，王宇光夫婦都上了黑名單，便連夜通知他們馬上疏散，到川南任工委書記，免遭大難。1949 年初，川康特委遭特務破壞，我和王宇光都倖免於難，撤到香港，我們隨上級先後回到“解放”後的北平，後又一塊兒隨同解放大軍打回成都。我們都算九死一生，生死相交的革命戰友，“解放”後各自走上新的崗位。

在我們還沒有走上各自工作崗位的分岔路之前，我發現同路的王宇光，愛動腦子思考問題，又肆無忌憚地大發議論。地下黨同志初到解放區，聽不慣大家喊“毛主席萬歲”，他就是其中一個，跑來問我：“為什麼要喊萬歲？”我只能回答他：“大家都在喊，我們就跟著喊吧。”他不滿意我的回答。不久後在火車途中，他又來問我：“聽到廣播一個報刊（好像是《新華週刊》）上的文章，說什麼‘新民主主義革命勝利之日，就是社會主義革命開始之時’，這成什麼話？這和《新民主主義論》和《論聯合政府》上說的不一樣。”我知道這位老友又在動腦子思考理論問題了，這和才傳達的《七屆二中會決議》的精神也不一樣，這怎麼說的？我雖然也想到了，但不想深究，也沒有再理會他。過了幾年之後，他來對我說：“果然，新民主主義社會這個歷史階段被過渡時期砍掉了，一個歷史發展階段可以任意砍掉嗎？”我只能勸告他，好好學一學過渡時期的理論吧。他很不以為然，我為他擔心。

他一直是做青年工作的，“解放”初，他被分配到西南團委任組織部長，是很合適的。可是他幹不了多久，就堅持要改行，搞工業，而且要求去鋼鐵廠。我曾問他，你並沒讀過工科，改什麼行？你懂得煉鋼軋鋼是怎麼一回事嗎？你見過高爐嗎？他卻說：“不懂就學嘛，二中全會不是叫我們從頭學嗎？我就不信那個邪！”

他果然調到重鋼去工作，而且鑽進去認真地學，居然幾年之後，學成了一個技術員，又發展成為一個工程師，後來甚至升為副總工程師，成為內行了。我很佩服他。

不過他卻沒有留心政治。他的愛人賈唯英，原本是西南團委的宣傳部長，後調《重慶日報》任主編，卻在“大鳴大放”時，因“左葉事件”鳴放了一下，就被打成右派分子。他一心撲在鋼鐵上，沒有“鳴放”，卻因愛人是右派分子，丈夫豈能乾淨脫手？於是留黨察看，被撤去總工職務，下放到一個鋼鐵研究所工作，他好像並沒有太大的反應。“叫我搞科學研究，就去研究吧。”一直研究到他的愛人得以平反，他也算脫掉干係，不再受到內控，官復原位，又一直做到擔任重鋼總經理。

結果，偏偏這時又出了問題。

王宇光所在的重鋼，是國營的重大鋼鐵廠，直屬冶金部，計劃由冶金部下達，生產的厚鋼板一直滯銷，積壓嚴重，但冶金部並未改變計劃，即便經營十分困難，工人工資發不出去，還照計劃生產厚鋼板，既然調不出去，廠裏就用來墊路。王宇光帶我去看，果然到處都用厚鋼板墊路，夠豪華的，但走上去很滑。我問他：“你們不可以改變生產計劃嗎？”他說：“絕對不行！”他曾經給川北某農機廠支援過一批他們非常緊缺的薄板，實際上是積壓的邊角廢料。農機廠十分感激，知道當時城市的豬肉很精貴，便給重鋼送去了五百頭肥豬，他全部分給了長久未見豬肉的工人。工人們大喜，也提高了生產積極性。誰知這事被報告到中央紀委，紀委和冶金部嚴厲批評王宇光並發了通報，甚至說王宇光擅自把國家計劃的鋼材送給農村，換成豬肉吃掉了，這可是一大罪狀，聽候處理。

這時，適逢一位有名人物調到四川當省委書記，正在四川搞改革，在農村放開搞包產到組，讓農民有點兒自由，積極生產，不餓肚子，唱出"要吃糧，找某某"的民謠。這位書記又決定在四川選一百個工廠，實行改革試點，放開給一定的自主經營權。重鋼是大廠，作為一個重點進行試驗。這位書記到重鋼視察，親見厚鋼板用來鋪路的怪事，問責領導。王宇光便坦陳苦況，並說他因支援農村一點兒鋼材，被說成是他拿鋼板換豬肉吃掉了，受到嚴厲批評。他請示這位省委書記，可否讓他有點兒自由，用積壓的鋼材來換取生產資料，就可以搞活鋼廠。這位書記雖說在搞改革試點，但重鋼因是中央部管廠，沒有肯定的回答，只說："你可以試一試嘛。"王宇光聽了這句話，如獲尚方寶劍，就把積壓的幾萬噸鋼材賣給南京某汽車廠，一下子把兩個廠都搞活，皆大歡喜，他大概也可以不受處分了。

他說的是不是真的，我沒有細查，但是我當時確實聽到有"王宇光拿鋼材換豬肉吃了"的謠傳。這時，這位省委書記正在四川搞農村和工廠放權的試驗，而且成效大著，甚至北京的《人民日報》派人來找我，要我做他們的特約記者，追蹤這位書記，看他正在四川搞什麼名堂。我因此追蹤了幾個月，寫了一篇報告文學，在《人民日報》上刊了出來，只是奉命不要點名。

王宇光真是命大，正逢厄運，卻遇救星，因此也有點名聲。但是年齡不饒人，他到點兒退下來，辦了離休手續，來成都安家，這下可以和地下黨老朋友常見面，更常到我家來，兩杯清茶，天南地北地侃個沒完。他還是那個老癖好，口無遮攔，對我放言無忌。我發現，他退下來在成都的這十幾年，一直在研究什麼，好像很關心中國之命運，一直在用腦思索。他告訴我想寫一篇論文，說他發現了中國歷代帝王都是“外儒內法”“外孔內韓”，表面上是儒家那套仁義道德，骨子裏卻是法家的嚴刑峻法，崇奉韓非子的法家的“南面之術”，也就是如何坐穩寶座，頤指臣僚，統治人民。他說幾乎古今如一，要我仔細觀察。

王宇光一直是省人民代表，一次開四川省人民代表大會，他作為重慶市的代表出席。不知是什麼部門推薦，要他作為四川選出的全國人大常委委員候選人，他興致勃勃地來告訴我這個消息。這是大事，我認為他是夠格的。但在選舉前，他又跑來對我說，全國人大常委委員候選名單有他，只是在選舉討論時，重慶市有些代表發言反對，看來這裏面還有未知的名堂。果然，選舉完了，他跑來找我，一進門就說：“我早料到，選掉了！”卻沒有一點兒垂頭喪氣的神色。問起來，他猜想重慶市的代表都沒有投他的贊成票，所以落選。我當時已從省人大常委副主任崗位上離休了，沒有去查問到底是怎麼一回事，可能是他在重慶得罪的人太多了。但他對落選的事滿不在乎的樣子，令我頗為欣賞。不過這樣也好，如果他真的選上，到北京全國人大常委當委員，又認起真來胡言亂語，還說不定會鬧出什麼亂子來，弄得身敗名裂哩。

袁永熙

一次偶然失誤，浪費半生生活

1941年秋，我奉南方局之命，考入在昆明的西南聯合大學隱蔽。我一進校門，便在右側的大片粉牆上看到滿是零落的壁報碎紙片，在風中飄動，感覺很冷落。我進校後打聽，才知道在半年以前，這裏的進步活動的確十分活躍。最活躍的學生組織叫作“群社”，擁有二百多個社員，其中有好幾十個地下黨員，黨組織的領導人名叫袁永熙。“皖南事變”之後，奉上級黨組織之命，凡是比較“紅”的都撤退離校，只有很少數同志留下埋伏，不再活動。負責人袁永熙撤退回重慶，由南方局安排在四川長期埋伏了。

我突然感到孤獨，但是我必須聽黨的話，“長期埋伏，積蓄力量，以待時機”，而且執行周恩來指示的“勤學、勤業、勤交友”的“三勤”方針。我除了認真學習，有意識地多交朋友，從中發現進步分子，積蓄力量。我相信那句諺語：“石頭在，火會出。”

正如黨指示的，積蓄力量，等待時機，時機果然等到了，全國的民主高潮終於在抗戰晚期到來。西南聯大作為一個民主堡壘，首先活動起來，不過兩年便紅火了。新的進步組織“民主青年同盟”最為活躍。我作為黨的支部書記，深感力不勝任，便向省工委書記請示，向南方局反映。於是南方局把袁永熙派回西南聯大，他是老同志，駕輕就熟，得心應手。

在我這個支部之外，又另組一個平行支部，由袁永熙任書記。為保安全，我們兩個支部組織不予打通，但工作上卻緊密配合，由我和袁永熙進行個別聯繫。到了1944年，民主運動大發展，“民青”組織已經發展到一百多人，原在“群社”疏散出去到各縣中學教書的，有的回來了，有的就地在中學發展“民青”，因此以西南聯大為中心的民主運動得到大發展。兩個黨支部也從“民青”中物色並發展了幾十個地下黨員。許多被調往各地，有如種子散之四方。

這一段生活是我一生中最難忘記的，而更難忘記的是和我並肩戰鬥、含辛茹苦的袁永熙同志。1945年我調往滇南地區工作，袁永熙則隨西南聯大回北平復校，擔任學生運動的負責人。我後來在香港聽上級領導錢大姐說，袁永熙和王漢斌等同志在北平工作得很好，不過袁永熙和他的愛人陳璉卻一起被捕，押解往南京去了，不知吉凶。

全國“解放”以後，我去北京會見了袁永熙，知道他兩口子都在青年團中央工作。問起來才知道他們幸得陳璉的父親、蔣介石的第一筆桿子陳布雷的力保，才免於被處決，放了出來。再問他在北平是怎麼被捕的，他深悔偶然不慎，被牽連進去。他和陳璉在北平結婚，大人物陳布雷的女公子的結婚典禮，當然要大操大辦。參加的客人不少，其中有一位給他一張名片，被他隨手放進口袋。誰知這位朋友後來出事被捕了。這本來和他毫無關係，但是他在領導學生運動中，有個大學的領導黨員到他家彙報，被特務追蹤到家中檢查，搜出“民青”章程，還偶然從他的一件舊衣服裏發現了那張名片。這一下子就牽連到他，他有口難辯，因而被捕了。他失悔說，他們本不該結婚大操大辦，又不該把一個黨員朋友的名片接下放在口袋裏，還忘了銷毀，更不該讓黨員來家裏彙報。這都是因為違反黨的秘密工作紀律而自討苦吃的，要不是因為陳璉的家庭背景，恐怕他很難生還了。

他後來在清華大學做黨的工作，一直升到黨委副書記，但不幸在反右派運動中被網進去，成為極右分子，被發配到農村勞動二十年，陳璉和他也被迫離婚。直到“文革”後才得到平反，白白浪費了他的半生。八十年代我們在清華大學再見面時，他已是一個頹廢的老人模樣，當年在昆明時那種飛揚蹈厲、神氣活現的面目早已不再。不過據他說，他在某化工學院做黨委書記時，因舊關係由胡耀邦拉他幫助搞冤假錯案的平反工作，總算老來發揮一點兒餘熱。但是在西南聯大非常活躍的女黨員陳璉，被迫和他離婚，又在“文革”中自殺身亡，不禁令人唏噓不已。

羅廣斌

他從獄中傳出有名的《獄中八條》

羅廣斌，這位中國作家的名字，現在知道的年輕人恐怕很少了。如果說他是上世紀曾經在海內外轟動一時的《紅岩》的作者，大家可能都會有印象。這本小說的主要人物江姐的原型，正是和羅廣斌一同坐牢並英勇犧牲的革命英雄。這樣，你該知道中國有羅廣斌這個作家吧。

那麼，羅廣斌何許人也？

可以說他是一個奇人，也是一個畸人，在他一生中，有喜劇、鬧劇、悲劇的演出過程。

羅廣斌，1923 年生於成都的仕宦之家。其父是一位晚清舉人，其兄羅廣文是蔣介石嫡系部隊一個兵團的司令，顯赫一時，最終在 1949 年率部起義，成為全國政協委員。在這樣的家庭出身的小少爺，住在成都的公館裏，飛揚跋扈，不喜學業，卻又天資很高，自幼聰慧。初中讀書時，他看上一位小家碧玉，發奮追求，寫了一本情書。我讀了頗覺感情真實，有文學天資。他卻因門當戶不對，家庭不允，傷心分離，對我哭訴，幾乎想出走。某天，他忽然醉心於模型飛機玩意，自學成才，在家裏用夾層木片鼓搗一陣，竟然做出一架手擲在天空飛翔的小型模型飛機，在重慶少年比賽中得了頭獎。

羅廣斌的父親和我的父親是同學好友，兩家往來親密，在成都對門為鄰，有通家之好。他家裏大人都認為“學而優則仕”才是正途，便把他送到昆明讀書，交給我這個西南聯大的學生嚴加管束，要他爭取考上西南聯大。他正樂得不受家裏拘束，飛了出來。

羅廣斌到了昆明後，我們在西南聯大校外租了一個小院，他取名“騾馬行”。我給他補習功課，只幾個月，也沒費什麼力，他便考入西南聯大附中高中。那個中學裏，有許多西南聯大教授的孩子，都是學習拔尖的學生。羅廣斌和這些同學交好，耳濡目染，他不學好不服氣，於是學業大有長進。他是交際活動分子，打球、爬山、划船都是能手。又因為他好動，便常常跟著我參加大學裏的進步活動。起初我並不在意，沒有對他加以引導，心想他和我不可能同道，他參加進步活動，也不過是玩票而已。

他卻偏怪，和聯大附中的進步同學，同時也和我們大學的進步同學一起，認真讀進步書，參加進步活動，成為積極分子。我們在大學建立了共產黨的秘密外圍組織民主青年同盟，有如現在的共青團，接受共產黨的政治領導，以《新民主主義論》作為綱領。我們在大學裏發展這個進步組織時，羅廣斌竟在聯大附中邀約幾個同學建立附中的“民青”，非要我承認不可。後來在“一二·一”昆明學生運動中竟是中學“民青”中最積極的，在中學學生運動中打先鋒。他說他以能跟著我幹革命為榮。

1945 年夏，我大學畢業了。省工委書記調我去滇南工作，準備打游擊，我去滇南建水擔任滇南工委書記，以在建水中學當教員為掩護職業。羅廣斌竟未得我同意，自己跑到滇南來找我，要參加革命，跟我去打游擊。其實我當時並無意吸收像他那樣的子弟參加革命，他卻認真地向我提出，他要從“民青”轉入共產黨，而且十分真誠。我正考慮，雖然他出身不好，但我也不能阻止一個青年革命。他也很有理由說：“你的出身不是也不好嗎？為什麼准你入黨，卻不准我入黨？”我只能說他的情況不同。

羅廣斌到建水後，先在建民中學做初中教員，他家裏知道了大為不滿，認為不從聯大附中升讀西南聯大，卻半途輟學，被我“赤化”，跟我革命去了，這還了得。他那國民黨兵團司令的哥哥，認為把弟弟送到我跟前，是大失策，因此給他發來一封嚴厲的信，命令他馬上回重慶的大哥家，否則他將託在昆明部隊的朋友派人來押他回去。羅廣斌卻想一意孤行，他說他不想回，認定革命路，永不回家了，決心逃走。

我看羅文斌的大哥會真的動武，這樣對他對我都不好，於是我勸他還是回四川吧。我說：“你下定決心走革命路，是好事，不過去哪裏革命都一樣，你回四川一樣可以革命呀。”他說：“我回去不認識人，誰讓我革命？”我說：“我可以把你介紹給已回重慶做黨的學生工作的聯大地下黨員劉國志，而且我的好朋友齊亮你也認得，他也將去重慶到南方局工作，你可以去找他。”這樣他才同意回重慶。他的哥哥正在重慶任警備司令，對他嚴訓後，嚴加管束。對他說，跟馬識途走，這條路是死路一條。羅廣斌最終以要回成都看望他親媽為由，脫離了大哥的管束，回到了成都。

後來羅廣斌又回重慶，到西南學院學習，那個學院實際上由黨和民盟主辦，民盟潘大逵正在成都招生，他就隨潘大逵去入學。他在那裏更加展露頭角，積極參加學生運動，不久便和領導學運的劉國志聯繫上，並由江竹筠介紹他入了黨，被派到秀山縣去做農村工作。不幸的是，重慶市委書記被捕叛變，他聞訊走避回到成都，住進家在成都柿子巷 7 號的公館裏。

我為保險起見，讓他盡快離開成都到洪雅鄉下去隱蔽。臨離開他家時，我告誡他，在家期間不要接待任何生人來訪，遇到緊急情況，從他家通往金河街的另一個後門出走，那後門一般外人是不知道的。羅廣斌答應了。可是過了幾天，我從別的同志那裏得知，他仍然沒有離開成都。我著急了，約他到成都祠堂街的書店見面。

我按照約定的時間到了書店，看見羅廣斌正站在書架邊翻書。我向書店裏環視一下，沒有可疑的人，便向羅廣斌示意，要他先離開。羅廣斌放下書自然地走出書店，順著街邊走過去。我隨後走出書店，遠遠地尾在他的後面。走了一段，我確信他後面沒人跟蹤，才走上前，從他身邊擦過時小聲遞了一句話：“城隍廟北海樽茶館。”然後自顧自地走了。

我到了城隍廟的北海樽茶館，先找一個邊遠茶座坐下，再次觀察羅廣斌進來沒有帶“尾巴”，才走到他的茶座邊，裝著忽然看到一個熟人的樣子和他坐在一起。我問他為什麼還沒走，他說他母親認為沒人敢到羅軍長（羅廣斌的哥哥羅廣文）的公館抓人。我著急了，告訴他特務是不吃這套的，催著他回家拿了錢後就趕快離開，並且又一次叮嚀他無論什麼人找他都不能見，後門跑不了的話，就從他家竹林邊翻牆逃跑。他家那牆外是貧民的爛草棚區，很容易逃掉。

可是沒過幾天，我就得到消息，羅廣斌在他家裏被捕了。後來才知道，因為特務從叛徒劉國定口中得知羅廣斌是羅廣文的弟弟，猜測羅廣斌離開重慶後會回到成都羅公館，於是他們打聽到公館的地址後，就到成都來抓羅廣斌了。也不知道特務從哪裏打聽到我們馬家和羅家的關係，知道羅廣斌叫我五哥，於是他們便以“五哥找你”的名義從前門進入羅公館找羅廣斌。羅廣斌當時也昏了頭，聽說是我派人找他，以為有要事，也沒仔細想想，就從後面到了客廳。等他到客廳發現不對時，已經遲了。特務不由分說，抓了他就走，並很快地解押重慶，關進渣滓洞監獄。

羅廣斌被關進監獄後，大概因為他的哥哥羅廣文對特務頭子打了招呼，特務倒未對他動刑。他有機會在同獄的難友們中間活動，同獄的難友們自信必死，但料想羅廣斌可能有機會被保釋出獄。大家共同商議後，將在獄中總結的教訓交給羅廣斌，希望他有機會出獄後交給黨組織。

1949 年重慶“解放”前夕，羅廣斌和一些難友越獄成功，逃了出來，將烈士們“最後的囑託”帶出來交給了黨組織。這就是《獄中八條》。這八條的內容是：一、防止領導成員腐化；二、加強黨內教育和實際鬥爭的鍛煉；三、不要理想主義，對上級也不要迷信；四、注意路綫問題，不要從右跳到“左”；五、切勿輕信敵人；六、重視黨員特別是領導幹部的經濟、戀愛和生活作風問題；七、嚴格進行整黨整風；八、懲辦叛徒特務。

羅廣斌出獄後不久，我到重慶見到了他，我們都是九死一生，幸得再見，在賓館裏同床而眠，徹夜長談。他談了獄中的情況，說他出獄後即向重慶市委報送他寫的幾萬言的詳細報告，其中就有這《獄中八條》。他說這八條是原來擔任過領導工作的幾個獄中難友共同研究，針對當時地下黨的真實情況總結出的經驗教訓而寫成，叫他背誦並帶出來，寫進了他的報告裏的。

我聽他談了許多獄中鬥爭可歌可泣的事跡，很受感動。後來他和其他出獄的同志在重慶、成都各地向青年作報告，影響很大。我鼓勵他們把這些具體事跡寫成讀物，出版了《烈火中永生》一書，全國發行，影響更大。後來在作家沙汀等同志的鼓舞和幫助下，幾番努力，他們終於寫成了《紅岩》，一時全國風行，傳到日本等海外各地，更出了名，甚至日本要邀請羅廣斌去參加首發式。

羅廣斌的出獄經過，“解放”後曾經經過黨組織的反覆審查，沒有問題。但是當時的省、市委領導人對他總是懷疑，認為他可能是國民黨特務有意放出來的，另有圖謀。然而反覆調查，卻無實證，因此內定為“控制使用”。他本來在青年團工作很積極，在青年中很有影響，卻不給他安排能夠發揮作用的工作，地下黨許多同志有意見也不敢提。一個黨員在這樣的政治環境中如何工作和生活，可想而知。我知道他十分鬱悶，又無處申說，只能對我說心裏話。他哪裏知道我也暗受特別關懷呢。他後來被下放到長壽湖打魚，竟在那裏研究起養魚學來，頗有收穫。他對我說，他終於發現寄託生命、了此一生的辦法了。這時因《紅岩》的風行，日本邀請他參加首發式，但他收到組織命令不准出國，這就公開證明他是一個不受信任的黨員。他大生怒氣，只能來對我訴苦，卻不敢聲張。

不久“文革”開始了，群眾起來造重慶市委的反，他釋放怒氣，跟著造反。結果他陷入了造反派的派系鬥爭中，被其中一派俘虜，虐待致死。還被傳說為自殺，至今也沒有結論。一個從豪門子弟轉入革命隊伍，忠心耿耿幹革命而且頗有才氣的青年，便在“莫須有”的懷疑中被毀掉了。這樣的悲劇在地下黨中屢見不鮮。然而據後來對原地下黨員反覆審查，就我所領導的地下黨來說，沒有查到一個叛徒。相反地更彰顯了他們信仰堅定，鬥爭英勇，至死不屈的事跡。

羅廣斌的悲劇，大概不會再演出了。

黎強

我為他證明他的“潛伏”生涯

“解放”前我們地下黨有一個黨員，他的真名我也說不清，姑且叫他黎強吧。他在抗戰初期在延安受特別訓練後，被派回四川，黨組織設法把他送進國民黨的特務組織。他一直隱藏得很好，取得了特務機關的信任，被調到四川省特務委員會工作，在情報部門負有相當的責任。每次敵人的軍警憲特召開聯合會議，他都有資格參加，因此特務的活動，我們從他那裏得到機密情報。

1947年夏天，國民黨特務實行全國“六·一”大逮捕。黎強把特務在成都要逮捕的一百多名地下黨員、進步分子、民主人士的名單，設法送了出來。我就按這個黑名單上的名字，通知地下黨員疏散。凡是走了的都沒有被捕，他為黨立了一件大功。

1948年下半年，他被調到南京，派往一個國民黨整編師去做新聞室主任，也就是那個師的特務頭子。1949年初，那個師準備撤退到台灣去，他只得跟去。可是這個師在退往杭州附近時，被我解放大軍圍殲了，黎強也被俘虜了。於是他對解放軍部隊首長秘報，他是被黨派往敵特機關潛伏工作的。這事由部隊報告了中央軍委，經社會部查實。他由部隊護送到北京，又由北京轉往武漢，和我們正要隨大軍進軍四川的地下黨員會合。我們會師了，十分高興。他把敵特內部情況，寫了許多材料，其中將有關成都的潛伏特務那部分交給了我。他隨劉鄧二野大軍進軍四川，“解放”重慶，在西南公安部工作。

我們去西安隨賀龍大軍南下四川，“解放”成都。我把黎強寫的材料交給軍管會公安處，他們按圖索驥，照名單抓了一批潛伏特務，又從他們身上擴大了綫索，又抓到了一批，給特務以致命打擊。黎強又為黨立了一個大功。

黎強後來被調到中央公安部工作，我們再無聯繫。後來在“文革”中，他卻受到了無窮盡的折磨。那時他已隨公安部原部長王昭調往青海工作，江青打擊王昭，就說王昭長期掩護了一個國民黨潛伏大特務。後來王昭被整死，他也受到很大衝擊。他有口難辯，因為中央社會部檔案已被查封，無從查證，其他能提供的證人，健在的只有我一個人了。聽說江青特批，將此作為一個特案，派人來成都找我查證。

這時我已經被關在昭覺寺那個文明監獄裏，名為監護，實是因為誣我是四川叛徒集團的頭腦，為我立了專案，進行嚴格審查。我便不明不白地坐牢。因為我長期做地下黨工作，當時來找我“外調”的人很多。

有一天，看管我的解放軍戰士通知我出去接受外調，我被放出監室，卻發現被帶到一間屋子門上寫有“提審室”的房子裏去。我很生氣，通知我時明明說是“外調”，怎麼一下變成“提審”了呢？我不是被判刑的犯人，為什麼要提審我，誰來提審我？我拒絕進去，拒絕接受外調，就和那兩個來外調的解放軍軍官吵了起來。那兩位大概憑他們是“御批”的專案人員，氣勢洶洶，堅持要我進提審室。我就堅持不進去。吵聲傳到主管我們的解放軍團長那裏，他走過來，一見來的軍官很高傲，我卻不怯火，正在對吵。我問團長這是怎麼一回事，怎麼把外調改成提審了？我們是“被監護”的老幹部，並非被捕判罪了，誰來審訊？團長好言好語地說：“馬老，是他們說是大案，要提審，並不是我們要提審你。”他轉身對那兩個軍官說：“我們得到的正式通知是幹部外調，你們怎麼來提審呢？到外調室去。”

我們到了外調室。說是外調，卻不是輕言細語，而是唇槍舌劍。我發現在我身旁記錄的軍官，在紙上寫的還是“提審記錄”。我說：“你們不改成‘外調記錄’，我就拒絕回答你們提的任何問題。”他們無奈，只得改了。然後他們介紹情況，說是王昭這個大走資派，長期掩護一個大特務黎強，案情十分嚴重。我插話：“黎強是為黨立過大功的地下黨員，不是特務，他是黨派去特務機關潛伏的。”那個軍官說：“我們提審過在押的兩個特務，他們說他們就是黎強發展的特務，黎強不是特務，他怎麼能發展特務呢？”我說：“這個好解釋。他如果不發展兩個特務，怎麼能取信於特務頭子？況且他不發展，別的特務也會發展，他發展了就控制在手裏，少幹壞事，而且事先是經過組織同意的。”他們說：“憑你空口說的話，我們怎麼能信得過你？”另一軍官用諷刺的口吻說：“一個叛徒證明一個特務，叫我們相信誰？”這個話把我著實激怒了。我說：“誰證明我是叛徒？你必須說清楚，我拒絕你們的外調。”又吵了起來，再次惹來監管團長。團長批評了他們：“你們怎能這麼說呢？這些老幹部是你們嚇詐得了的？你們這樣搞外調，能完成任務嗎？”結果是那個軍官向我道歉，才能繼續下去。我說：“要證明黎強是好同志，其實很簡單。根據他送出的黑名單，我通知疏散出去的地下黨領導同志，現在大概也被打成走資派被監管中，你們去隨便問幾個，當時是不是因為我通知他們上了特務黑名單因而走避，免於被捕的？這黑名單就是黎強設法送出來的，一個特務能送出這樣的黑名單給黨的領導嗎？”

他們只得同意這麼辦，我告訴他們幾個地下黨同志名字，聽說他們果然去找他們外調，都說出時間地點，是我去通知他們疏散才得免於災難的，他們又回來找我，我才同意在他們的外調記錄上簽字。

1978 年我到北京，在國務院第二招待所裏見到了來北京治病的黎強，他說他終於得到平反了。後來他被調到公安大學當副書記，我還去看望過他。他給我提供了很多實在的素材，我據此寫成一部長篇小說《魔窟十年》和電視劇劇本《沒有硝煙的戰綫》，本希望這個電視劇能拍出來讓他看到，但是很可惜，他於 1999 年去世了。

張文澄

沒有掌成權力的人

張文澄是中共川東地下黨的一位知識分子黨員，擔任過一個地區的領導工作，“解放”初期曾任重慶市沙坪壩區區委書記，不久後改任重慶市委宣傳部部長，可以說是一個稱職的宣傳部長。

也許正因為他很稱職，一個宣傳部長出頭露面的機會很多，不免有口頭的和文字的記錄。這些說過的話和寫出來的文字，很難說都是合時宜的，於是在不斷出現的“從雞蛋裏可以挑出骨頭”的運動中，宣傳部長難免成為被檢舉和批判的對象。張文澄於是在 1957 年的“反右派”運動中，“理所當然”地被打成右派分子，下放到一個磚瓦廠去勞動改造。他被改造到 1979 年才得以平反，才算像一個人樣地活著出來。他沒有官復部長原位，卻被選為重慶市的人大常委會主任，手握重慶市人民的最高權力。俗話說“一朝權在手，便把令來行”，張文澄上台掌握權柄，便想把令來行，結果呢？

“解放”前，我和張文澄雖然都是地下黨員，但不在同一地區工作，可是我們都做過地下黨的領導工作，又都是知識分子，便很容易交往，結成所謂的“一丘之貉”。我們都在南方局周恩來書記領導的系統之下，養成相近的性格，於是變成朋友，常有交往，而且頗為"談得來"。記得在上個世紀五十年代某一屆四川省的黨代會上，他作為重慶市的黨代表出席會議。這次會議選舉省委領導，我們都參加了，不久我聽到一個小道消息，說大會檢點票數，省委領導正副書記的候選票數，副書記是全票，唯獨書記差了一票。於是公安部門奉命清查誰少投了這一票。聽說瞄準了兩個代表，一個是省委宣傳部的副部長，另一個就是重慶市宣傳部部長張文澄。我聽了真為他捏一把汗，如果是他，那就會大禍臨頭了，幸喜因為選票上既無記名，只畫畫圈，沒有筆跡可驗對，只好不了了之。我後來問他，他說不是他。後來在"文革"中，才知這是四川省委宣傳部一副部長所為，不過那時省委書記也已經被造反派打倒了。

張文澄被選為重慶市人大常委會主任，已經是上世紀八十年代的事了，那時我也被選為四川省的人大常委會副主任。我們都幹一行，而且都為人民掌了權了。我到重慶市去視察人大工作，由他接待，我們就在會上和在我住的賓館裏，暢談人大工作。我們很珍惜這得來不易的權柄，認為要好好為老百姓掌權。張文澄很積極地設想出很多行使權力的想法，都很合理合法，這樣才叫真的人民當家做主人。他在人大常委會上，宣示他的觀點。可是參加會議的許多老同志、副主任幾乎並不以為然。從他們那種口氣聽得出來，就是告訴他，在人大工作，務必要注意黨的領導。

過了幾年，我們都因到"點兒"了，先後退下來成為無官一身輕的離休幹部，安度晚年了。以後發生的事就是，我在北京時，我的姪兒從重慶打來電話，說張文澄在醫院病危了。我叫我姪兒務必趕往醫院，向張叔叔說我在北京，趕不來看望他了。據姪兒又打電話來說，他趕到醫院時，張文澄已昏迷不醒，但是當我姪兒在他耳畔說，馬識途叔叔叫他代表來看望他時，他居然把眼睛睜開了一下，似乎以為是我去看他了，然後又閉了眼，再沒有睜開來。

賀惠君

我的永遠遺憾

2005 年 7 月，我在北京接到李致同志打來的電話，說賀惠君同志去世了。我除了委託他替我送花圈，什麼也沒有說，因為我被這個噩耗驚呆了。我放下電話，不禁長歎一聲："晚了。" 這一晚上，我不住地對自己說："晚了，一生最大的遺憾啊！"

是的，晚了。四十年來，我一直想對賀惠君同志說的一句話，始終沒有對她說出來。沒有想到，她竟先我而去，我永遠沒有機會對她說了，我將一生背負著這份沉重的負罪之情，無法自贖。

我認識賀惠君是在 1947 年。奉黨的南方局的命令，我被調回四川，領導成都市地下黨的工作。從當地同志的介紹中，得知有個在成都中學生裏很活躍的"賀小妹"，年齡不大，卻比較成熟，許多要求進步的中學生，都願意跟著她走，叫她為"賀大姐"。所以後來成都市委下的中學區委，就由她負責了。我曾到她的家裏找過她，她那麼年輕，談起問題來卻有條有理，無怪乎中學生中的進步青年尊她為"大姐"。哪怕我們因為工作原因無法再見，但是她領導成都中學青年工作的出色情況，我卻是常常從成都市委的工作彙報中聽到的。

"解放"初期，我在成都市委分管青年工作，她正在以彭塞同志為首的團市委工作，她的許多青年夥伴，也在團市委工作，我和他們見面的機會就多了起來。我的印象是，他們做的青年工作十分活躍，而且有一個很親愛團結的戰鬥集體。每次我到他們那裏去，一進門就能聽到歡聲笑語，十分歡快。我那時剛跨過青年的門檻，那在高級黨政機關中被一種不苟言笑的嚴肅氣氛所包圍的精神，像突然獲得解放似的，我真感到是進了"青年樂園"了。他們不習慣叫我的官名，還是像"解放"前一樣叫我"老馬"，我也還是叫賀惠君為"賀小妹"。生活是美好的，心情是愉快的，工作也是主動和積極的。大家說，這才叫"解放"呢。賀惠君工作表現很好，後來被選為共青團中央委員。

但是這種"精神解放"的日子並不很長。1955 年，在突然出現的所謂"胡風反革命事件"中，他們中的許多人被莫名其妙地捲了進去，涉嫌成為胡風分子被審查。我所以感到"突然"，是因為"解放"前在大後方，我們的上級黨的南方局，從來沒有告訴我們胡風是反革命或反革命嫌疑分子，只告訴我們胡風一群人是進步人士，和我們有聯合進行鬥爭的統戰關係。我們組織的一些青年組織和進步活動，有他們的一些人參加，他們的某些文學活動，我們的某些青年也參加進去。至於成都團委的這些青年黨員，都是在我們黨的培養下成長起來的。現在突然要把他們中的一些青年同志，當胡風嫌疑分子進行審查，他們感到不可理解，我也感到莫名其妙。被審查的人中就有賀惠君。

他們被七鬥八鬥，被說成是胡風嫌疑分子，或者叫受胡風思想影響的分子。有的被開除黨籍，逼得瘋了。而賀惠君大概僅是屬於受過胡風思想影響的人，算過了關。但在後來的肅反運動中，賀惠君對於機關肅反中的"大膽懷疑"這種過火做法表示異議，對於她又受到清查而表示不滿。於是在 1957 年黨的"整風運動"開始，號召大家大鳴大放、幫助黨整風時，賀惠君又對肅反中的事提出不同看法，並且對省委個別領導同志對於地下黨的不公正對待表示異議……接著，整風還沒有開始，便轉入疾風暴雨式的“反右派”運動了。這一下不得了，賀惠君當然成為鬥爭對象，被押上批判台，被大批特批起來。

一次示範性的省級批鬥大會在紅照壁大禮堂舉行。各機關的領導同志都被通知參加，各單位反右派的批判者和被批判者中都有一部分代表到會。賀惠君是大會批判重點。我懷著忐忑不安的心情到了禮堂，這不僅因為賀惠君是我所熟知的地下黨同志，還因為我那時也正陷於一種不知前途如何的狼狽境地。在“大鳴大放”時，我作為一個知識分子成堆的單位的領導，也說過一些鼓勵大家給黨提意見、幫助黨整風、號召大鳴大放的話，如果有人要把我說的這些話加以編織，彙報到領導面前，而省委領導意欲“理抹”（四川話：清理）我時，那後果就不堪設想了。我不知道什麼時候就會被揪出來。我那天就是懷著這種不安心情，參加批判賀惠君的大會的。

進了禮堂，我坐在前面幾排。不知道是偶然，還是有意而然，我們的省委書記看到了我，特意招呼我，叫我坐到他的身邊。真是想躲也躲不脫，我心裏惶恐，卻裝得樂於從命的樣子，坐到他的旁邊。

除了一般寒暄，他沒有說什麼，我更不敢說什麼，只是心情更緊張。

批判大會開始了。我不記得是不是第一個就批鬥賀惠君，反正她是這次批判大會的主要批判對象，是無疑的。她被弄上去站在台上一邊，並沒有低頭，還是那麼冷然地望著台下。我不敢抬頭看她，生怕她看到了我。我心裏正在琢磨著，為什麼省委書記要把我叫到他的身邊去，莫非是我有什麼問題，到了時候，將被他點名站到台上去？這樣突然被他點名站上台去檢討的事，過去是常有的。

我的心裏亂七八糟，胡思亂想，竟然不知道賀惠君按規矩要先自我交代些什麼，也沒有聽清楚已經有多少批判勇士上台去批判賀惠君了。我只是聽清楚了有一個批判者正聲色俱厲批判賀惠君的話，說她誣衊省委書記對待地下黨不公平，在政治上不信任地下黨，無端懷疑有的地下黨員為反革命，說她這是無恥讕言，是對省委書記和省委的惡毒攻擊，是典型的右派言論，如此等等。這時，省委書記忽然對我說："你是地下黨的領導，你應該上台去批判她，看我對你們地下黨到底怎麼樣。你不是被提拔為建設廳長嗎？她不是被推舉當了團中央委員嗎？"

我終於明白，省委書記那麼熱情地招呼我坐到他的身邊去，是早有預謀的。是要我充當他的打手，上台去批判賀惠君。這對於賀惠君來說，可以說是致命的打擊了。省委書記點名要我上台去批判自己的老部下，我該怎麼辦呢？說實在的，賀惠君"攻擊"省委書記對待地下黨不夠公平，是反映了許多地下黨員的心聲的，我不僅聽得很多，自己也有同感。省委書記對於地下黨一直有一種令人難以理解的看法。"解放"初期安排工作時就已經有些歧視，在反胡風和肅反運動中更有明顯的表現。我現在卻要上台去，在大庭廣眾面前，特別是在許多原地下黨員同志面前，睜起眼睛講假話，昧著良心去批判自己很熟悉的老部下，情何以堪？

當時我的心裏真如七八個吊桶七上八下，不知如何是好。很顯然，如果我拒絕了省委書記的指示，後果不堪設想。我的上級工業部長就坐在我旁邊，他是一直對我這個知識分子黨員有看法的。如果我不上台去批判賀惠君，他把我鼓勵大鳴大放的話添油加醋，再加上我在審查單位右派時的右傾行為，可以很輕巧地把我推上台去打成右派。真是生死禍福就在一念間。省委書記那看著我的眼神，在我看來，不僅嚴厲，甚至兇殘，如劍鋒一樣對著我。我該怎麼辦呢？

沒有辦法了，我只好橫下一條心，走上台去要求發言。我不知道在台上都說了一些什麼，反正是照省委書記的提示，說他如何重視和提拔地下黨員，我被他提拔當了建設廳長，賀惠君被提拔在省團委負責，且被推薦為團中央委員一類的話。批判賀惠君胡說八道，有意攻擊省委書記，是反黨的行為，如此等等，講了幾分鐘就下台來了。我一直不敢看賀惠君，下台的時候從她的身後走過，連她的背我也不敢看一眼，簡直是落荒而逃。

但是省委書記卻感到很滿意，以微笑迎接我入座。然而那微笑卻叫我寒心。

散會了，我幾乎難以從座位上站起來。我想，賀惠君的心裏一定流著血，或者她正在心裏痛恨我，不講良心，這麼卑鄙！是的，我是卑鄙，然而我的心裏也流著血。這算什麼呢？我上台去說的那些話，就像刀子一樣，把一個一直尊敬我、對我好的同志傷害了。他們一定會把我的批判作為主要的根據，把賀惠君定為右派。賀惠君這個右派是被我冤枉打成的。我為了害怕自己被打成右派，便冤枉了好人，我算個什麼玩意兒呢？我還有臉再見地下黨的同志嗎？

果然，不久後就聽說賀惠君被打成右派了。從此以後，一個沉重的思想包袱在我的心上掛了起來，不得解脫了。從此我再也不敢看到賀惠君，連在她周圍和她要好的地下黨的同志也盡量避開見面，避不開的也盡量少說話，生怕他們會戳到我的痛處。然而我的心還懸著賀惠君，打聽她的下落。後來得知她在《紅領巾》雜誌做編輯，我才稍微安心。然而我還是怕見她。可不想見到她，她卻偏偏來看我了。她到我的機關門口傳達室，說是為她們雜誌社一件什麼事要來採訪我。我當時心裏七上八下，不知如何是好。但她既然已經來了，而且是為了公事，我是不能不見她的，只好請她到我的辦公室。

她一走進我的辦公室，我努力掩蓋我的不安的神色。她卻還是像過去一樣，笑瞇瞇地和我打招呼，好像已經把那件不愉快的事拋諸腦後了。我沒有想到她被打成右派後，精神狀態還這麼好，還勤奮地努力工作。採訪完後，她向我告別。我真想向她表示我的歉意，但是我面子作怪，話到口邊又收了回去，只得心裏自我寬解，也許她早已忘掉我對她的那次不光彩的表演了。她告辭走後，我心裏卻一直忐忑不安，我在那樣的大庭廣眾之中，對她進行無情地揭發，對她被定性為右派一定起了關鍵的作用，她怎麼會輕易地忘記呢？她不過是給我面子罷了。我心上的疙瘩還是沒有解開。

一直到"文革"之後，對右派開始平反了，我正巴不得她會很快平反時，便聽到她已經平反的消息。不久後聽說她已經恢復工作，到省旅遊局擔任黨組書記了。我很高興，似乎我心頭的包袱也因此而減輕了一些。然而我那羞愧的烙印，卻深深地刻在我的心上，無法平復，一想起來，便覺不安。總要當面向她道歉，才能叫我放下思想包袱。以後我們在各種會議上見面，甚至在地下黨和民協的紀念會上見面，是有機會向她表示我的歉意的。可是在那稠人廣眾之中，我卻始終放不下自己的面子，公開向她道歉。甚至我在講話時說到這樣的意思，也不敢提她的名。我心裏想，時間還長呢，機會有的是，再找一個合適的場合吧。就這麼拖延下來了。

有一回，地下黨的少數同志且是熟朋友在人民公園聚會，有王宇光、彭塞等人參加，也包括賀惠君和她的老伴詹大風。我們談起地下黨的一些往事，甚至也談到省委個別領導對地下黨的不公平。這本來是我向賀惠君表示道歉的好機會，但是在大家把過錯都放到省委書記的頭上時，我也順著這麼說，而自己那次不光彩的表演，卻總說不出口，就這麼含糊其辭地混過去了。

然而我心上的包袱並沒有解下，愧疚之情總是時時啃噬我，叫我難安。我們的年紀都越來越大了，雖然她的歲數比我小得多，會比我晚“走”，在我的有生之年，總還是有機會的，但是總得抓緊才好。這與其說是我向她道歉，叫她盡釋前嫌，倒不如說是我必須向她道歉，才能解除我心頭的慚愧和不安。可是，一切來得那麼突然，2005 年的這個夏天，李致同志傳給我的是賀惠君突然離去的噩耗。

於是我失去了自我贖罪的機會，而且永遠地失去了。我將帶著這種失悔走過我的一生，忍受羞愧的啃噬。即使我從北京回到成都，在醫院裏見到賀惠君的愛人詹大風，向他吐露了我的羞愧負罪之情，追悔莫及之情，以致流涕，都無濟於事了。那又有什麼用呢？賀惠君沒有聽到，而且永遠聽不到了。

這是我一生中永遠的遺憾。

洪德銘

革命戰士洪德銘

2009年4月1日，我接到可可從三亞打來的電話，說："老馬，老洪昨天走了。"可可，是"解放"前，我在成都發展的女共產黨員，當時地下黨成都市委書記洪德銘的愛人。可可用淒苦的聲音告訴我這個噩耗，我早已預料它的到來，然而仍然感到震悼，不覺淚下。

2007年的初夏，我接到洪德銘從上海打來的電話，他說他已確診了肺癌，且到晚期，醫生考慮他的體質和病情，認為不宜動手術，只能用姑息療法了。我想這等於是向一個人宣佈死刑緩期執行了，這該是一個多麼大的精神打擊。可是他卻還像過去和我談平常事情一樣，用十分平靜的聲調說："要來的事情就讓它來吧。"他又用詼諧的口氣對我說："老領導（他過去常這樣稱呼我），我這不是來向你告別的。告訴你，我要戰鬥！"最後幾個字說得斬釘截鐵。我明知這是無望的戰鬥，但是我支持他，同意他去各方求中醫試試，以致找了無用的偏方。不能輕易認輸，這是他歷來的性格。果然，即使要忍受極大的痛苦，他也堅持和兇惡的癌魔戰鬥。終於，經歷了兩年的苦鬥，他最後坦然甚至從容地離開了這個世界。

我回憶過去我們六十幾年的交往過程，忽然有兩個字出現在我的面前——戰士。對了，洪德銘就是一個戰士，一個當之無愧的革命戰士。

我認識洪德銘，或者準確地說，我知道洪德銘，是1944年在昆明西南聯大。那時我從事學生工作，擔任地下黨的支部書記。西南聯大這個一直有民主運動傳統的最高學府，在全國形勢逐漸走向民主高潮之際，一直走在運動的前列，號稱"民主堡壘"。在學生中各種進步社團、系級學會紛紛出現，我們地下黨就是通過由支部聯繫的各進步社團的領導同學，構成一個進步網路，領導學生運動。同學中出現了不少公開的、秘密的進步組織，教授中也建立了民主同盟。令昆明的民主運動蓬勃發展。

這時候我忽然接到一個黨員的報告，說一、二年級中有同學在醞釀組織一個叫民主青年同盟的青年組織，並已得到民主同盟教授的支持。我馬上進一步瞭解，知情者說是由歷史系新來的叫洪季凱（後改名為洪德銘）的同學發起的，並說這個同學思想表現很"左"，肆無忌憚地到處活動，不知道他的根底和來路。有進步同學懷疑，是不是特務在搞"紅旗政策"，設立陷阱？

我馬上將此事向雲南省工委報告。工委書記老鄭非常重視，他派人進一步靠近洪季凱，深入瞭解後告訴我，這個人是從新四軍中跑回來的，政治上大概沒有問題。他正在組織的民主青年同盟，民盟中確有人想收入他們旗下，但是洪季凱不幹，他想找到共產黨。因此雲南省工委請示南方局，南方局同意組織一個黨的外圍青年組織，可以叫民主青年同盟，簡稱"民青"，並且把曾經疏散出去、現在調回來的地下黨員袁永熙派去和洪德銘他們接上關係，建立民青和黨支部。從此我和洪德銘就認識了。

洪德銘工作很積極，經過批評，原來他那種無所顧忌衝鋒在前的作風，也改得比較沉穩踏實了。1946年夏，洪德銘隨校去北平，參加領導學生運動，後來又調到上海，在黨的上海分局錢瑛所領導的青年工作組下仍然做學生工作。後來他又調杭州市做工委書記。他一直工作得很好。我於1946年秋調到成都做川康特委副書記，從上級錢瑛口中得知，洪德銘做開闢工作大刀闊斧，是其長處，可是有時莽撞，是其缺點，所以要有熟悉他的人多關照點兒。錢瑛就想到了我，把洪德銘調來在我們川康特委下的成都任市委書記。

1948 年春，洪德銘到了成都，老朋友一見如故，我們能再度合作共事，共同戰鬥，非常高興。他一來就到各大學和基層瞭解情況，向我說他感到我們在大學的黨員和"民青"同樣的青年進步組織"民協"，還是圈子太小，缺乏活力。他果然看出我們過去爭取中間群眾不夠的老毛病。能否用各種組織形式和活動方式把廣大的中間分子吸引到我們的周圍，是決定運動鬥爭能否勝利的關鍵。因此他努力向大家宣傳昆明西南聯大和北平、上海等地關於團結進步分子、爭取中間群眾、孤立頑固分子的組織形式、活動方式和鬥爭經驗，供大家研究學習。他這一套果然靈驗，運動在大學、中學和教師職工中開展起來，見了效果。但是他的某些急躁情緒又出現了。

誠然，群眾是需要在鬥爭中鍛煉提高的，但也要看鬥爭的內外環境。成都的環境和昆明顯然不同，和有國際影響的北平、上海更不同。加上初到四川上任的省主席"王靈官"王陵基，這個有"屠夫"之稱的鬥爭對象也不同，而且答應袖手旁觀的地方勢力也是看風使舵的。洪德銘來後不久，便組織了一次"四九鬥爭"，結果在群眾衝入省政府時，王陵基大肆鎮壓，打傷許多同學，抓了一百多人，其中許多是我們的骨幹。我剛從鄉下回來，特委和市委迅速研究，認為不能消極對待，應以鬥爭對鬥爭，不僅在大學動員教授、學生聲援，也動員和王陵基有矛盾的地方軍閥、有影響的地方士紳及參議會等要求放人，因為學生要求平價米是合理合法的。王陵基只得全數放人，鬥爭勝利收場。但是老洪的急躁冒進的老毛病，給群眾帶來某些損失，也是值得記取的。這就是成都的"四九血案"。

洪德銘在成都市委只工作了一年，卻卓有成效，培養了一大批進步骨幹，領導了幾次有理有節的鬥爭，並且為特委提供了許多到農村去做農民工作的幹部。我們合作得很好，正要大展身手，卻因重慶出了大叛徒波及川康特委，特委書記被特務逮捕一週後也叛變了，這當然使川康黨組織特別是成都市委黨組織陷入十分緊迫且極危險的局面。

我和洪德銘成為主要追捕對象，但是我們不能不冒極大風險，組織黨員疏散，堵住漏洞。我們是冷靜沉著的，也隨時準備犧牲。經過半個月和敵人的鬥智鬥勇，終於把在我們手中的組織都安全轉移了，其中的風險一言難盡。

當時，我是比較謹慎的，凡事深思熟慮，洪德銘卻比較冒險，還常上街。我告誡他，因他是跛子，如果叛徒叫特務把全城的跛子都逮起來，他就遭了，他卻不在乎。因此我下命令要他馬上離開成都，叫他帶近十個黨員的工作組轉移到重慶去，在重慶開展工作。我後來途經重慶準備去香港向上級報告時，見到洪德銘，得知他在那裏成規模地幹起來，還頗有進展。我到香港向上級錢瑛彙報後，她批評我沒有嚴厲約束洪德銘，說他一直冒失，這很危險，再不能受損失了。她馬上派人坐飛機到重慶，命令洪德銘帶市委領導全部撤退到香港。

後來我隨錢瑛大姐到了剛"解放"的北平，不久又隨她南下接收武漢。她任華中局組織部長，我被派到華中總工會任副秘書長實習接管。不久洪德銘跟著來武漢，和我見了一面。他說錢大姐派他去尚未"解放"的長沙，準備組織青年迎接"解放"。他一去長沙好多年，我們不通音訊。後來他又到了湖北。直到我到北京開會路過武漢時，才在華中工學院找到他，他正忙著辦教育，走上新的戰鬥崗位。他只說他很忙。

但是誰也沒有想到，這麼一個勤勤懇懇為革命鬥爭和工作的人，卻莫名其妙地陷入 1964 年的災難中，真是禍從天上落呀。又一個"以階級鬥爭為綱"的犧牲者。這個消息是武漢市市長黎智打電話告訴我的。黎智曾是和我一塊兒做過地下黨工作的老朋友，並且在北平領導過洪德銘工作，我就託他從內部打聽一下是什麼問題，是否有辦法幫他改變處境。黎智去打聽了一下，告訴我是洪德銘從新四軍“皖南事變”後逃回家鄉後的事。他說本來像洪德銘這種回家避難的人，處境艱難，難免會和地方權勢人物交往，巧為應付，以求生存，尋機出走，沒有什麼大錯。事實上他逃出到昆明，繼續革命，並且向組織作了交代。可是在當時“以階級鬥爭為綱”的大局下，有些人就是抓住他不放，取消了他的黨籍。黎智做工作也無效，最後把他調到一個學校當教員去了。就這樣，洪德銘冤沉海底。兩年之後，“文革”來了，我被打成反革命修正主義分子，關了起來，更不知道洪德銘的下落。

直到 1978 年，我到北京開會，記不清怎麼和他碰上的，只記得我和他一起去看望還沒有“解放”的西南聯大老朋友王漢斌和彭珮雲。老朋友災後重逢，說了些什麼，也忘記了。只記得在王、彭家裏吃過晚飯後，我們倆打地舖睡了一夜。其實通夜未睡，聊到天明。無非是我們這種知識分子參加革命不容易，說不盡的悲歡離合，生離死別，過不完的山窮水盡，柳暗花明，現在總算見到了光明和希望。

洪德銘終於被平反，卻已到快離休的年齡了。但是他不服老，還到一個大學去當黨委書記，發揮餘熱。最後還應教育部之聘，參加大學巡視工作。他盡心盡力，難改“臭老九”我行我素的老毛病。後來我每到武漢，必去看他，他來成都，必來看我。一見必天南地北地“吹”個不完。我知道洪德銘還是洪德銘，他能幹什麼就拚命幹，不打退堂鼓，不減當年戰士風采，直到他走完人生道路的最後一程。他和癌魔戰鬥了兩年，臨終了還堅持戰鬥，把他剩下的唯一武器——遺體，向國家作出最後的奉獻。

這就是戰士洪德銘！

王松聲

我的北京“聯絡站長”

“告訴老馬，千萬不要來看望我。” 和我有六十幾年深厚交情的老朋友王松聲，在醫院臨終前的病床上，囑告去醫院看望的我們共同的老朋友李曉。

2001 年 12 月，我到北京參加全國作協第六次代表大會。會後我去看望李曉，才知道王松聲得了重病，已近垂危，待在家裏。於是我立刻到和平門外前門西街文聯宿舍去看望他。我事先沒有告訴他的家人，熟路熟門，一直爬上四樓，敲門而入。我見他形銷骨立地坐在沙發上。見我進門，他掙扎著要站起來迎接。我幾步趨前，和勉強站起來的老朋友相擁相抱，無言相看良久。

他大概沒有想到我會到北京，而且會去看望他。因為他事先已得知我得了癌症。他當然知道一個得了癌症的人，會是什麼樣的面目和舉止。怎麼忽然一個得癌症的人還能爬樓去看望他呢？而且看我還面不改色，行動自如，和他擁抱，他真有點兒吃驚的樣子。他待我在他身旁坐定後，問我：“你怎麼到北京來，身體怎麼樣，怎麼還來看我？”

我說：“我是到北京來參加作代會的，聽李曉說你重病，我怎麼能不來看你呢？”

他問我的癌症病情如何。我回答：“我今年6月已經在成都華西協合醫院做了手術了，活檢確診的確是腎癌，只是還是早期，沒有轉移，手術做得很成功，我現在是孤聖（腎）人。”

他看到我還很健康愉快的樣子，很高興，不過還要我注意，鬥癌魔可不是小事。我說：“腎癌雖然很兇險，不過我不在乎。我們那些年在一塊兒九死一生地進行戰鬥，早就把生死置之度外，我們都已多活了幾十年了，還怕什麼？”

他看我樂觀的態度，很高興。他的兒子在旁說，他爸也是一直帶病還在努力幹事，關心這事那事，也是很樂觀的。我聽了也高興，說：“讓我們一起，面對任何嚴峻的考驗吧！”

我不想久坐讓他費神，起身告辭，他堅決要站起來送我，並且一直堅持送我走出他的房門。他由孩子們雙手托起扶著，硬送我出房門，倚立欄杆，看我下樓。緊握手時，還叮囑我：“老馬，注意身體。”

我告辭下樓，站在房屋的院子裏，回頭望，松聲還立在陽台的欄杆邊看我。他那樣依依不捨，恐怕真是在想，我們還能見面嗎？我的眼睛止不住要流淚。我不想讓他看見，硬起心轉頭便走出院子。

當時已近年關，我的大女兒留我在北京過年。大概是春節前的某一天吧（時間記不清了），李曉打電話給我，說：“松聲已送到醫院搶救了，看來已到了油乾燈熄的關頭。他卻勉力告訴我，要老馬不要再去看他。”我知道，松聲從來是一個關心別人多過自己的人，臨終前還沒有忘記我這個得了癌症的老朋友。

不幾天，好像是春節的假還未過完，李曉再次打電話，告訴我松聲安靜地走了。我得此預想到的噩耗，仍然不禁歎息：“松聲呀，我欲哭無淚呀。”我本想去參加他的告別儀式，李曉一來擔心我做了腎切除手術才半年，二來怕我激動，影響身體，勸止了我。我和松聲見最後一面時，他還叮囑我注意身體，十幾年了，我居然安然無恙，可惜松聲無法知道了。

我和北京的幾位老朋友在一起，常懷念松聲，評價松聲，都認為松聲似乎天生就是來為人服務的。他生性熱情到我們批評他喜歡攬事。他參加各種活動，不知疲倦地一攬到底，不計個人得失。他又特別為人和氣放達，與人相處不久，便像被人黏住。他經常和人一見就交成好朋友，不計尊卑貴賤。

大家都說，松聲當年被毫無道理地下放農村勞動，為他的不在乎，且勤懇工作，在那裏助人為樂、憐老惜貧所感動。他無私救助一個貧病的老人，用自己並不強壯的身體，搶著給病人輸血。他很愛惜人才，發現並扶植一個愛吹笛子的郵遞員于海山，結為終身朋友。

最令我震驚和感動的，莫過於松聲年輕時在貴州山區旅途中救死扶傷、傾心救人的故事。

那時，交通是極為不便的，松聲遠道從昆明到西安（我依稀記得是去西安和他的戀人王效蘭結婚），半道上，他從翻車的受傷人中發現一個重傷瀕於死亡的傷患。他雖然不認識這個人，卻在後來的旅途中，坐在車上，一直毫不動搖地把這個人抱在懷裏，避免這位頭部重傷者顛簸。到了瀘州，松聲和一個本也有要事去成都轉西安的叫楊桀（也是西南聯大的同學，趁暑假去西安看望未婚妻）的同路人，為了挽救時而清醒時而昏迷的陌生重傷患，義無反顧地改道護送傷者去其目的地重慶。他們兩人都無錢僱滑竿送傷患上輪船，便買了兩根竹竿和一條草繩，紮成一副簡陋的滑竿，兩人抬著傷者上了去重慶的輪船。輪船到了重慶朝天門碼頭，他們又抬著傷者下船上岸，爬上有好幾十級陡峭石梯的朝天門。他們二人都不是下力人，身體也不是很好，又正值酷暑，弄得汗流浹背的。他們氣喘吁吁，幾步一歇，總算把傷者抬進城裏，送進一個私人醫院進行救治。隨後他們又按傷者口述的地址，尋找到他的親戚，在醫院把一應事務交接好了，才離開重慶一同去西安。

這個十分感人的離奇故事，不是什麼人編的，而是實有其事。五十年後，更離奇的故事在北京上演了。那個被他們救助的傷患名叫蘇哲文，也是西南聯大的同學。更巧的是，他也和松聲一樣，是中共地下黨員，不過是老資格的清華大學的地下黨員，在西南聯大復學的。那次他去重慶，就是要去黨的南方局接組織關係的。他和曾經救過他的王松聲在重慶一別，再也不知下落。他苦苦追尋這個叫王松聲的救命恩人，直到 1985 年在水電部副部長的崗位上離休了，還在找尋恩人。一個偶然的機會，人家告訴他有個叫王松聲的人的住址，於是他們相約見面，不勝欣喜。

我聽到這個真實故事，感到震驚，更很感慨。我之所以不厭其煩地記述這個故事，是因為這件發生在我的親密朋友身上的好事，過了五十幾年，我竟一無所知。北京那麼多的好友也無人得知並告訴我，是王松聲和蘇哲文重逢的事傳開了，我才得知。松聲和蘇哲文再見時，松聲說，這件事他早已淡忘了。這樣救死扶傷的事，本是一個人為人的天職，不值一提。從這一句話就可以看到松聲是怎樣的一個人、怎樣的一個共產黨員。我也才理解他為什麼五十年不告訴我們這些親密的朋友。

松聲的品性、為人，就這一件事就夠說明了。可以說，他是一個真正的好人，且從不計較個人的得失和名利。當年，他在西南聯大時從事進步活動，“解放”後又放棄當劇作家和學者的願望，服從組織分配，為開展和促進北京市的文化活動而盡心盡力。可是他卻被認為政治上太右，因而受到不公正的對待，永遠擔任副職。許多瞭解他的人為他不平，他卻依然故我，不當回事。

在這裏，我還想說一件讓我永遠也不能忘記的事。“文革”中，我在四川被最先拋出來為“文革”祭旗。我被造反派抓起來，關在成都一所大學內。我使出我當年地下黨的功夫，從嚴密看守我的一個二層樓上跳樓逃出，惶惶然如喪家之犬，在親戚們的幫助下，輾轉經貴陽、衡陽、武漢、鄭州逃到北京避難。在我小姨妹家住了一段時間後，得知省“革籌”派出抓我的人已到北京，我已無處可逃。當時，北京朋友們都已落難，有的已經關進“牛棚”，而且他們的家不是在機關宿舍就是在學校宿舍，不方便躲藏。我想到了松聲，他的家和單位不在一處，於是我便讓姨妹去求助松聲，想去他家躲藏。那時，松聲的日子也很不好過，他每天也必須到機關接受批判，可是他一口就答應了，我真感激涕零。可是就在我準備逃去松聲家時，卻被北京市“革委”的人抓住帶回公安局，交給了來北京的四川省“革籌”專案組的人，被帶回成都，關進文明監獄裏。

1972 年，我被“解放”後，去北京逍遙遊，到松聲家去看望他，才知道當年松聲是準備以死救我的，我還能說什麼。松聲就是這麼俠義成性的人，連到了他生命垂危之時，還不忘記託朋友帶話要我保重。

以後我每次去北京，都會先到松聲家，由他通知北京朋友們來參加他主持的歡樂聚會。會上少不了他這個特別富於幽默感的人製造熱鬧氣氛，讓大家快樂。他說：“我本來是唱戲的嘛。”

松聲，就是我的當之無愧的北京“聯絡站長”。

李曦沐

為李曦沐送行

我的好友李曦沐走了，對我來說有如驚天霹靂。真的，不是誇張，我真像頭頂響一聲炸雷。

李曦沐的女兒皎皎從北京打電話給我的女兒萬梅，轉告這個噩耗：“爸爸走了！”我聽聞後不覺驚問：“什麼？李曉（我們一直沿用他在西南聯大的名字稱呼他）走了，這怎麼可能呢？”就在得知這個消息的兩天前，我倆還在電話中交談了很久，有說有笑，更幾天前，我女兒將他從微信中傳來的照片拿給我看，他精神飽滿，毫無病容（這照片現在還保留在我的平板電腦上），怎麼忽然就宣告說他走了？這真是應了古話“天有不測風雲，人有旦夕禍福”呀。

上世紀四十年代，我在昆明西南聯大結識的最熟悉的二三十個好友也是戰友，除有幾個在“解放”前夕犧牲，其餘人在近十年來陸續離我而去，我這個當時比他們都長近十歲的老傢伙卻依然健在，一次又一次地接到惡訊或訃文，一次又一次地為他們而悲愴不已。2015 年滿 100 歲的生日時，我寫了一首詩。

懷遠

年逾百歲意迷茫，繞膝子孫奉壽觴。
蠟燭滴紅懷故友，金杯未盡淚滿腔。
同舟每憶波瀾起，夙夕常思風雨狂。
每讀訃文肝欲裂，幾人再聚話炎涼。

蠟燭滴紅，如烈士鮮血，金杯溢酒，如悼亡之淚，真是感慨萬千。

2016 年底，我把這首詩所在的詩詞集也寄給了李曦沐，他收到後打來電話，一來向我祝賀新年，二來感謝我寄給他這本新出版的詩詞集。他說他讀了我那首《懷遠》詩，回憶起當年我們那些戰鬥歲月，為戰友們大半凋零不勝唏噓。他很關心我的健康，我告訴他我還行，還在爬格子呢，除了去年完成了《那樣的時代，那樣的人》一書外，現在正在寫《夜譚續記》。他聽後不勝驚歎，說："一個百零三歲的老人，還堅持創作，不斷地有新著出版，老馬，你真行啊！"他與我通話的聲音還在我耳畔迴響，很有底氣，想來他應該是健康的。他是西南聯大北京校友會的常務副會長兼總幹事，一直在忙西南聯大校友會的事，我從寄來的《西南聯大北京校友會簡訊》第 60 期中，還看到他的"工作情況報告"，知道他正在參加西南聯大 90 週年紀念會的籌備會工作，怎麼他忽然就走了呢？

曦沐和我有七十幾年的深厚友誼，那一樁樁、一件件往事並不如煙，常浮現在我的眼前。

我們初次相見是在 1941 年的秋天，我們同時考入西南聯大，曾長期同住一間宿舍。1941 年 12 月，我和他同時莫名其妙地捲進一個本不該發生的學生"討孔運動"。我們兩個在那時相交相知，並成為有共同進步理想的青年。他那時不是共產黨員，卻有加入共產黨的強烈願望。那時，正是政治革命低潮時期，國民黨特務瘋狂地捕殺共產黨員，有些黨員或由組織安排隱蔽，或自動脫黨，像曦沐那樣在惡劣形勢下偏要求入黨的人是不多的。我認為他在我作為聯大地下黨支部書記從事的學生進步活動中，幫助我在學生中做了很好的工作，是夠條件加入共產黨的。因此，1943年初夏，我帶他在一個校外的墳場裏，對他作了正式的入黨談話，準備向上級請示後舉行入黨儀式，吸收他入黨。但是當我向黨的雲南省工委請示時，才知道那時黨的南方局已決定在國統區暫停發展新黨員。可我對他已進行了入黨談話，該怎麼辦呢？經過請示，省工委領導對我說，叫他為“黨外布爾什維克”吧。“黨外布爾什維克”，這樣一個奇怪的從權辦法，曦沐接受了，且更加努力地工作。終於在1945年9月，允許發展黨員的決定傳來後，我第一批就發展他加入了共產黨。

1945年，我奉命到滇南做工委書記，準備在那一帶發動農民游擊戰爭，配合解放大軍“解放”雲南。曦沐就和齊亮、許師謙等黨員，隨我一起到了滇南。曦沐自願到一個僻遠鄉村小學去當教員，在那裏發動農民準備武裝鬥爭，不久他就在一個鄉掌握政權和武裝隊伍。他正幹得起勁，卻因為我黨進軍東北，很需要幹部，他是東北人，於是奉命調往東北工作。其後他在教育部門及先後在黨的黑龍江省委和東北局辦公廳擔負領導工作。他是一個很好的筆桿子，也正如他後來對我說的，和大家一起犯了不少並不瞭解的錯誤，“文革”一來，當然免不了和主要領導人一起遭受“莫須有”的罪狀和批判。後來幾經折騰，也一起被“解放”，又走上了工作崗位。

1974年，被“解放”後擔任四川省委宣傳部副部長的我，為電影的事出差到長春，回來時路過瀋陽，便到曦沐家去看望他。曦沐向我談到遼寧許多“文革”中的怪事：把幹部全部趕到農村去永遠落戶，弄得亂七八糟，生產困難比關內還大些，傳出所謂的“陳三兩”，居民每月每人只供應三兩油，糧食尤其是大米、白麵更是十分緊張。

但是我在他家住的頭兩天，他們天天給我在客房裏開單份，吃的都是白米飯，我感到很奇怪。第三天我吃罷飯無意走到廚房，看他們一家正在廚房裏吃飯，大人小孩吃的全是紅色高粱米。我嘗了一口，高粱米飯很粗糙，實在不好吃。我吃驚地問曦沐：“這是怎麼回事？”他才告訴我，瀋陽全市居民每月的配給絕大部分是粗糧（高粱米、玉米麵），細糧（大米、白麵）很少，也就幾斤而已。我這才知道，曦沐把他們全家當月配給的大米全數拿來給我一人吃。我大為慚愧，同時也很生氣，責備他說：“家中的大米你不給小孩子吃，拿來給我吃，還不讓我知道，你咋能這樣對待我這個老朋友呢？”曦沐搪塞道：“你們四川是吃大米的，怕你吃不來高粱米。”我還生氣：“李曉，你這樣待我，太不應該，我們是什麼關係？是生死之交呀！”他只得認錯，允許我和他們一起吃高粱米。奇怪，我和他們一家人一起吃飯，同甘共苦，竟然不再感覺到高粱米難吃，甚至津津有味了。

1980 年，曦沐被調到北京，先是在建設部工作，後來又到國家測繪總局任局長，我們見面的機會就多一些了。我每次到北京，幾乎最先去會面的就是曦沐和松聲了。

1980 年秋，我到中央黨校高研班學習，這個高研班，學員都是省級幹部，又基本上都是才被“解放”不久的。大家雖然都有怨氣，可是爭論最多的是關於社會主義的問題。我把研討班的情況對曦沐說了，他說他也正在思考，到底什麼是社會主義，我們實行的是什麼社會主義。

我們在一起討論很多，也有爭論，但有一個共識，就是我們過去實行的和現在正在探討實行的，恐怕都不是馬克思所說的作為共產主義前過渡階段的那個社會主義，我們稱之為完全的社會主義。但是我們現在只能也必須有適合於中國當前情況的社會主義，一種特殊的社會主義，即向完全的社會主義和共產主義前進的社會主義。曦沐提出是前社會主義，即有中國特色的社會主義。這和後來鄧小平提出的我們仍處於“社會主義的初級階段”的說法，竟然是不謀而合。初級階段的社會主義就是中國社會主義的中國特色。曦沐有這樣的思考，我也很是贊同。

曦沐已經走了，他的敏睿的思考，卻令我不忘，我們現在來追思曦沐，無妨將他的思考說出來。

曦沐已經走了，他不是一個什麼有名人物，但是他的為人，他的品性，他的關心中國之命運的思考，是我永遠不能忘記的。

李凌

敢於亮學術觀點的人

2015 年 11 月，我到北京，有朋友告訴我："李凌走了。"我大吃一驚，我們兩個月前還通過電話，互道平安的。前一年，我得到"黎章民走了"的噩耗，現在李凌又走了，於是西南聯大有名的"三劍客"就只剩下王漢斌一個人了。"三劍客"中，當時和我往來最多的是李凌，我一直叫他小老弟，他一直叫我老大哥，叫了幾十年。最後一次電話他還是這麼親切地叫我。

我和李凌在西南聯大分手後，一直沒有往來，只聽說"解放"後他曾到空軍部隊做文化工作。也因為這個"文化"，不知道他是怎麼做的，忽然被打成右派，於是被弄去勞動改造了。直到"文革"後期，他通過努力勞動改造，脫掉了右派的帽子，才有了工作，去養豬場養豬。他為了良種豬苗的事到成都來，我們才再見到面。當然是面目全非，原來那麼一個談吐文雅、瀟灑倜儻的廣東青年，變成一個粗手粗腳的農村下苦農民，一個養豬能手了。

我們相見，唏噓不已。李凌卻不談往事，一心要我給他寫一封去隆昌縣委的介紹信，好去一個養豬場買良種豬苗。他似乎要在鄉下養一輩子豬了。他是多好的一個由好大學培養出來、學養深厚、讀過不少理論書籍的青年學者呀。

幸喜他終於熬出了頭。“文革”後不久他即獲得平反，被調到社會科學院工作。他主辦了一個名叫《未定稿》的理論刊物，按期寄給我，裏面頗有一些尖端文章，醒人耳目。於是我每次到北京和好朋友們見面會餐，高談闊論時，他必參加，熱絡得很。他似乎要補回那段青春時光，發奮地著書立說。他不斷發表文章和出書，而且全都寄給我看。

2006 年 12 月，他在一個著名刊物上發表的文章《建國初期“三大改造”得失之我見》，引起我的特別注意，我稱讚他“有膽有識”。有識，且不說吧，他的一個有識的觀點，正引起學術界許多人研究和討論。這也是我於 1980 年在中央黨校高研班上和許多老同志在讀馬克思主義經典著作之餘，引起討論甚至辯論的問題。我也要稱讚他的“有膽”，當時對這個問題討論雖多，卻少見像他那樣直言不諱的人。在著名刊物上亮出自己的觀點，是要有一點兒膽量的。李凌，真可算是有膽有識的學者。

“文革”之後，特別是中央發佈《關於若干歷史問題的決議》之後，學術界在解放思想、實事求是的思想路綫的鼓舞之下，對“文革”以前的一些大“運動”展開了研究，如“大躍進”“反右派”等，唯獨“三大改造”這場翻天覆地的大變革，觸及不多，或者吞吞吐吐，或者三緘其口，更少見有敢於持否定態度的。李凌卻敢於在“之我見”的緩衝劑下，取否定態度，可以說是相當有膽的了。

其實他引用《〈政治經濟學批判〉序言》書上的那一段經典語言，也足以作為他立論的有力佐證，為他助膽了。那段話是這麼說的：“無論哪一個社會形態，在它所能容納的全部生產力發揮出來以前，是決不會滅亡的；而新的更高的生產關係，在它存在的物質條件在舊社會的胎胞裏成熟以前，是決不會出現的。”

李凌這位小老弟走了，我就以他的這篇“之我見”禮讚他“有膽有識”來紀念他吧。

李定

統戰工作不好做

2000年5月30日清晨，我接到北京電話，是老朋友李定的兒子楊松濤（小夥）打來的，他告訴我說："我爸爸走了。"

這話叫我不能相信，我前幾天還收到李定寄來的他和老伴李美全的照片，怡然自得，神情健旺，怎麼說走就走了呢？我本來和李定約好，下半年我到北京時，由他做東，請好友們相聚，還是進行一番縱論天下、臧否人物的清談。看來也實現了。真是人生如夢，禍福無常。

李定的生平，他的事業，他的為人，特別是他在西南聯大參加和領導"一二·一"學生運動的前前後後，他加入"民青"，後來入黨，並在北平、天津從事黨的地下工作，迎接天津"解放"，直到在天津市委任統戰部部長、市委秘書長，以及後來調任中央統戰部任副部長兼全國工商聯副主席、黨組書記，工作上取得的輝煌業績，他的朋友們都知道，毋庸我贅言。我曾和他有過幾次關於如何對待民族資產階級和如何發揮私營工商業者的積極作用的懇談，印象深刻。證之於今日的事實，更見他曾經對有關中國之命運的問題，即對待民族資產階級問題做過深層次的思考。然而他卻未敢向人佈露，至今深引為憾。

1973 年，我到天津看望在天津大學上學的女兒，在李定家裏住了幾天，他對我分外熱情。我的女兒說李定和美全把她當作親生女兒一樣照顧，無微不至，充分發揮了雲南人熱情好客的習性。當我向他們表示感謝時，李定卻說："你是我們的革命老大哥，你引導我們走向革命，怎麼能說感謝的話？"這麼一說，我再也開不得口。李定和我閒談，坦誠佈露心聲，敢說真話，我印象深刻。

李定那時擔任天津市委秘書長兼統戰部部長，自然就說到天津的民族資產階級和工商業者的情況。我談到 1949 年在天津時曾經聽過劉少奇做的大報告，大談新民主主義時期，要充分發揮民族資產階級的積極性，利用他們的資本、技術和管理才能，迅速恢復和發展生產，做到公私兼顧，勞資兩利，發展生產，繁榮經濟。劉少奇還和天津的資本家們見面座談，他說關於新民主主義社會的工商政策不是一時權宜之計，是一直要堅持下去的。可惜我們後來並沒有堅持下去。如果後來一直堅持這樣的政策，何至於弄到今天這樣的局面？李定說他做統戰工作，天天面對資產階級和工商業者，工作實在難做。就像坐在一個蹺蹺板上，要尋求一個不翻蹺的平衡點，非常困難。稍有偏差，便是右傾，後果不堪設想。到底統戰工作的目的是什麼，他也弄糊塗了。我說，我做宣傳工作，天天面對的是知識分子，就是要給他們戴上資產階級分子的帽子，也很為難呀。

我們兩個都面對同樣為難的事，但其實就是面對一個中國往哪裏去的問題。這就不是我們兩個能夠回答的了，我們只能是相對唏噓，歎息而已。

又過了幾年，李定在本來就感到天津市委統戰部部長難當的時候，又被調到北京任中央統戰部副部長。我多次到北京，他必定做東，和一些老朋友喝茶閒聊。他談到十一屆三中全會解放思想、實事求是的思想路綫確立之後，情況已經發生根本的變化。走市場經濟的經濟建設路綫已逐步確立，我們在"文革"中相會時所不理解的道理，現在基本弄明白了。有中國特色的社會主義建設，大規模地啟動了。叫李定高興的是，工商業者的積極性和知識分子的積極性得到了比較充分的發揮，私營工商業正如他所想的一樣，有了較大的發展，日益在國民經濟中佔據重要的地位。雖然在前進的道路上，還有許多磕磕碰碰的事，但是走有中國特色的社會主義道路已經定了。他作為統戰部副部長將大有可為。

誰知我們正在興高采烈慶祝中國進入新世紀，談新政策，暢想中國前途無限時，李定卻撒手而去了，傷哉。

陳俊卿

特種材料做成的人

陳俊卿，一位老共產黨人，三十幾歲年紀，四川峨眉人。他一直在他的家鄉一帶進行革命活動，卻從來沒有要求回家看看，也從來不說他的家庭情況。一直到他犧牲以後，“解放”初期，他的父親來領取烈士證，才知道他家尚有老父、妻子和兩個孩子，家道還比較富裕呢。

我初次和他見面，表面上看他是一身貧苦農民打扮，樸實憨厚，其實他的內心卻充滿熱情和智慧。他親口對我說，1930年左右，他奉命去領導一個地方的農民暴動，失敗後他被捕了。特務看他那麼個農民打扮、憨頭憨腦的樣子，沒有殺他。國民黨劊子手正在那裏一邊審一邊殺共產黨，臨到了審問他：“你是領導暴動的共產黨縣委書記嗎？”他機靈地回答：“我大字認不到幾個，咋個去當書記呢？”那時的鄉、縣政府是有抄抄寫寫管文書工作的書記的。聽他這麼一說，劊子手以為他連縣委書記和鄉文書都分不清，不會是共產黨的縣委書記，準備放他。但是據他說，“清共會”的劊子手還是懷疑，便要他脫去草鞋看他的腳，看他的大腳拇指是不是分叉的，如果是分叉的，就證明是常穿草鞋的農民。再叫他伸開手，手板上的確有乾殼繭，就證明是經常下力的苦人，不會是共產黨的縣官，便沒有槍斃，只把他關起來。他在農民中工作時經常參加勞動，所以過了這一關。

抗戰開始後，他被放了出來，監獄裏雖然折磨了他的身體，卻沒有摧毀他的革命意志。他一出來就參加黨的工作，在成都、雅安、西昌這一帶的農村活動。一直到 1946 年，我到川康特委工作時，便和他接上頭見了面。

他負責整理和領導從雅安到樂山這一帶各縣的黨的工作，川康特委任他為雅樂工委書記。他仍然是扮成小販，背起貨郎筐子，在四鄉農村遊走，和貧苦農民交朋友，讓黨組織有了一些發展。他每次來成都和我接頭，總是住在滿是跳蚤和臭蟲的小棧房裏，在街邊小攤子上吃"冒兒頭"。我見他坐過牢的身體十分消瘦，身上還生了疥瘡，腳板也被長途步行打爛了。我便想陪他去小館子吃一頓好飯，要他搬到好一點兒的棧房去住。他卻拒絕了，他說他的打扮只有住在這樣的地方才安全。他還打趣說："我就是要消滅這些跳蚤、臭蟲，連帶全國的跳蚤、臭蟲。"我們每次談完工作，他背起他的雜貨筐子，穿上草鞋，捲起褲腳，又上路了。

1947 年，中央號召發動農村武裝鬥爭，他親自領導的仁壽縣北借田鋪的農民暴動又失敗了。他做了善後處理，把在家鄉蹲不住的農民遣散安排完了，仍然在雅安樂山一帶進行潛伏活動，整頓和領導黨組織，一點兒也沒有氣餒，還是那麼笑呵呵且憨厚的樣子，在四鄉奔走。

1948 年夏，他在樂山的下屬 —— 一個叫楊子明的同志，趕到成都來報告，和我見了面，他報告說老陳被捕了。我問怎麼一回事。他說，陳俊卿到樂山來活動，有一天在牛華溪公園的一個茶館裏，正準備和一個要求入黨的青年談話。那個青年不懂規矩，拿出一件入黨申請書交給陳俊卿，叫陳俊卿不知如何是好。本來照秘密工作紀律，他應該不接受這份申請書，迅速離開公園，銷毀申請書，再找地方進行談話的。但陳俊卿失策了，他只是把申請書藏在內衣裏。事出偶然，難免有些張惶，就這一下被坐在茶館裏喝茶的特務懷疑，要把他們抓去盤查。在押走的路上，陳俊卿想摸出申請書丟進身邊的流水溝裏，卻被特務發現。特務到水溝裏撈起來一看，是共產黨入黨申請書，便把他們押進樂山城的特務機關去了。

特務們以為拿到真憑實據了，要擴大逮捕綫索，便把陳俊卿吊起來毒打。不只是要他招供共產黨身份，還要他供出其他的黨員和上級領導同志。特務要趕時間，立刻用毒刑來壓他叛變。上老虎凳，踩杠子，往鼻子裏灌辣椒水，不行，灌煤油。陳俊卿就是不說一句話，一身滿是流血的傷口，也不哼一聲。特務用土電刑，把他的腳肚子的肉弄得一塊一塊掉下來，骨頭都露出來了。他在這些刑罰下昏死過幾次，還是沒有慘叫一聲。他對特務說："從共產黨的口中，你們是不可能得到什麼的。"特務叫囂："我們倒要看看，看你是鐵打的，還是鋼鑄的！我們有美國的新式刑罰工具，看你扛得住不！"陳俊卿回答："老子就是特種材料做成的！""特種材料做成"這句話，那時據說是從蘇聯傳過來形容共產黨的，當時相當流行。

成都的特務頭子聽說了，趕去樂山，對樂山的特務說："你們不要搞得太兇，把他搞死了，什麼也得不到了。要把他押到成都去，慢慢來消磨他，要他開口。"於是，陳俊卿再也沒有受重刑。特務反倒給他醫傷，同時用好話誘惑他，給他許諾。陳俊卿是老共產黨人，對特務的軟硬兼施這一套早熟悉了。他仍然是不開口，只承認是共產黨員。他除了大罵特務，還想警告那些小特務，告訴他們："我們在東北、華北已經把你們打垮了，華中就要打垮你們，你們的日子不長了。你們還要作惡，人民是不會寬恕你們的。"

那個想入黨還沒入成的青年，後來被取保釋放了。放出來後對黨員領導楊子明說，他出來前陳俊卿叫他出來傳話，說他起初進來時，心裏有些擔心，不知道自己是不是扛得住。但現在什麼刑罰他都受過以後，他自省他已扛過來了，特務不會馬上把他整死的。叫他告訴外邊的同志，不必按紀律規定撤走同志了，工作照樣幹，不必擔心他。還說特務要把他押解到成都去。

那個出來的青年還說，陳俊卿威武不屈，什麼刑都壓不垮他，有的警察局的看守士兵悄悄對陳俊卿伸出大拇指說：“你哥子是這個，英雄，佩服你。”陳俊卿英勇不屈的事跡在樂山一帶傳開了，說共產黨了不起，什麼刑都用了，一句也不說，真不知道是什麼材料做成的。

這些傳說使特務也著了慌，決定趕快偷偷押到成都去。此時，陳俊卿也把他的這個分析傳出來了。

果然不久後，特務就偷偷武裝押運陳俊卿到成都軍統特務機關。這是個高級特務機關，能用的兇狠刑罰更多，也有更多軟硬兼施的手段，這些陳俊卿是想象得到的。陳俊卿這位老黨員和他們鬥智鬥勇，英勇不屈。成都的特務無可奈何，於是只有把他押解到重慶去，關在歌樂山的渣滓洞監獄。他和關在那兒的難友們一起進行更嚴峻的鬥爭，最後在已聽到解放軍攻重慶的炮聲時英勇就義了。

招英

一失足成千古恨

招英同志是和陳俊卿同志在獄內、獄外一起戰鬥過的英雄。他曾長期和陳俊卿一起在成都、西昌一帶工作，作為雅樂工委的委員，和陳俊卿一起領導過農民暴動。他是在成都被捕的，和陳俊卿一起被押往重慶，一塊兒在監獄裏進行英勇鬥爭，一塊兒英勇犧牲。他不畏危險，奉命去搶救陳俊卿，我一直沒有忘記他。

那時我們從樂山黨員處探得消息，成都的特務到樂山，決定把陳俊卿押到成都，繼續審問。我們決定在特務押解中途，實行突襲，把陳俊卿救出來。我們把和陳俊卿一起工作過的招英同志叫來，他認得陳俊卿。招英同志在不久前協助陳俊卿領導農村暴動失敗後，帶著幾個武工隊員撤退出來，我們把他們隱藏在成都。我和招英商量營救陳俊卿的事，告訴他樂山的同志探聽到特務要押解陳俊卿到成都，這是個營救機會。招英不僅贊成營救，且特別積極地提出一些具體辦法。他說他帶著有手槍的兩三個武工隊員，親自去突擊營救。他在樂山到成都的公路沿綫經常走動，很熟悉。他選定中途的河渡口行動，那裏沒有橋，汽車一定要在那裏上渡船，汽車上下渡船時，是最好的突擊時機。那個渡口兜賣香煙瓜子的小販很多，岸邊有幾間茶館，他們裝成在渡口賣香煙瓜子的，趁汽車上下渡船很慢，最好動手打殺護送的特務，搶出陳俊卿，立刻轉進樹林逃走。他親自去渡口踩點回來後報告，認為可行。我們批准了這個計劃，由招英親自執行。招英提出的問題是沿途有幾個檢查站，三支手槍帶在身上怎麼混得過去。這的確是個難題。從仁壽農村暴動中疏散出來的雅樂工委委員鄒玉琳自告奮勇，他來說他有辦法。他正在成都隱蔽做下力人，在那一路給一個“袍哥”大爺挑運貨物，他知道實際上那個“袍哥”是私運鴉片煙土的，十分詭秘，老鄒曾親眼看他在日用貨物裏藏煙土。這個“袍哥”看來很有勢力，一路上在和人打招呼，他一招呼，叫“拿言語”，檢查站就睜一隻眼閉一隻眼地讓他過關了。老鄒說他可以把手槍藏在私貨裏一起偷運過去。問題解決了。樂山打探消息的同志也來了，報告押解時間和路綫。我問這消息是否可靠，他們說是從警察局的熟人那裏打聽到的，特務們要警察局調出一班員警護送。看來這消息可靠。

一切都已準備好，招英帶兩個空手隊員，先期到了渡口，真的當起小販，混得熟了。老鄒果然也把三支手槍夾帶貨物中運到那裏交給招英。招英就等日子一到，等打聽到的樂山警察局的汽車來過渡，在渡口上動手，可說是萬無一失的。

我們則在成都等好消息。

可是說好的日子已過了幾天，不見他們送好消息回來。樂山的同志來說，上當了！特務故意給警察局放出押解日期和路綫，並要警察局準備派一班員警護送。特務卻暗地用他們自己的小車提前從另一條路押回成都了。招英搶救陳俊卿失敗了，他懊惱至極，我們也很失望。

不久，我們調招英去大邑，到川康邊臨時工委李維嘉同志那裏去工作。那裏也正在準備從農民中拉起一支游擊隊拖進大山裏，以土匪的面目活動。1949 年 1 月，招英回成都向川康特委彙報，彙報完了正準備帶老鄒和幾個青年回大邑去。這時川康特委卻出了大問題——特委書記老蒲和委員小康被特務逮捕了。更可怕的是，老蒲被捕幾天後，他單獨領導的幾個統戰關係中有個姓傅的黨員也被捕了。這證明書記老蒲叛變了。這是震天動地的大變故。

我作為特委副書記，面臨如此嚴峻的危險局面，按照黨的紀律，我除立刻用約好的暗語電告上級外，和特委委員王宇光、成都市委書記老洪等同志做了緊急疏散工作，把老蒲知道的一切黨員，迅速撤退。總算堵住了漏洞，保住了黨組織。老蒲因為不管具體黨組織，只知道我們在大邑一帶有黨的組織活動，卻不知詳情。但是他曾見過回來彙報工作的招英，而且知道他的臨時住處。招英到底有沒有被老蒲出賣，我拿不準，但是我有責任去通知招英趕快撤回大邑。搶救同志，義不容辭，我只得冒險了。可以肯定的是，老蒲一定出賣了我，因為各級具體關係都在我手裏。但估計老蒲尚沒有被特務放心放出來在街上咬人，沒有一個特務認識我，因此我暫時是安全的，還可以出去通知同志撤退。當然我不會直接去招英的住處，我在周圍幾條街巷轉悠，仔細觀察。憑藉能基本識別特務的經驗，我沒有發現特務的活動，估計招英的住處尚沒有問題。於是我小心地走進那個小院子，去找房東問一下有沒有空房出租。談話間，我從小院子中斜眼瞟了一下招英住房。從玻璃窗望進去，看招英安然地坐在那裏。於是我託故到招英房裏去，馬上叫他快撤退，什麼都不要帶，立刻走！我說完就退出那個小院走了，我終於冒險搶救了招英。

但是過了幾天，從跟招英有關係的黨員那裏沒有得知他已走的消息。羅廣斌的姐姐去探視被捕的羅廣斌，回來說羅廣斌要她轉告我，招英被捕了。我一直不明白，我去通知他後，他是出走了的，怎麼還是被捕了呢？

一直到 1950 年，羅廣斌從特務集中營中逃出來，我們見面時，他談到許多在獄中見到的難友的情況，其中就有招英。他說招英告訴他，他的確得到我的通知，叫他馬上撤離，他也是立刻走出家門了的。可是他忽然想起，他來成都向上級彙報工作時，寫有一個提綱，其中有些大邑川康邊臨工委的事，名字雖都是化名，可是仍會被追索。他想回去取出，大概只要幾分鐘就可以出來了。可是他沒有想到，一進家門就被守候在家中的特務抓個正著。他進成都特務看守所後，非常自責，覺得對不起黨。他想打破電燈泡觸電而死。可是他一觸燈泡絲就斷電，他被打落地上。特務發現了，狠打了他一頓，罵他："你想這麼死討便宜？休想！"羅廣斌說，在場許多難友都聽到招英被毒打的聲音，很淒慘，也敬佩他的英勇。羅廣斌這麼一說，我才知道招英為什麼出走後又被捕了。

招英一生革命，曾幾次冒險為黨辦事，從不遲疑，結果還是沒有能夠逃出敵人的魔爪。他最後被押解到重慶渣滓洞監獄，和他的老友陳俊卿一同英勇犧牲了。他和陳俊卿一樣，稱得上是特種材料做成的共產黨人。

舒賽

赤子之心的共產黨人

說到半個世紀以前的事，許多印象都模糊了，但說起舒賽來，卻彷彿仍然有一個鮮活的人站在我的面前。她有著兩個小酒窩的瓜子臉兒，無須脂粉便總是白裏透紅，彎彎的眉眼，彎彎的嘴唇，苗條的身軀穿在剪裁適度的旗袍裏，纖纖素手，蔥蔥手指，還有一頭秀髮。無論從哪一點兒看，都是一個在深閨養成的大家閨秀，像上海出版的美人畫上的美人一般。這就是我對舒賽的第一印象。

不過，1937年冬，在湖北黃安縣七里坪黨訓班裏再一次接觸舒賽，這個印象全變了。她已經完全拋棄了閨閣形象，以一個新時代的新女性面目出現在我們中間。頭髮已經剪成那時女學生表示革命決心的短頭髮，在頭上紛飛。她已經沒有“巧笑倩兮，美目盼兮”、顧影自憐、笑不啟口的小姐形象，而是成為眉宇開展、一臉笑意、談笑風生的革命女青年了。她身上的每一個細胞似乎都具有特別的活力。她總是那麼無憂無慮且坦誠地笑著，無休止地參加各種活動，打鬧取笑，手舞腳蹈。她似一時不說笑，不歌唱，不活動，便活不下去一般。對我這個被她封為“大哥”且已有女朋友的同班同志，還是又親熱，又調皮，和我動手動腳，無所顧忌。我也自然也以小妹來看待她了。她把我的女朋友劉惠馨當作大姐一樣親近，一塊兒學習，一塊兒活動，一塊兒爬山，一塊兒下鄉去宣傳，一塊兒坐在草垛邊談人生的理想和價值，談去敵後打游擊的希望。在她這個活躍分子看來，似乎一條坦直的勝利之路正在她的面前伸展開去，鋪滿陽光和歡樂。

在訓練班結業之後，我們和她一樣，沒有實現到敵後去打游擊的願望，而是在班主任方毅同志談話之後，被派到陶鑄同志辦的湯池訓練班去了。我們一共十來個同志，一塊兒從七里坪出發，由我帶隊，步行到河口，坐船到黃陂，然後從那裏一直步行到應城湯池。有好幾百里路呢。那時常下雨，那泥質鄉村土公路變成池塘一般，我們在那泥濘中掙扎前進。雖然沒有一個人發怒，對從未走過這種爛路的青年學生來說，卻也是一種痛苦的考驗。我知道舒賽恐怕比我還吃力，但是她似乎意識到這是對她的考驗，她堅持著，哪怕常常在泥濘裏跌坐下去，還是發揮她的喜歡說笑的特長，為大家去憂解勞，說："哈，又賣了一個坐蹾（四川話稱豬後腿以上和屁股之間的肉為坐蹾肉）。" 惹得大家笑一笑，頓覺輕鬆。

我們到湯池還不過半月，陶鑄同志通知我，省委調我去武漢做工人工作。我和舒賽他們分手了，從此不知道她幹什麼去了。只是她的熱情、積極、正直、忠誠和胸懷坦蕩的印象，還長留在我的記憶裏。

1949 年 5 月，我在武漢參加接管工作，忽然看到舒賽也在那裏參加接管工作，我們又見面了。她還喊了我一聲："馬大哥。" 可是當年的舒賽模樣早已沒了。她比較冷淡地談起她後來參加五師打游擊，還幹過公安工作，出生入死，在鄂中洪湖一帶活動過。她只簡單地說一句，她曾被許多同志追逐過，包括領導同志，她一概謝絕了，和一個一般幹部結了婚，並為此給自己帶來意想不到的遭遇。什麼遭遇，她一句也不說，只搖頭。我想她可能有難言之隱，不再問她什麼，只覺她有落寞之感。我們武漢一別後，我再也不知道她的下落。

很多年以後，我突然收到關於舒賽的訃聞，才知道她已於 1971 年去世。她正當英年，大有可為，卻與世長辭了。我不勝震悼，也很悲痛。這樣一位忠誠的革命女戰士，不死於抗日的烽火中，不死於敵人的刑場上，卻死在自己人的監獄裏。而且不是為了別的，只是為了“文革”之初，她反對野心家林彪搶班奪權。她早於 1966 年便被捕入獄了，1971 年被迫害後死於獄中。後來聽說，在黨中央關懷下，才得以平反昭雪。這其中有多少的潛台詞，可以讓人去深思，去探索呀。我只能在哀悼之後，喊出：蒼天無極，我復何言！

那天晚上半夜裏我難以入睡，舒賽五十年前的往事，一幕一幕湧現到我的眼前來。她還是那麼天真爛漫，那麼熱情活躍，是個那麼真誠坦率的小妹妹。忽然我又回憶起 1949 年再見時，在她的眼神中，雖然她還把我當成她的大哥那樣熱情，我卻看到她的臉上顯現某些疲乏和憂傷。我忽然浮想聯翩，種種景象在我眼前展示出來：我彷彿看到在各種“運動”的批判會上，她正在嚴肅認真地為自己辯解，她絕不能讓她對黨的忠誠、對革命的信心受到誤解，受到歪曲，受到誣衊；我更彷彿看到她在那災難的 1966 年，在林彪這些小丑跳樑之際，她不惜生命代價與之抗爭的情景；我看到她接受造反派的圍攻和挑戰，勇敢地揭發她所知道的林彪這些野心家的陰謀，她在林彪一幫的法庭上義正詞嚴地辯論、駁斥、批判、抗爭。自然，她的精神變得越來越偉大的過程中，身體卻變得越來越衰弱了。她面對死亡，義無反顧，為她的理想、正義，而含笑獻身……

記不清是哪一年，我在北京參加文代會。有一天，某個歌舞團的演員來找我，說他是舒賽的小弟。他談起她姐姐，因為長得好模樣和活潑的性格，面對權力和誘惑卻偏不識相，給自己帶來許多麻煩，以致鑄成冤案，難以申雪。後來又因不諳世故，以一個共產黨員的良知，寫大字報反對當時最為氣焰囂張的法定接班人林彪，注定只能冤死獄中。這個演員弟弟說的是不是真實，無從查考，但看他那感傷的模樣，我選擇相信。

一定是這樣的，我越想越相信。像她那樣的人，那樣的性格，在那樣的年代裏，有那樣的遭遇，紅顏多薄命，自古盡然。只能是那樣，不可能是別樣的。何況她是一個懷著赤子之心的女共產黨人。她雖然受死在黑暗的監獄角落裏，然而她的靈魂早已穿過獄牆，進入我和知道她的人們的心中。

舒賽有知，可以安息了。

劉德彬

為《紅岩》打官司

說起我的一個老朋友劉德彬，就想到一場關於《紅岩》這本書的著作權官司的事。曾一時風行於海內外的《紅岩》的創作過程，我說過不止一次，簡而言之，1949 年底重慶"解放"前夕，羅廣斌從監獄逃出以後不久，我們見了面，他對我詳述在國民黨監獄裏共產黨難友英勇奮鬥，慷慨就義的感天動地的具體情況。我認為這些感人的故事應該寫出來，對青少年很有教育意義。於是他約好和他同時出獄的劉德彬、先他們出獄的楊益言，在重慶、成都各地向青年作革命教育報告的素材積累基礎上，共同寫出一本回憶錄式的《在烈火中永生》。此書以羅廣斌、劉德彬和楊益言三人為作者出版，馬上轟動全國，引起黨委和團中央的注意。於是在中國青年出版社和著名四川作家沙汀的推動下，還是由他們三個人合作創作一本長篇小說，名字未定，在寫作中已陸續在報上發表部分章節，也引起讀者關注。我記得有一篇是描述江竹筠烈士（即書裏江姐的原型）英勇就義的過程，作者署名就是劉德彬。因為他最熟識地下黨員，江竹筠在獄中的情況他全瞭解，所以寫出以"江姐"命名的短篇發表，特別動人。他們以"江姐"作為長篇小說的主要英雄人物，三人一塊兒以最熟悉獄中情況的羅廣斌帶頭集體創作出以《禁錮的世界》命名的初稿本。

中國青年出版社印成的初稿本，給我寄來一本，是三個人共同署名的。在這本徵求意見的初稿本的創作過程中，他們三個人始終在一起。除中青社經常和他們聯繫外，沙汀也特別關懷，他先後到重慶、成都和他們三人見面，仔細斟酌，提了許多好的修改意見。我作為一個四川作家，又和羅廣斌有著特殊的關係，自然也十分關注。我每次到重慶，都要把他們三人找來，共同研究，曾經從政治上和藝術上談過一些意見。比如我特別說到，他們先寫的"禁錮的世界"裏的屠場情況，我提出監獄不是屠場，是黨的第二條戰綫上的戰場，要特別強調難友們的英勇鬥爭；我還提出寫監獄鬥爭的同時也要寫獄外的鬥爭，因此加寫了華鎣山武裝鬥爭內外呼應的情節。我在和他們共同斟酌時，有時就順手記下一些我的思考的手記，後來中青社的主要編輯王維玲來我家談及此事，他把手記要了回去，加以複印保存，大概有近萬字，中青社應該還能查得到，王維玲也可以證明。我這樣說只是想證明，《紅岩》在創作初稿本，一直有劉德彬參加，而且排名為第二。

後來這個稿本經過再三修改，最後由重慶市委書記定名為《紅岩》正式出版，著者署名只有羅廣斌和楊益言了，我和沙汀都不理解。後來才知道，劉德彬不知在什麼政治上出了差錯，受到留黨察看的處分，因此《紅岩》最後定稿本不准劉德彬參加，自然就沒有他的署名了。但是沙汀一直認為，在創作上應該實事求，這本書從開頭到最後定稿前，劉德彬都一直參加，而且是主力。《紅岩》的核心人物之一的"江姐"，是劉德彬提出來的，他最早發表有關江姐的描述文章。即使最後定稿本不准他參加寫作，因而未能署名，也應該在正本的後記中說明真實情況。但是《紅岩》後來不知印了多少版本，一直未加以補救，至少也應該在劉德彬平反後加以補充說明。劉德彬對此當然有意見，羅廣斌 1967 年便被迫害而死，那麼署名的另一個作者楊益言應該提出來，然而他沒有。所以後來為這事拉扯到法院公堂，二人爭鬥起來。法庭上楊益言根本不承認劉德彬曾為這本書出過力，而且發揮過重要作用的事。這又引起羅廣斌的未亡愛人來找我申說，羅廣斌是第一撰稿人，並有定稿本羅廣斌手跡為證。我和沙汀不過是說實話，事實上楊益言知道的獄中情況遠沒有羅廣斌和劉德彬的多，因為楊益言並非地下黨員，是誤捕入獄，不久即被保釋出獄了。這些情況我不瞭解，劉德彬很清楚，他們打起官司來，法院多方查證，發現劉德彬是出了力的，但最後定本他確未參加，因此照著作權法，不能列名作者，判定由楊益言給劉德彬補償點兒錢了事。

沙汀從我口中得知結果，他仍認為這樣不公平，這不是錢的問題，是實事求是的問題。據說他將此事記入他的日記中，有書為證。最使我感動的是，沙汀已到快去世的時候，我和省作協同志去看望他，他雖是青光眼盲人，還對我提起《紅岩》有關劉德彬的事，甚至拉住我的手說："劉德彬的事你要關心喲。"

現在我來寫劉德彬印象，所以要囉嗦地舊事重提，是為了對得起沙汀老人堅持實事求是的囑託。

理如軍

敢於說公道話的人

“文革”開始，我被領導拋出來祭旗，除了在四川的報紙上頭版頭條點名批判，西南局機關的大批判也是少不了的，最多的自然是來自西南局宣傳部機關的批判。

既為宣傳部，當然都是搞宣傳的人，習慣性地有一套搞大批判的程式。首先是領導確定我是大批判重點，定性為修正主義反革命分子，宣佈對我撤職監管（實際上就是關押），然後是鋪天蓋地的大字報，開大會對我進行大揭發、大批判。

昔日拍肩稱戰友的同事，按領導安排事先做“戰前通氣”，交出批判資料（已經印成本子分發，號稱“炮彈”），指定發言人的先後次序和批判題目，自然還有吶喊助戰的隊伍安排和口號內容。一切準備就緒，批判大戰開打了。

這一切程式我過去也搞過，駕輕就熟。我自覺地先進行檢討，估計不過十分鐘，大炮雖然沒有響，機關槍可是打響了。批判勇士十分踴躍，表現形態不同：有的聲嚴色厲，似乎和我有不共戴天之仇；有的輕言細語，條理不明；有的則是言不由衷地應付幾句。不少人來批判會場時搶坐後排，有的在看書，女同志也有利用這個時間打毛綫的。我則不敢歸然而言，要低頭做沉痛認罪狀。

我預想的種種程式，都由有領導鬥爭經驗的部長領導，順利進行。快到中午去食堂打飯的時刻了，我預計收場的節目要開始了，大家起鬨，說完我"不老實！""避重就輕！""自我粉飾！"等習慣語，部長當然宣佈我不老實，檢討不深刻，要我下一次繼續交代。於是休會吃飯。如此兩次、三次甚至不知開了多少次的大批判會。我也抱定"死豬不怕開水燙"，反正領導早已認定我是定了案的"死老虎"了，機關槍、大炮一齊開火吧。

但是有一次批判會途中，卻發生了事故。宣傳部理論處的處長理如軍發言，大唱不和諧音，一時會場大亂，有同意的，有反對的，鬧哄哄弄得出了意外，部長也慌了神。

理如軍這位理論處長，讀過不少馬列主義的書，中國的古書也讀得不少，能一套一套地說個子丑寅卯來。他是黨內大家公認的書呆子，喜歡掰扯"彎彎道理"，說話冷言冷語，幽默諷刺，很傷耳朵。他本來是部長早已鑒定為不可救藥的老右傾，他曾經因為他的一句名言"現在大家都在走鋼絲，從左邊掉下去是沙發，從右邊掉下去是茅坑"，被部裏系統地批判過，他也滿不在乎。

在批判我的大會上，他一直坐在中後排，從未發言。部長終於點名，說："你是搞理論的，總能說幾句吧。"他終於發言，他首先說："我一直在聽大家發言，我怕對不上大家發言的'口徑'，所以一直未發言，現在指定我發言，我就說幾句吧。"然後他照本宣科地說了幾句流行的批判話，卻轉彎抹角地為我辯護，說有些批判話不夠實事求是。他舉例說，我當時說的某一句話，不是那麼說的，我發表的某一篇文章不是那個意思，我寫的小說是歌頌革命的並不是反革命的，不要斷章取義，不要無限上綱，要實事求是，與人為善嘛。他說得有理有據，引經典語言求證，實在不好反駁。所以他剛說完，全場一時沉寂，不知道是應該批判，還是應該鼓掌。

終於有贊成的以親見親聞作證明，有反對的說老右傾的話哪個肯信，弄得主持會議的部長只得說時間到了，下次再說，終於下了台。

我是分工管文藝處的，理如軍是理論處的，我們往來不多，對他有時講理論，我覺得他有一些獨到的見解，只是和流行說法不大一樣，我是不反對的。他在一面倒批判我的會上竟能直言，講公道話，為我辯護，我很感動，但沒有機會對他表示感謝。

我在西南局宣傳部任職，同時又是中國科學院西南分院的黨委書記，因此科分院的大批判矛頭也一直指向我，機關大樓滿牆滿壁的大字報都是批判我的。有一天忽然聽說要查找反革命，原來是分院的造反派發現有人在批判我的大字報上竟然批上"胡說八道"幾個字，分院鬧開了，要追查批寫這幾個字的人。可是造反派查遍分院就是找不出是誰批寫的，後來聽說是西南局宣傳部的人來批的，正要清查，理如軍卻自己"跳"出來，他居然又敢來分院在批判我的大字報上批長文為我辯解。造反派們找他理論，他對大家說："你們敢出來和我辯論嗎？要擺事實講道理的呀。"結果分院竟然沒有人敢站出來和他辯論。理如軍是屬於造反派群眾的，"走資派"的帽子戴不到他的頭上去，造反派無可奈何，只得把那張大字報撕了，平息了這場風波。

我聽到這個風波過程，不僅感動，還真想當面向他致謝。但是我被監管了，沒有人身自由，無法去找他。"文革"後聽說他調到省社科院工作去了，我一直沒有見過他，因此想當面感謝的願望沒有實現，深有歉意。

吴國珩

短命的詩人

吳國珩，揚州人，家道殷實，父為國民黨中央黨部組織部的科長，那可算是一個大官。他出身名門，又長於花柳之鄉，多情善感，聰慧過人，注定是一位情癡情種。

我們認識是在 1941 年時的西南聯大。我考入西南聯大，報到後分配住進一個宿舍。那時的宿舍擠滿了上下舖的雙人床，兩個床四個人分為一組。我在一張雙人床的上舖放好行李，準備和下舖的同學打招呼，卻看到一個長得很標致的青年躺在床上看書。我想和他套近乎，問他："在看什麼書？" 並順手撩起書看了下封面——《紅樓夢》。他很不樂意地看著我說："討厭！你管得著嗎？" 便翻身過去，不理我了。

第二天早上，他起來得晚，對著放在窗口上的小鏡子梳頭，很認真，還抹上香油。他把穿在身上的新的洋布長衫扯抻，才和我們同組的三個同學一塊兒去大飯堂吃早飯。但是我們都在搶舀飯時，他卻站在一旁看著，一副不屑於的樣子。原來他要回去享用他帶來的高級早點。從此以後，我們才知道這位公子哥兒是自有他的養尊處優的生活習慣的。每天早上起來，梳頭、修面、剪指甲、擦皮鞋、吃零食、穿新衣，是他的必修課。他常臥床看書不語，有時無端地悲傷，有時在窗口癡望，不知道在望什麼。

後來，我們才從在中大附中時的一個同學口中得知，他在中大附中時與一貧家女熱戀。那個女同學家道貧寒，卻長得很漂亮，小家碧玉，多愁有病，也喜文學。大概和吳國珩夢想的紅樓女兒近似吧。可是吳國珩的家長不許，不僅門不當戶不對，而且一個弱女子抬進家，對吳家傳宗接代大有不利。於是老太爺堅決要他切斷關係，但吳國珩就是不幹，不吃飯，尋死覓活。老太爺先下手為強，強迫把吳國珩押送昆明交給官方朋友管制。好說歹說，強迫他報考西南聯大讀經濟學。他是考上了，可是對經濟學毫無興趣，自己入學登記，轉入中文系，因此和我們住在一起。

我們這一組四個人，我、齊亮、呂德申、吳國珩所選課程基本上一樣。我們天天一同去聽教授們上課，一起吃飯，上茶館，做作業，買零食，一起遊樂，不久就結成好朋友。吳國珩有的是錢，開銷大半都是他掏腰包。我們四人都喜歡文學，一塊兒讀西洋文學名著，也讀中國古代文學名著。吳國珩特別喜歡讀《紅樓夢》，不僅是“紅迷”，簡直是“紅癡”，頗有點兒想學賈寶玉的樣子。林黛玉所有的詩詞他都能背出來，特別是《葬花詞》和《秋窗風雨夕》，他一唸到“儂今葬花人笑癡，他年葬儂知是誰？”便掩面流涕。他神經質到這樣，真是看花流淚，見月傷心。有一次我和他在草地上躺著曬太陽，我聽見他在隱泣，原來是他臥看草莖上的螞蟻匆匆上下。我問他在哭什麼。他說：“牠們那麼奔忙幹什麼？”

他回去以後，馬上伏在小桌上，一面隱泣，一面走筆疾書。結果寫出一篇轟動的好詩，大家說他是一個多情善感的才子，未來中國的普希金。

這位倜儻哥兒、多情種子，我們在文林街茶館喝茶，他倚窗望街頭聯大女生來往，老在發呆，似在尋尋覓覓什麼。原來是他看中一位校花而不可得。卻頗有追求他的女生，特別是很多開放的女生老來纏他，讓他煩惱。

後來他在我們常去喝茶的茶館裏，看上一名叫作“茶花”的揚州小女子。他聽她講揚州家鄉話，特別高興。他堅持要我們和他一塊兒到這個叫

“夜來香”的茶館喝茶，而且喜歡讓茶花姑娘給他上茶，聽她說揚州話，他還常給茶花姑娘買花錢。我們發現他似乎是有點兒愛上這個嬌小玲瓏的小妞了。一問他才知，原來茶花姑娘和他在中大附中熱戀的女同學長得很相像，又是揚州人，莫非是有緣。

他送給茶花姑娘的花，被那家女老闆發現後取走了。他仍送花如故。茶花姑娘也慢慢對他有意，向他道出她的身世。原來那個女老闆本來是在揚州開半開門私窯的鴇母，把和她有同鄉關係的茶花招來。因為年紀小，不能接客，一起逃難來到昆明開一個茶館為生。被吳國珩看上的茶花姑娘雖自知不配，卻又難以拒絕，只好背著老闆與吳國珩幽會。終於有一天被老闆發現，茶花姑娘被老闆痛打後，被關在老闆的另外一處出租房裏，她自知不能長久，便吞鴉片煙自殺了。吳國珩得知這個情況後，痛哭發狂，親自為茶花姑娘設奠送葬。此後他痛哭流涕，常常發呆。我們真怕他發精神病，就拉他到遠處茶館去喝茶，百般勸慰他。我們仍然引導他從事文學創作活動，互相交換和評論。

後來在西南聯大發生“討孔運動”，我們引他參加“討孔運動”。他本來就很痛恨國民黨的官僚主義，所以他很激動。他和我們辦壁報，寫詩作文，我逐步引導他的思想走向進步，他開始願意和我交朋友，叫我“馬大哥”。

後來，我因被特務注意，走避鄉下去了路南，一時不能回聯大，吳國衍便決心跟我下鄉。我不許，他卻自去鄉下狗街中學教書，表示再也不想上學了。我和齊亮去看望他時，他卻一心在寫詩。那時我也寫了一首長詩，他便和我一起修改我的長詩《路》。他寫的詩和散文詩很好，修改我的詩也改得很好。從我現在出版的《路》上，還能發現他為我修改的藝術段落。他不回聯大，他家就不給他錢，但他偏不回，在鄉下教書自食其力。

後來西南聯大的學生運動興起，他才聽我們勸告，回來繼續讀中文系。1944年冬，昆明的“一二·一”學生運動爆發，他是其中的積極分子，在罷課委員會裏擔任特刊編輯，勁頭十足。齊亮介紹他入了黨。隨後他轉到建水建民中學教書，準備參加武裝游擊戰爭，想繼我轉戰滇南。我認為他其實是一個浪漫主義詩人，一腦子的幻想，哪裏是一個搞政治，特別是搞兇險玩槍桿子的人。就不應該讓他參加共產黨，更不應該讓他到滇南打游擊。我勸他還是回聯大，或者到北京上北京大學讀文學，發揮他詩人的天賦，可是他偏要去拚命。1946 年夏，我被調到成都做黨的工作後，就不知道他的情況了。

"解放"後，昆明的同志告訴我，當國民黨李彌部隊逃到滇南出國時，吳國珩帶著一支奉命改造的土匪隊伍，在金河縣武裝守住要路口，死戰不退，被李彌強攻，全部被打死，他是最後一個被子彈擊中而死的。還有一說，是土匪先打死他，投國民黨殘部跑了。我為他本不應該發生的悲劇而悲痛，一個很有希望的詩人就這樣沒了。

不過，我後來發現，吳國珩的名字出現在北京大學石刻烈士榜上，這也算差足欣慰吧。

呂德申

馬克思主義文藝家

我認識呂德申是在 1941 年的秋天。我們同時考入昆明的西南聯合大學，入學報到後分配在昆華中學宿舍同一間寢室的同一個小組。我在上舖，他在對面下舖。我才把被捲鋪好爬下架子，就看到他和對面床上躺著的吳國珩一樣，也正躺在床上專心致志地看著一本書，不理不睬。原來他看的是朱光潛教授的《文藝心理學》。我想他大概是中文系做學問啃書本的老夫子吧。

到了吃中飯的時間，我和齊亮、吳國珩拿起碗筷，叫他一塊兒到食堂去進行"搶飯鬥爭"。那是抗日戰爭最艱苦的時刻，學生伙食團能分到的糜米也不夠數。伙夫把大甑子抬出來，同學們便一擁而上，圍著用飯碗去挖那甑子裏的"八寶飯"（所謂"八寶飯"，就是糜米夾雜著糠殼、稗子、草根、泥沙做的飯），這真是一場"生死鬥爭"。我和齊亮擠進去了，吳國珩卻不屑地站在一旁冷笑，呂德申還謙虛地站在圈外，等待機會。這樣一來，他挖到的飯自然就不多了，但他卻並不像其他遲到的同學那樣，因為沒有吃飽而大聲埋怨。

當時，黨的南方局讓我隱蔽到聯大，準備長期埋伏，見機做學生工作。根據南方局的“三勤”方針，我首先要做的是和同學交朋友。我和齊亮一見如故，這是我首選的工作對象，吳國珩像個公子哥兒，我當時沒有打算對他做工作，而呂德申是貧苦出身，為人老實，他也是我的工作對象。

我和他們三個人朝夕相處，一同聽課，一同吃飯，更要緊的是把他們拉到街上小茶館裏去喝茶、讀書、走棋、打撲克、閒談。那時西南聯大的同學把課餘時間大半打發在校外的小街茶館裏，喝茶或閱讀。我們四個人很快成為朋友。對齊亮，我幾乎沒有怎麼下功夫，便心心相印，無話不談，後來才知道他在南開中學時便已經是地下黨員了，只是組織關係還沒轉過來。他說，一看我就知道是大有來頭的人。我們兩人都決定對呂德申做工作，至於對吳國珩只是見機行事。

出乎我和齊亮的意料，“無心插柳柳成蔭”，吳國珩倒是從愛好文學而思想迅速進步起來。而呂德申，真是“有心栽花花不發”，我們想催促他走向進步和革命，他卻止於進步，不想參加革命，一門心思嚮往西南聯大萃集的大批大學者、大教授，想從這些大師們那裏討得真學問。他甚至放棄了以寫散文成家的願望，一頭扎進書堆裏去。直至 1945 年，他以優異成績在中文系畢業，不久即被楊振聲教授（曾是中文系主任）引到北大，擔任助教和研究生，從此他如願以償，真正走上了文學研究的道路。這是我“解放”以後到北京開會，回北大和呂德申見面才知道的。見面時他沒有談他的學術研究，卻特別對我說他入黨了，很引為自豪的樣子，同時又有些抱歉地對我說：“我在聯大時，辜負了你和齊亮對我的栽培，你們費了大力氣，我卻冥頑不靈，沒有跟你們走上革命道路。直到 1949 年快‘解放’了才下決心加入共產黨。”我只是淡淡地說了一句：“革命不分先後嘛。”

本來呂德申以為，他告訴我入黨的消息會叫我高興，其實那時我的想法卻是希望他在學術研究的路上走下去，不一定要捲到政治裏來。我在四川當了地方官，混了幾年，才知道搞政治並不是我們這些知識分子，特別是當年在白區工作過的地下黨知識分子好過的事。有些事並不如我們在大學裏特別是像西南聯大這種民主、自由、開放的大學裏所嚮往和追求的一樣，我感到並不愉快，老想回到學術研究部門工作。我在聯大中文系學的語言文學專業，我們系主任羅常培是這門學科的權威，“解放”後他任中國語文研究所所長，我去看望他時，他就有意要我去他在的那個研究所當黨委書記。他說：“我當所長，我的學生來當黨委書記，那是最理想的了。”而且他真的通過科學院來調我，我也曾很動心，但因我當時是四川省的建委主任和建設廳長，忙於第一個五年計劃建設工作，地方上哪裏肯放我走，想歸隊也沒能如願。偏呂德申卻入了黨，當了黨支部書記，還很自豪地告訴我，他卻不知道我認為像他這樣的知識分子，還是專搞學術研究為好。

以後我每到北京，都要和呂德申交談這方面的事，我知他的甘苦，也知他付出了多少心血。可以說他所參加的馬克思主義文藝學的研究和學術活動，稱得上起中流砥柱的作用。他們所編輯出版的有關馬克思主義文藝學的教科書式的著作，時移事遷，即使不能說是經典著作，也仍然是大學和學術界研究馬克思主義文藝學的重要參考書。呂德申付出畢生的精力，總算有過輝煌的成就，也就死而無憾了吧。

黎智

奔走不息的人

我認識黎智，或者說我知道本名叫聞立志的黎智，是早在1939年了。那時他在鄂西三里壩省立高級中學讀書，我初到恩施擔任鄂西特委書記，學生工作是我們很重要的工作。我進行瞭解，知道這些學運工作中，又以在武漢就有進步傳統的三里壩省高中最有成績。那裏有一個擁有幾十個黨員的強大組織，進步勢力在學校裏始終居於優勢，當然鬥爭也最為激烈。我首先到那裏去視察，見到了總支書記聞立志。我聽說他是一個年輕氣盛、很有魄力和辦法的青年同志。

不久，國民黨掀起反共浪潮，將在學校實行大逮捕。聞立志是最"紅"的，必須馬上撤退。因此把他調出來，到利川擔任縣委書記。

1941年"皖南事變"發生後，國民黨特務瘋狂搜捕共產黨和進步人士，在恩施一地便逮了四百多人。最不幸的是，特委書記何功偉和婦女部長劉惠馨因叛徒出賣而被捕了。當時我正在南路的幾個縣巡視工作，剛到利川便得知這個噩耗。雖然我們對何功偉、劉惠馨的堅定性充分信任，但還是要照黨的規矩，迅速進行整個組織的疏散和轉移。事不宜遲，我把利川縣委書記聞立志找來，向他佈置工作，除了利川縣本身的應變措施，還要替我去向來鳳咸豐中心縣委緊急傳達，佈置應變措施。我之所以叫聞立志去替我傳達，是我對他完全信任，相信他是會沉著冷靜、臨危不懼地去完成任務的。結果他日夜兼程奔走幾百里，勝利完成了任務，並趕回向南方局報告。其後他被送到延安了。

1948年，我到香港，老上級錢瑛同志告訴我，當時平津學運工作做得很好。她說："領導平津學生運動的人你認得，你猜猜。"見我猜不出來，她才說："是黎智，就是聞立志，是你在鄂西的老部下呀。"哦，聞立志到平津去領導學運了，至此我才得知黎智的下落。

1949年，我隨錢瑛南下接管武漢，暫時在華中總工會工作。有一天，一個粗壯漢子，穿著軍服，掛著盒子炮（二十響的手槍），到華中總工會來找我。一見面我們就擁抱起來，我驚呼："你做了大官了，還掛著盒子炮，帶著警衛員哩。"原來黎智回到武漢任青年團市委書記了。他說："我這個打扮，初入城的幹部都是這個樣，是安全的。"其實我是知道的，不過和他開玩笑。

從此以後，我和黎智一直有了來往。當然，工作地區不同，工作崗位不同，見面的機會不多。只是我每次過武漢時，總要去看望他。他還是那麼忙進忙出，一副虎虎有生氣的神態。還是那麼一個樸實厚重、誠懇和辛勤的風貌，好像什麼事情他都可以解決的那種自信的外貌。

上個世紀八十年代，我到武漢見到黎智，他告訴我說他是武鋼黨委分管107號軋機工程的指揮長，並硬把我這個對什麼軋機興趣不大的作家，拉去看他的寶貝軋機生產流程。我真是被他的熱情和工程人員的精彩解說所感動了。他說到武鋼的將來要發展成為一個怎麼大的企業時，那麼眉飛色舞，把過去走過的彎路、個人受到的困難，全都置之腦後。我被他那種豁達大度的精神所折服，心想我們中國多麼需要這種"解放"前不計生死，一心革命，"解放"後又不辭辛勞，不要名利，不怕困難，一心撲在事業上的革命實幹家呀。

後來他不在武鋼幹了，去做武漢市的市長，為國家管更大的家業。我相信他，不管幹得如何，他是會盡心盡力、無悔無愧地努力工作的。中國太需要這樣的忠誠老實的“長”字型大小人物了。中國不需要一旦當“長”，就孜孜於搞自己的形象工程、光彩工程、數字工程之類，為自己尋求上進之路而奮鬥的“官僚”。

黎智退下來後做了什麼，我全然不知，只聽說他為紀念他的叔叔聞一多先生而熱心奔走，這很令我欽佩。他並不是為了家族的什麼人，而是為了中國知識分子的典型人物聞一多先生樹碑立傳。發揚聞一多先生的動天地驚鬼神的戰鬥精神，這實在是太應該了，我也積極參與進去。後來他主持出版了《聞一多先生全集》，還送了我一套。

得到黎智去世的消息後，百感交集，我把我的感懷，化為一首七律詩，寫在下面，以作紀念。

七律　懷黎智[1]

立志捨身聞六郎，投筆從戎慨而慷。
煙雲武漢飛飆起，風雨鄂西惡浪狂。
平津城邊雷電吼，青山腳下鋼花揚。
白頭相看不言老，餘熱誓言獻小康。

1　黎智：本名聞立志，小名聞六郎。

袁用之／于產

兩個非黨員發展黨員入黨並建立黨支部的趣事

袁用之和于產都是六十年前我在西南聯大的革命鬥爭中結成的生死之交。他們二人都比我的年紀小，身體自然也比我強。本世紀初，袁用之來成都到家裏來看我的時候，我感到他除了思維比過去顯得遲鈍一些，身體看來卻還是很健壯的，我拍著他的肩膀說："老弟，你還是其壯如牛呀！"其壯如牛，這是當時在大學裏大家對用之身體的評價，然而一轉眼間卻知道他已去世了。

六十四年前，我到昆明西南聯大以上學為掩護，進行地下黨的活動，做學生工作。二年級時，我住進聯大的一棟簡陋的土坯茅草宿舍 26 號裏。這種宿舍面積不大，卻擠住著四十個同學。上下鋪四個同學一組，各組用舊布圍著自成一個小天地。我和地下黨員齊亮、同學吳國珩住在最頭一組，對面就住著袁用之（當時叫袁成源）和于產（當時叫于立生）。隔幾組住著李曉（即李曦沐）、張光琛（即張彥）、何揚和王松聲，還有其他一些文學院的同學如袁可嘉等，這些同學自然就成為我和齊亮工作的對象了。

西南聯大本來是一個繼承北大、清華、南開學生運動傳統的大學，自由民主的學風很盛，昆明又是一個政治環境比較寬鬆的地方，許多具有愛國主義思想和追求民主自由的青年都是為追求自由民主而考入聯大的。所以當我們本著南方局的“三勤”方針活動時，發現許多同學本來就是思想進步分子。我和齊亮有意識地和他們交成好朋友。我們幾乎沒有做很大的努力，便在黨支部的周圍，結成強大的進步勢力，推動和參加了昆明的民主學生運動。

當時，南方局還沒有開始允許發展黨員，雲南省工委書記鄭伯克就告訴我，中央還沒有入黨解禁的通知。因此許多進步分子要求入黨，我們支部也沒有接受。直到1944年底、1945年初，在學生運動蓬勃發展起來、相應地建立起黨的外圍組織“民青”兩個支部後，聯大的地下黨才開始分別在其中發展了一批黨員，其中自然有袁用之（他是恢復組織關係），于產則是1946年夏從磨黑回昆明後由我發展加入共產黨的。然而他倆在這之前，卻鬧了一個非共產黨員要發展我這個共產黨員入黨的笑話。

記得大概是1943年的冬天或1944年的初春，有一天中午，我拿著一本書到宿舍外的草坪上坐著曬太陽。不一會兒，袁用之也拿著一本書出來，和我坐在一起曬太陽。我們兩個都是四川人，自然就套近乎閒談起來。那時學校裏政治空氣開始活躍，許多壁報開始出版，我鼓勵何揚幾個把原來由群社辦的進步文藝刊物《冬青》恢復起來，藉此可以團結許多進步同學。我知道袁用之和于產都是參加了的，而且于產被推舉為社長。他們兩個都是和我說得來的進步分子，彼此都信得過。

袁用之剛坐在我的身邊，就和我說起進步青年的苦悶，他率直地說到找不到最進步的組織來領導他們。他問我：“你有認識那邊的人嗎？”我當然理解他說的“最進步的組織”和“那邊的人”是什麼意思。我也早已把包括他和于產在內的團結在我的周圍的進步同學，作為我們黨支部工作的對象，準備時機一到，便發展他們為黨員。但我對袁用之還不能暴露我的黨員身份，只能用當時對要求入黨的進步分子的通常說法，說：“我不認識那邊的人，但是我們分頭去找吧，找到了就互相通氣。”

過了幾天，袁用之約我一塊兒曬太陽，他對我說：“我已經找到了。”當時我聽了很奇怪，我是西南聯大的黨支部書記，並沒有一個黨員向我說起要發展袁用之的事呀。我問他：“你找到什麼了？”他說：“就是我們那天說的分頭去找那邊的人呀，我找到了。”我問他是誰，他不肯說，只說如果我願意的時候，可以去找“那邊的人”談話。我倒要看看到底是誰，便同意了。

過幾天他帶我到一個茶館喝茶。原來他找到的“那邊的人”就是于產。于產是和我住在同一個宿舍的同學，年紀很輕，十分活躍，無事喜歡和同學聚在一起，說說笑笑，對於國家大事，喜歡高談闊論，比較幼稚。他看我老成持重，不苟言笑卻言必有中，對我比較尊重，叫我老大哥。他無疑這是我們的一個工作對象。但是我奇怪，我們黨支部裏可沒有于產這個黨員呀，並且雲南工委並沒有通知我們開始發展黨員呀，怎麼于產就來和我舉行入黨談話呢？且不管他，且聽他怎麼談吧。

于產很嚴肅地對我說：“我們有幾個同學是失去了關係的黨員，老袁就是一個。我們決定先成立一個支部，完全按共產黨的要求，過嚴格的組織生活，遵守黨的紀律，學習黨的文件，參加學校的進步活動。將來找到共產黨後，他們一定會根據我們的工作情況，承認我們的黨籍的。”原來他們是自發組織的一個所謂的黨支部。當時我沒有說什麼，並且想聽一聽他的入黨談話。于產真是正經地和我談起話來，很嚴肅的，並且要求我保守秘密。

我把這個事情向雲南省工委書記鄭伯克報告，他說他已經知道這幾個失去關係的黨員，但是現在照中央規定，不能馬上和他們建立正式的黨關係，不過我們也已經有黨員（後來知道就是吳子良）和他們建立進步關係，介紹他們到鄉下辦中學去。後來于產、黃平、陳盛年等幾個便到磨黑教書去了。

袁用之還沒有走，我問他失去黨的關係的情況，他說他是在成都協進中學讀書時受到許多共產黨教員的影響，是思想進步的，1940 年入了黨，但是不久便失去黨的關係，隨後他就到西南聯大上學來了。我知道這種情況在當時很普遍，我告訴他，雖然現在不能恢復組織關係，但可以和我建立聯繫，努力工作，將來重新入黨。1945 年 5 月，劉國志到重慶接關係再回到昆明時，把袁用之的黨關係帶了回來，轉給了我。我告訴袁用之，他的關係已經轉過來了。他的關係就這麼接上了。

袁用之和于產雖然和我鬧了一個非黨員吸收黨員入黨的笑話，但是可以看出，他們都是真正的熱血革命青年，誠心誠意要把自己的一生貢獻給革命的。1945 年袁用之在聯大畢業後，被介紹到磨黑中學教書，那裏是我們滇南黨的一個據點。當時我被調到滇南任工委書記，準備發動農村武裝游擊戰爭。我曾派和我一塊兒到滇南工作的齊亮到磨黑、墨江、元江一帶巡視工作，曾和陳盛年、袁用之等同志有聯繫。

1946 年根據南方局的安排，我調到四川工作，袁用之在滇南和昆明工作的情況，我雖然不很清楚，但還是大略聽說了一些。特別是 1947 年 7 月昆明學生運動中，他被調回昆明，領導"民青"工作，曾經和一些"民青"盟員和進步同學在國民黨監獄裏進行英勇堅決的鬥爭，並勝利出獄。但是其後他又回到滇南參加滇南游擊戰爭，做過一個支隊的政委，"解放"後在臨滄地委任副書記以及後來反覆捱整、載沉載浮的不幸遭遇，我毫無所聞。

上個世紀八十年代初，我到昆明參加西南聯大黨史座談會，才見到了袁用之。但是他似乎羞於談過去的事，我也不得其詳。不過我發現，在他身上再也看不到過去在西南聯大時那種談笑風生、生龍活虎，還有幾分傲氣的影子。他明顯地變得沉默寡言，甚至有幾分魂不守舍、答非所問的樣子。但是我很理解，當時在雲南工作的另外幾個地下黨員身上，都可以看到同樣的神情。甚至在其他地方和部門工作的地下黨員，也有相同的情況，比如入黨後調去做外事工作的于產身上，也可以同樣看到，甚至在知識分子的地下黨員身上都可以普遍看到。

袁用之和于產這樣的曾經天不怕地不怕、一心嚮往中國革命，甚至在沒有找到黨時敢於自立黨支部進行革命活動等待黨來尋找的革命知識分子，加入中國共產黨後盡心盡力參加革命鬥爭，卻在後來的風雨歷程中，變成誠惶誠恐、不苟言笑，以致似乎隨時準備接受批判鬥爭的半癡呆的人。幸耶，不幸耶？

張華俊

過於克己的黨員

我知道張華俊同志是在抗戰初期的武漢，真正認識卻是在 1940 年的秋天，鄂西的咸豐縣。當時我任地下黨的鄂西特委書記，他調來擔任來（鳳）咸（豐）中心縣委副書記。我知道他是清華大學的學生，參加過“一二·九”學生運動，1936 年就入黨了。我們見過幾次面，每次晤談甚歡。

1941 年夏，我考入西南聯合大學，到了昆明。有一天，我在校園裏忽然和張華俊碰面了，他非常高興，要求我和他接上關係。我說：“你的關係我已經交給南方局，現在不在我的手裏，我沒有辦法接上你的關係。”但是我告訴他，雖然他現在沒有組織關係，但我和他曾是上下級關係，而且我認為他是可信的，因此今後可以在我的領導下在學校進行革命活動。從此他就在我的領導下，一邊在西南聯大工學院學習，一邊進行革命活動。他的工作是積極且有成效的。就這樣一直工作到 1945 年畢業，我給他辦了重新入黨的手續，調他到滇南工作。從此他一直在滇南，擔負黨的領導工作，參加游擊戰爭，直到“解放”。但是“解放”後的原雲南地下黨，面對過許多複雜的情況。據說張華俊在咸豐中學以教書為職業掩護時，曾經集體參加過國民黨，因此他的黨籍被停止了。

據我所知，這樣對待他是不對的。當時黨內有通知，在那種情況下，可以參加國民黨，事後向黨報告過就行。他是向我報告了的，我也寫了證明的，就是不被承認。張華俊同志是參加清華大學“一二·九”學生運動的人中最早一批入黨的，和他同時入黨的許多同志，“解放”後成為部級以上的領導幹部，而他就因為這件事，在工作上沒有得到恰如其分的安排。“解放”前他在雲南省工委的領導下，就曾擔任滇南一個地委的書記，在游擊戰中叱咤風雲，立了大功。

這當然不是說，一個共產黨員可以爭名爭位。實際上很多地下黨的同志“解放”後安排的工作，一般都要低原來一至二級，大家都自知當政經驗不多，需要重新學習，沒有人發表什麼怨言。然而張華俊同志卻是因為“莫須有”的錯誤而被有意貶抑，這失之公平。而且他不是一個沒有文化、沒有工作能力的人，如果放在更適當的崗位上，讓他心情舒暢地發揮作用，他會為黨作出更大的貢獻。這不能不是令我遺憾的事。

然而最使我吃驚的是，張華俊同志對於這樣的對待，卻是當作一種對於一個共產黨員的考驗，受之不驚，泰然處之。他真心誠意地努力從自己的出身、沒有改造好的知識分子、自己思想的確還不純等方面，進行認真反省。希望從一些細枝末節中去挖掘自己思想上的問題，下決心和自己的過去決裂，洗心革面，重新做人。他時時事事總好像要從自己的身上找出不是，彷彿這樣才是一個共產黨員黨性堅強的表現，他太克己了。

我沒有想到這麼一個老共產黨員，在幾十年的不斷“運動”中，特別是在登峰造極的“文革”中被改造得如此洗心革面，如此自我否定，如此不敢去要求為自己平反，因為害怕被罪加一等。我想“文革”之所以產生了如此大量的冤假錯案，給我們黨在十一屆三中全會後帶來如此巨大數量的平反工作，就是因為有太多的好人，真以為自己是罪人，只能卑躬屈膝地忍受和認罪。張華俊便是有這種心理狀態的好人。

同樣的，我們很多身經其事的黨員們，並不以自己的遭難而耿耿於懷，大概以為這是中國革命歷史必須經歷的過程，是我們必須付出的代價吧。問題是我們必須從這種慘重的代價中吸取教訓，在思想上進行認真的反思，在體制上進行認真的改革，使錯誤不會重犯，歷史不會重演。我們的黨才會永遠立於不敗之地。

一個莊重的政黨是能夠改正自己的錯誤的，過去許多錯誤已經改正，冤假錯案已經不斷平反，張華俊同志的歷史問題已經澄清，一切都已經成為過去。“文革”以後，我們幾次相會，他說他已經被安排為雲南省科技廳廳長。我們談得很歡，他並不以他所受過的委屈為念。

陳孟仁

陶行知的信徒

我的初中校長陳孟仁老師是一個極其普通的人，是一個孜孜不倦地把一生奉獻給教育事業的普通教師。然而正像無數的農村中學老師一樣，就是這樣不求聞達、含辛茹苦、甘為孺子牛的普通教師，載負著中華民族幾千年流傳下來的文化、科學、道德、情操，乃至浩氣正氣、民族的自信心和自尊心，將之傳達到下一代。他們不愧是國家的脊樑和民族的精英，他們是甘於清貧默默耕耘的孺子牛，他們真是像魯迅所說的，吃的是草擠出的是奶。

陳孟仁老師是這些孺子牛中的一員，而且是在戰亂頻仍、貧寒落後的四川小縣的鄉村，播下新思想的老師。

八十多年前的事，還歷歷在目。孟仁老師從南京高師（即後來的東南大學）畢業，回到了故鄉四川忠縣。和他一塊兒回來的，還有他的"下江"夫人胡老師。孟仁老師穿著很有精神的緊身制服，胡老師穿著圓襬的洋布短衫和黑長裙，這都是當時最時髦的裝束。他們兩人在鄉鎮街上並肩揚長而行，引來一街驚奇和羡慕的眼光，給這個守舊的古鎮帶來了新風。

那時候，陳孟仁老師放棄了城市生活，接受聘請，到我父親擔任董事長的、新開辦的農村中學當校長，要把這個學校辦成一個新型的初級中學。我也就跟著轉學到這所學校學習，直到畢業。

這個學校的創業是艱難的，沒有校舍，也沒有什麼可靠的經費來源。我的父親在本地一批開明士紳的支援下，根據他們的建議，把楊家寺一座空蕩蕩的大廟裏幾個苦守的老和尚遷到別的廟子去，就把地方騰出來了。區政府派人把房舍整修了一下，作為宿舍，再用紙糊的竹籬笆把大殿裏的泥菩薩隔起來，大殿便成為學校的禮堂。再沒收鄉村一些富裕廟宇的田產作為新辦中學的財產，來解決學校的經費問題。甚至曾發生有的大廟拒絕交出廟產的田租，大齡同學成隊去和僧徒打架的事。這在當時算是一種勇敢的行動了。

開學以後，孟仁老師用古拙的大字在一塊大木板上寫上"誠樸"二字，放在大殿正中，宣稱這便是"校訓"。這兩個字雖然是來自孔孟之道的道德規範，但他給我們解釋為報國要忠誠、為人要老誠、對人要心誠、生活要儉樸、思想要質樸，在我們的心靈上注入了新的精神。

這還不算奇特，最奇特的是孟仁老師把他在南京就極為崇拜的陶行知先生的"生活即教育"的思想進行實踐。首先，他把陶行知的"農夫的身手，科學的頭腦，改造社會的精神"作為學校的信條，要全校師生身體力行。他要求我們每個學生入學要帶一把鋤頭來報到，給我們規定了正規的勞動時間，用來修校園，築馬路、平操場，還種植水稻和蔬菜。他還主持把操場邊一個小荒山開出來，種上樹木花草，修個茅亭在頂上，立刻顯得很氣派，成為我們清早起來做早操、背古文、讀英語的好地方。

他還把學生各宿舍改名為某某村，各寢室改名為某某里，村民選有村長，里民選有里長，實行學生自治，管理學習、起居、道德規範。學校不再有執教鞭的訓育主任了。果然學生間互相鼓勵學習，規範德行，秩序井然，這也是陶行知思想的實踐，於是學生們學業品行都有起色。

孟仁老師要求同學衣履整潔，卻不尚華麗，他嚴厲批評不修邊幅的學生。他要求我們把教室和宿舍收拾得整齊乾淨，檢查時窗櫺上摸到一點兒灰也不行。每週星期天早晨，都要進行全校性的自檢、互檢和評比。在優勝者的門上掛上"最整潔"的牌子。他說這是表現一個新民族裏有出息的青年的精神面貌。

他並不鼓勵我們讀死書。他批評說："死讀書，讀死書，讀書死。"據說這也是陶行知的話。他提倡班級的唱歌比賽，黃昏時分，一班又一班，此起彼落地唱得很歡。他還提倡做操、跑步和打球，甚至排演新戲，如像《孔雀東南飛》《前狼後虎》之類。因為沒有女同學，女角都由長得標致的男同學扮演，那也算是開天闢地的事。他容忍有些同學閱讀當時從武漢、廣州、上海等地寄來的新書新刊，還讓同學在附近農村辦了識字夜校，逢到國恥日（那時的國恥日是很多的）去農村作演說。我也跟著大同學參加過這樣一些活動，從中獲得了政治啟蒙教育。

但是這並不意味著孟仁老師不重視課堂教育，相反，他對於課堂教學是抓得很緊很緊的，對於我們的學習要求十分嚴格，因此同學們在三年的學習中都取得了很好的成績，甚至我們學校的學生參加川東十幾個縣在萬縣舉行的畢業會考，不僅包攬了前五名，而且在合格畢業生裏佔了幾乎一半的名額。這個名不見經傳的農村中學在川東一下就出了名，甚至外縣學生都聞名轉學來我校學習。這證明陶行知的"生活即教育"是成功的。

孟仁老師辦學有方，還因為他聘請了好多位學識優良、思想進步的年輕教師，且不計較他們的政治態度。可惜的是國民黨特務來我們學校"清共"，幾個好教員被趕走了，包括三位共產黨員也逃走了，還有一批同學被抓走。特務說這個學校已經"赤化"了，宣佈停辦。孟仁老師並不是共產黨，他被調到縣立中學當校長，在那裏仍然辦學成績突出。這個中學至今還每年有幾個學習好的學生考入著名大學。

1931 年我在這個學校畢業後，便出川求學，尋求救國之道，參加革命，一直沒有回家。直到"解放"後，我回到成都，得知孟仁老師擔任了省政協委員，到成都來開會，我才得機會去拜望他。後來他每次到成都來，我都去看望他，我始終把他當作我的老師，他很高興。他的身體已經大不如前，思想卻有了新的進步。他說過去只懷抱一股熱情，報效祖國，卻始終沒有找到路子，現在才算走上了光明大道，願意鞠躬盡瘁，做一名教育戰士，做一個有良心的知識分子。我從他的身上仍然看到他當年那種樸實無華、安貧樂道的精神。不幸的是，這樣的老黃牛不見容於“四人幫”，竟以老病之身，遭到不公平的摧殘，以致屈死。“文革”結束後總算昭雪，以一個“人民教育家”蓋棺論定。孟仁老師可以安息了。

林溫如

意味深長的淡然一笑

1948年5月，在成都發生"四·九"血案後不久，國民黨的《中央日報》登出一個通告，叫成都各大學的"奸匪"和"奸盟"分子限期到國民黨新成立的一個叫"特種刑事法庭"的地方報到，聽候審理。要四川大學、華西大學等校在他們製造的"四·九"血案後讓他們認為的共產黨員和民盟成員出庭受審，"依法"判處。

在這個名單中，華西大學的學生林溫如名列其中，而且是第一名，可見其"罪惡滔天"，非要嚴辦不可。林溫如怎麼也沒有"弱智"到相信殺人不眨眼的特務會讓學生在法庭上公開辯論，所以還是趕快疏散吧。林溫如通過一個進步同學、劉文輝的兒子劉元彥的關係，到雅安劉公館去躲了一陣，後來去川北工委工作。"解放"後回到成都。

"解放"初期，我在成都市委工作，新建立的黨的紀律檢查委員會和成都市政府的監察委員會合署辦公，我兼任書記和主任。這兩個單位的幹部條件要求較嚴，一時難以配齊，我正為難，剛好林溫如來報到，就安排他到這兩個單位去工作。當時我工作很忙，紀委和監委的工作，幾乎就是他在頂起幹，他為人正派，秉公執紀，下面反映不錯。看來幹這個工作是可以勝任的。他有這樣的水平，繼續幹下去，將來可以做副手頂杠子幹了。

後來我調到四川省建設廳工作，就不知道他的情況如何了。“文革”後有一天，我在省科委開會，看到了他，他說在科委做處長，搞科普工作，別的什麼也沒有說。看樣子寡言少語，過去那種活躍樣子沒有了，這也是“解放”後地下黨員的常態。

上個世紀八十年代，我早已離休，跟地下黨員之間往來多起來。有一天，林溫如和他的愛人彭宗萍來看我，說他們也離休了。我們閒談起來，彭宗萍才把林溫如“解放”後一直受冤枉、在政治上一直得不到重用、窩囊一生的情況告訴了我。我才得知，他在成都市紀委幹得好好的，卻被調到黨訓班學習。就因為歷史上有一段失去黨組織關係的事，把他的黨籍取消了，這是沒有道理的。一直拖到 1957 年，幸得王敘五（原地下黨川北工委書記）證明，才恢復了組織關係，不然永遠是黨外人了。

原來林溫如受了這麼大的冤枉，一直受壓。像他這樣一個工作一直積極也頗有能力，且對黨忠誠的老幹部，當時本可以從市紀委頂杠子幹，受到重視而進入市紀監委領導層的，卻被黨訓班莫名其妙地取消黨籍，從而不受重用，一直不得發揮才幹。但這樣的事，在地下黨中何止林溫如一人。

我們的話說到這裏，林溫如只是淡然一笑。他這淡然一笑，意味深長。

彭塞

留得丹心一點紅

老彭走了，走得如此倉促，沒有向朋友們告別，也不容朋友們去向他告別，甚至連他自己也不知道，是何方猖魔，對他突然襲擊，索去性命，他至死也不知道是被胰癌所害。

老彭究是何人？

老彭姓彭名塞，是我的老朋友。我親熱地叫慣了老彭，不想改了。老彭自幼受良好的家庭教育，傾向抗日進步，1936 年加入“民先”，1938 年去延安學習，入了黨，後奉派回四川做地下工作。1947 年曾任成都工委書記，後任成都市委副書記，“解放”後任青年團省委副書記。後來我們工作不同，少有往來，卻心性相通。

他秉性沖和而工作實幹，為人比較厚道，做事穩重，從不發揚蹈厲。團委絕大多數幹部，都是原地下黨成都市委下面的青年同志，這些青年在老彭的領導下，形成一個愉快的團結戰鬥的集體，無分上下，生龍活虎地進行青年工作。閒時跳舞、唱歌、打球，十分熱鬧。老彭成為他們的領班人，工作起來自然是十分得力。這恐怕也是老彭最愉快的一段生活了。

1952 年後，我調四川省建設廳工作，老彭也調到成都市委任常委、統戰部長。我們工作不同，接觸也不多，可是有時見到，看他謹言慎行、不大說話的樣子，和他在青年團時代大不一樣了。我想他大概是在生活中遇到一些麻煩，或許和其他地下黨青年同志的遭遇一樣。果然，在“反右派”的時候，我聽說他正在“過關”，很不好過。最後以留黨察看兩年，行政降兩級，到一個小工廠去工作收場。從此我們很少往來，各人都有一本難唸的經呀。直到“文革”後撥亂反正，老彭才平了反，到省醫藥管理局主持工作。許多老朋友可以接觸往來了，我們才恢復了往來。

一次在人民公園的地下黨同志的聚會上，王宇光、老彭都在，我們開懷暢談，老彭雖然說話不多，卻都切中肯綮，說到實處。後來他從醫藥管理局調到省委黨史工委主持工作。黨史工作是一件十分重要、政策性極強卻又十分棘手的工作，他毅然擔負起來，召集了好多次黨史座談會。黨史中有許多難以弄清的糊塗賬，他和黨史辦的一些同志，都本著實事求是的精神，理出了頭緒，出版了許多資料。直到離休，我看他是勝任愉快的，這恐怕是他認為為黨做的一件最有意義的工作了。一個黨員，一生能為黨做一件最有意義的工作，也就不愧此生了。

許多年後，我寫了一個條幅送給老彭，在那上面我寫了一首《采桑子》詞，他很珍愛，裝裱起來掛在家裏。這其實可以概括他一生。

南征北戰年華逝，戎馬倥傯，正氣長虹，閱盡風流在險峰。
老來更覺春光好，綿薄全奉，夕照匆匆，留得丹心一點紅。

盧詩於

我的啟蒙老師

我幼年的生活景象，許多已經從我的記憶中泯滅了，有的則沉積在我的記憶的底層，不去挖掘，也記不起來了。但是我卻沒有忘記幼年時代的一位初小教師，只要一回憶，便覺得他的形象就在跟前。他的打扮、面貌、舉止和氣度，都和山區地帶的樸實農民差不多。他的頭上纏著一條鄉下人喜歡纏的白帕子，腳上穿著一雙寬頭的、很結實的土藍布鞋。他的身上的確流著貧苦農民的血。和一般農民不同的是，他穿著一件那時我覺得很長很長的長衫，雖說那件用土藍布縫成的長衫已經洗得發白，早已失去光彩，然而這便是在鄉下有知識的"先生"的標誌。他是不可一日不穿上這件文明衫的。現在回憶起來，還覺得他高大個子，寬寬的臉，但是眼睛好像不太好，害著那一帶農村人民很常見的火眼病。他的表情雖然比較嚴肅，然而我總覺得很寬厚和仁慈。這便是我幼年在神灘溪小學上學時一位老師——盧詩於老師的形象。

我努力從我的記憶中搜索當時的印象，然而搜索到的只是一些從事實中凝析出來的抽象印象。這些抽象印象約略說來就是：他熱愛祖國，又憂其貧弱，對於我們這幼小的一代寄以滿腔的熱忱，希望我們長大成人，外抗強權，內除國賊，振興中華；他尊崇祖宗的禮教，同時卻主張維新，提倡新學；他希望他的學生將來不墜中華古國衣冠，而又學習富國強兵的舶來科學知識。他是一個既嚴厲又仁慈的老師。

憑這樣一些抽象印象，我回憶起幾件具體的事。

第一件印象深刻的事，我們常常偷爬在他的臥室的紙糊的格子窗外，用手指沾口水戳開一個小洞，看他睡著了沒有，睡著了我們就可以不去背書了。但是很失望，老聽他在唉聲歎氣，口中自言自語："國亡無日矣。"於是他在課堂上教導我們說，中國是軍閥橫行於內，禍結連年，列強虎視於外，伺機瓜分，危在旦夕。你們這些娃娃還不努力讀書，將來奮起救國？接著他就講朝鮮被日本滅亡後的痛苦事實，說每家住一個日本人，還說幾家人才能共用一把菜刀，如此等等。他慨然於亡國滅種的慘禍就在眼前，他那無可奈何、淚眼迷糊的樣子，我至今還沒有忘記。

怎麼救國？他一方面給我們講一些古聖先哲、明君良臣的事跡，作為我們學習的楷模。他帶我們去祭過孔子，讓我們向孔夫子叩頭如儀，繼承道統、忠孝仁愛之道，也教我們讀並且背誦一些古書。另一方面他很關心新學，因為這是富國強兵之道。為了學習新學，他不得不用新課本。於是他採用上海商務印書館出版的新教材。新教材的識字課本用的是新編的有點兒像日文那樣的注音字母，他不得不讀好了來教我們。他搖頭擺腦地唸那些他很生疏的拼音字母，那麼認真，那麼執著，終於自學成功了。看著他勉強費力地讀那些注音字母的苦心，我們也不得不努力學習課本。他還為我們訂閱一些上海新出版的《小朋友》之類的新書刊，至今我還回憶得起那五顏六色的有著一種特別清新的新聞紙氣味的新書。那些新書講了不少堂堂中華如何偉大、宣傳愛國主義的話，激發我們的民族自尊心。特別使我回憶起來的是，他既講中國的貧弱、日本的兇狠，又講要走日本明治維新的道路，修鐵路、造輪船、開礦山、辦電站、鑄大炮，堅甲利兵，抵禦外侮。我還想起來，他用他那點兒可憐的科學知識，給我們講火車和電燈的事。他其實沒有見過火車和鐵路。但他自出心裁，想當然地用一張紙折成一個凹槽，再用一張厚紙剪成圓輪，放在凹槽裏滾動，頗有點兒像中藥舖的鐵碾槽。他說這便是火車在鐵路上行車的模樣，我們當然都相信了。他又給我們講電學，他只知道摩擦生電。他用雙手緊緊搓擦，然後放在鼻孔下一聞，他說這帶一點兒糊味的氣味便是電的氣味。他教我們也那麼搓手，我們照辦，而且深信不疑，這便是電。總之，為了富國強兵，他熱心地想教我們一點兒科學知識，雖然他的科學知識，我們後來知道是多麼膚淺，甚至可以說有些荒謬，然而我們並未覺得可笑。他是那麼嚴肅認真地在向我們這些小學生講科學呀。

從這幾件小事，我們看出盧老師提倡新學的苦心孤詣。有一次，一位同學家裏出外求學的兄長，帶回一個留聲機。他家離我們學校只有一條小田沖，放留聲機的“咿咿呀呀”的聲音傳到我們學校裏來。那位同學到學校裏來說，有人關在一個木匣子裏唱起戲來了。盧老師聽說後也大為驚奇，經過交涉，他帶我們去欣賞這件洋玩意兒。大廳內外，擠得水泄不通。我看到一個方盒子上有一個黑盤在飛轉，從一個大喇叭發出“咿咿呀呀”的聲音來。那玩意兒上有一張一個哈巴狗坐在一個喇叭口前的商標，我們不怕和狗居於同等的地位，也擠在喇叭口前細聽，真是開了洋葷。雖然聽到的不過是“一馬離了西涼界……”之類的京戲唱段和一段特別令我們轟動的《洋人大笑》。盧老師回來還是用他自己的理解，給我們講解留聲機的道理，證明並不是有一個京戲班子或者一群洋人被關在盒子裏，不是他們在那裏面大叫大笑。但是他也說不出一個道理來，他只說這是科學。他再三強調地說：“科學，科學！”他那點兒可憐的知識，雖然沒有給我們講清楚留聲機的原理，但是他那麼認真地講科學，使我們肅然起敬。

為了要一洗“東亞病夫”之恥，他還提倡鍛煉身體，因此他發動我們跟他一起，把校門外一塊學董捐贈的田，改造成為足球場，並且買來足球，教我們踢球。在幼小的學生眼裏，這真是開天闢地的事。那麼老態龍鍾的老頭，那麼認真又有點兒滑稽地和我們小娃娃一塊兒踢球，我們感動得真是要流眼淚。

盧老師給我留下的最深刻的印象，恐怕要算他曾對我實行體罰，打我屁股的事了。盧老師的確是一個慈和的人，但是在對待學生的學習和德行上，卻是一個十分嚴厲的人，而且他是古訓“黃荊棍下出好人”的信徒，認為只有在教鞭下才能出好學生。他的手裏經常有一根白夾竹做的教鞭，這是他進行教育的隨身武器。誰要不好好學習或者品行不端，違反了學規，他就要按照情節的輕重，施行不同程度的體罰。最普通的是打手心，打多少下以及打多重，要由犯規的學生的認錯態度和他當時的情緒來決定。打得重的可以多達二十下，一下就可以在手板上打出一條紅腫的道道，火辣辣的叫你十分疼痛。如果你不表現得俯首貼耳，恭候體罰，他生起氣來，在你的手上、背上甚至頭上胡亂抽起鞭子來，那就更不好受了。然而大家認為最重的體罰是打屁股，只要他叫一聲：“端板凳來！”這便是說要打你的屁股了。你就乖乖地端一條長條板凳放在他的面前，而且自動地扒開褲子，露出光臀，爬在長條凳上，聽候他的發落。竹鞭才沾在臀部上，被責打的學生便大哭大叫起來，表現出極大的痛楚，以博取盧老師的憐憫，希望他手下留情。其實盧老師打得並不重，按他講的道理：“這只是打你一個羞恥。”被打屁股算是一種公認的恥辱，使你記住犯過大的錯誤。

我在學校其實不能算作頑劣的學生，學習成績和操行都不算是差的，但我竟然也蒙上這個恥辱，被盧老師打了屁股。

有一回我和幾位同學到校外山坡上去偷人家杏林裏那又酸又澀的青杏。我是帶頭的，罪魁禍首自然是我了。杏林的主人告到盧老師那裏。這還有什麼說的？盧老師的臉氣得發紅：“端板凳來！”全班同學被集合進教室。我自知罪孽深重，便自覺地把我坐的長條板凳搬到盧老師面前，趴在凳上，等待盧老師的發落。我有承受最大痛楚的心理準備，可是盧老師卻是舉得高，下得輕，我並不感到難受。我是在哭，卻沒有喊叫。盧老師邊打邊叫：“看打你不痛，打你不死！”看起來，我不痛哭大叫，這場打屁股是不好收場的。但我偏偏犯了牛脾氣，就是不大哭大喊，只是流淚。盧老師就像暗示我一樣地繼續邊打邊叫：“看你不痛，看你不叫！”我看我不大哭大叫，是收不了場的，只好又哭又叫起來。盧老師打完後把我拉起來，攙到教室後面他的臥室裏去躺在床上，他坐在床邊，用手撫摸我那被打得紅腫起了許多豬兒蟲道道的屁股，淒然地說：“哪個叫你這麼……”我明白打在我的身上，痛在盧老師的心上。這時我才感動得真正哭了起來。盧老師一邊摸傷，一邊安慰我：“以後再也不犯就是了。”然後他站起來，說：“我去給你扯幾片苦楝子葉來咬爛了敷上。”便走出門去了。

“盧老師！”我真的大哭起來。

涂光熾

光熾光猶熾的院士

我平生感到"不枉此一生"的經歷之一，是我於1941年至1945年在西南聯大有一批在革命戰鬥中結成生死之交的朋友，經過幾十年的風雨，往來依然如故。涂光熾就是其中之一。

我的這一批朋友都是當年抗戰烽火之中矢志救國的熱血青年，在西南聯大這個最高學府得到名師教導，成績優異，思想自由，傾向進步。當時我奉中共南方局之命，到西南聯大隱蔽，執行"勤學、勤業、勤交友"的"三勤"方針，認真讀好書，廣交朋友，逐步積蓄進步力量。我很快結交了一批能推心置腹、傾向進步的朋友。其中不少同學經過了鬥爭考驗，先後入了黨。

涂光熾便是我們這一群黨員中學業最有成績的朋友。他在聯大地質系學習，成績優異，被選送去美國深造得了博士。"解放"後，他回國在地質部門供職，是拔尖人物，曾被公派去蘇聯學習，又得副博士。因為他經常去野外出差，後來又遠在貴陽任中國科學院地化研究所所長，因此他參加北京老朋友們的聚會不多。後來他調到中國科學院任地學部副主任，我每次到北京時，才能通知他參加好朋友們的聚會。他每次都爭取參加，即使在外地，也打電話告假。

我還記得 2007 年初的那次，我們一群老朋友們在一個文雅的餐廳聚會。

我最積極，第一個到了餐廳，其後陸續來了十幾位，有的是由兒女攙扶來的。大家又是一番親熱，兩句調侃，幾番唏噓。過了好久，我舉目看去，不見涂光熾。我問李曉，他說涂光熾是說好一定要來的。他在外地出差，一定要趕回來參加。正說著，涂光熾就由老伴扶著進來了。我不禁叫道：“涂光來了，我們的院士來了！”涂光是我對他的昵稱，幾十年不變。我迎上去和他擁抱，他也喘著氣向我問好：“老馬，好久不見，聽說你來了，我一定要來和你見面。”

我和涂光熾在餐廳接待間就坐下來，白頭相對，談了起來。人老了總容易回憶過去，我們都很珍惜西南聯大那段決定我們人生道路的日子。我說他是我們這一群好友中在專業學習上最有成就的人。在聯大的時候，他不僅在地質專業上出類拔萃，還有時間參加我們組織的學生進步活動，而且也是積極分子。我沒有忘記，當時為了把華北抗日根據地八路軍活動情況介紹給美國在昆明的飛虎隊員，並通過他們介紹到美國去，要把《新華日報》上的一些文章翻譯成英文，我們組織幾位英語較好的進步同學參加。涂光熾本來很忙，卻也願意參加這樣的活動，翻譯了不少文章。他後來去美國留學攻讀博士學位，自然是很緊張的，但也聽說他還是找到了在美國留學生中的共產黨組織，並參加進步活動。我聽說了很感動，把準備送他的一本我新出版的書《在地下》拿了出來。

涂光熾在科學院貴陽地化所任所長時，本在我當時任黨委書記的中國科學院西南分院的領導下，但他經常到野外出差，我們一直沒有見面。只有後來他調任中國科學院地學部副主任，在科學院開會時，我們才見了面。其後就是近年來我和北京朋友聚會時，他才和我又見了面。但他也因在野外工作時間多，難湊巧參加，所以他聽說我到了北京並要和老友們聚會時，他雖在外也要努力趕回來見面。我說："古話說，君子之交淡如水呀。" 雖然這麼說，我和他似乎都特別珍惜這次見面的機會。我們都是霜髮滿頭了，來北京的機會不多，見面不多了。我明顯看出來，他自己也感到身體狀況不好，甚至很不好，說話雖然像過去那樣的溫文爾雅，卻顯得有氣無力的樣子。他說他身體近來很不好，大有今日一別，明年此日知誰健的預感，卻不肯道出內心的這種感受。果然，那次聚會成為我們的訣別。幾個月後，我就聽到了他的噩耗。

涂光熾老友謝世了，傷哉。

謝文炳

支持革命到參加革命的教授

謝文炳是一個很有學問的老教授，是我的一個淡交如水的朋友。他一家人參加革命，且有為革命犧牲的。他的弟弟謝文煊是從抗日戰爭初期起便和我一同搞地下革命鬥爭的同志，唯獨謝文炳當時還是如他後來告訴我的“白丁”。記得 1948 年的某天，我到川大謝文炳教授的家裏找文煊，初次見到了謝文炳。一眼看去他是一個安於清貧、樂於做學問的十足的知識分子，老實誠懇，談吐耿直。聽他講話，我知道國民黨當局這個反面教員用倒行逆施以及加於川大學生的暴行，促使了他的覺醒，他正在探索當時許多知識分子都在探索的人生道路。我告訴文煊轉告川大的地下黨，要加緊對他進行工作。吸收這麼一個很有影響力的教授入黨，對川大工作大有好處。他果然就在這一年入了黨，在川大的學生運動中進行了卓有成效的工作，直到“解放”。

“解放”以後，眾望所歸，他理所當然地擔任了川大校管會主任，接著改任副校長。他憑著一個知識分子的良心和熱忱，投身於學校建設和教學工作，真可算是嘔心瀝血了。這時我們往來比較多，不僅在各種社會活動中經常見面，我去川大和他私交談心的機會也多起來，還常同他一起陪領導打網球，休息時的閒談也不少。當時我就發現，他對於教育、文藝都有自己的特別見解，對於黨的某些同志的領導作風，也頗有微詞。我雖然勸他，作為一個知識分子又是地下黨員，要有自知之明，並且對他提出按當時的規格，他要進行自我思想改造，他卻仍然懷抱赤子之心，以磊落耿介自持。這便是中國當時知識分子的悲劇性格，我很為他擔心。果然不久後，先是批判他的作品《再生記》，接著他就無端地被打成極右派。我當時自己且檢討之不暇，當然無法替他講話。我唯有悔恨，不該把他吸收入地下黨，捲進政治漩渦中來。他老實地當個教授，潛心學問，一定會有很好的成就。結果卻默默無聞，落難了二十幾年，才得平反。這對他本人和對西洋文學的教學研究，都是一個巨大損失。

在那二十幾年中，我們很少見面。平反以後，我去看望他，他已是八十高齡，明顯地衰老了，但是他並沒有顯得垂頭喪氣。對於他受到的不公正對待，他把它當作中國歷史的沉重包袱，每個人都得承擔一分來看待。他作為一個決心革命的知識分子，又是盜火者的共產黨員，就更該有“我不入地獄，誰入地獄”的精神，承受住一切的災難。我當時聽了真有驚異，繼而一想，馬上理解了，這正是中國知識分子的可愛和偉大之處，那就是“雖九死其猶未悔”的對於祖國和人民的赤子之心。

他和我談的不是怨恨、失悔，而是他還打算用有限的餘年，幹點兒什麼。他告訴我，他打算把他的一生，用自傳體的小說，寫出六卷書來。他立意要通過他的一生見聞，把多災多難的中國知識分子的面貌刻畫出來。我看著他那白髮和憔悴的面容，不能不懷疑他的雄偉創作計劃的現實性，然而我還是極力鼓舞他抓緊進行創作。不久後，他的小說便開始在《四川文學》上連載起來。後來我去川大看望過他。文聯春節聯歡會，他不怕爬六層樓，趕來參加，我們又談及他的創作，他還是那麼興致勃勃，決心很大。我當然鼓勵他堅持寫下去。但是不久聽說他病入醫院了。他到底寫成了多少，我也不得而知。從訃聞上看，他這時期還編寫了有關英語語言文學的教材和多種專著，只是抽出點兒時間從事文學創作，想必他根本沒能實現他的創作宏願，實在可惜。

文炳同志去世了，但是他那勤奮好學、誨人不倦的工作作風和嚴謹的治學態度，還留在他的後學們的心中；他那坦蕩胸懷、高尚情操還留在我的記憶中；他還把一顆中國知識分子的赤子之心長留在人世間。

劉寶煊

參加革命的雲南鄉紳

時間雖然已經過去幾十年，但是在滇南建水建民中學那短暫的一年生活，卻給我留下難以忘記的美好記憶。那個時候，一同在那種清貧生活中，為人民的解放和新中國的催生而努力工作的朋友們，至今還常常來到我的回憶中，其中就有建民中學校長劉寶煊同志。

我於 1945 年 8 月，奉黨的雲南省工委之命，到滇南去做地下黨的領導工作。出發以前，省工委書記鄭伯克同志對我說，我下去的任務，就是把分散在滇南那一大片地區的各地黨員，接上關係，組織起來，並且大力發展黨員，廣泛聯繫群眾，爭取地方勢力，佔政權，抓武裝，準備游擊戰爭。省工委劉清同志向我介紹情況並帶我下去跑了一圈後，我發現在廣大的滇南地區，東至開遠、蒙自、箇舊，西至思普磨黑，都有零星黨員和進步教員在進行革命活動，有好幾個學校，可以說是我們活動的勢力範圍。農村也有少量黨員，有的且佔有政權，擁有少數武裝。特別有利的是，雲南的地方勢力，包括廣大的少數民族，普遍反對蔣介石，而國民黨的力量很小，特務活動不多。而且駐紮在滇南的部隊是滇軍張衝任指揮的第二路軍，態度較好，其中有我們黨員的活動。我認為，如果蔣介石真要挑起內戰，我們聯合地方勢力，在滇南建立游擊基地，開展游擊戰爭，是很有條件的。問題是時間緊迫，黨員分散，還沒有形成帶規模的有組織的活動。特別是還沒有把黨的活動基礎深扎進農村的工農基本群眾中去。在農村爭取建立兩面政權，努力掌握武裝，還沒有引起廣泛注意。這就是我們的困難和工作應該著力的地方。

雲南省工委同意我的看法，我就帶上幾位在西南聯大工作出色的學生黨員，如齊亮、李曉、許師謙等到滇南去了。我在各縣又跑了一圈，把各縣可以組織起來的黨組織建立起來，並傳達省工委的工作指示。其後，我考慮把黨的滇南組織領導機關（我不記得當時是叫滇南工委，但《西南局黨史資料》上是如此說的）放在什麼地方的問題。我想，我們當然應該把黨的工作重點放在農村，但是我們不可能也不應該直接到農村去發動農民鬥爭以建立組織，那將引起地方勢力的疑懼。我想應該首先爭取佔領一些中學和師範，在貧苦的進步教員中發展黨員，通過他們再從各地農村來的貧苦學生中發展黨員。他們回到自己的鄉村，可以進入小學校、地方基層政權裏去工作。他們和農村的工農基本群眾接觸的機會就多了。這樣通過知識分子這個橋樑作用，建立農村黨的組織，無疑是最可靠的。

在我們當時已經佔領的幾個學校中，以建水的建民中學最為牢靠，教員和學生中都有黨員，非黨員也可說是清一色的進步分子。更重要的是，這個學校的校長是思想進步而且在建水社會上層頗有影響的劉寶煊。他對於掩護我們進行工作，無疑是十分有利的，對於我的工作方便和人身安全當然也是好的。於是我決定以教員身份住在建民中學，同時我也想以建民中學作為工作的重點，進行試驗。

我到了建民中學後，由在那裏做教員的黨員周天行帶我首先去見實際在學校負責有如校長助理的方仲伯。我聽周天行介紹，他是從延安回來的，政治面目是民主同盟的。但是我知道有一些從延安回來做統戰工作的黨員，組織關係一般不交到地方組織，而是保留在南方局。我猜他可能就是這種情況。我和他見了面，周天行介紹我是聯大畢業同學，到建民來做教員的。我們談了一會兒，他似乎也在猜想我大概不是一般做教員的。我們便心照不宣地繼續相處了。他馬上把我帶到校長劉寶煊的家裏去和校長見面。他在劉寶煊面前說話是很有分量的，一說就准，劉寶煊便同意我在建民中學當教員。那時劉寶煊對我還沒有什麼印象，我卻對他有了初步的瞭解。

一眼看去，他是一個較典型的縣城紳士，歲數不大，圓圓的臉，相當富態，氣色很好，說話和氣，穿著卻和鄉紳不同，普通的布長衫，倒有幾分像個教員，平易近人。他的政治面目，我來前早有瞭解，他好像是從日本留學回來的，是熱心教育，立志救國，正在找尋自己的政治道路，具有進步思想的知識分子。從他敢找從延安回來的方仲伯幫他辦建民中學這一點，就可以知道他的政治傾向了。

劉寶煊在建水縣的青年中威信很高，頗受擁戴。他在建水的上層社會的士紳中也頗孚眾望，受到地方實力派馬亦眉等人的賞識。馬亦眉說他是建水不可多得的人才，願意坦然做他辦的建民中學的董事長。這對於建民中學後來幾經風雨，仍然峙立於滇南，有關係很大。他藉國民黨搞什麼民意機關之機，得到地方上下的支持，也有地下黨的幫助，結果當選為縣參議會的議長。這更加強了他在建水和滇南地方上的地位和影響。他同時還兼著縣立臨安中學的校長，他為這兩所中學，從昆明西南聯大和雲南大學等校以及從外地流入雲南的知識分子中，聘請許多學識較高、思想進步的知識分子來做教員。這樣一來，建水的教育界便基本上為進步勢力所掌握了。這自然就為我們黨在滇南的活動提供了許多後備幹部。

後來的事實證明，滇南的黨組織就是從這些為進步思想所影響的教員和學生中發展起來，然後擴及農村的。後來在滇南發展起來的游擊戰爭中，也是從這些教員和學生中湧現出大量的幹部。雲南“解放”後，也為雲南省各級黨政機關培養出大批幹部。在其中，劉寶煊不僅有一份功勞，甚至可以說功不可沒。至少我是這樣認為的。只有當時親臨其境、親與其事的人，特別是一個在那裏擔負黨的領導工作的黨員，才能有這樣的體會。

當時我奉命去滇南為即將開展的游擊戰爭做準備工作，面臨著很多困難：組織零星分散，思想準備不足，除了幾個學校，基本上還沒有形成象樣的可靠基礎，而國民黨勢力已經侵入雲南，時不我待。但要馬上打開局面，不是容易的事。這時如果沒有劉寶煊為我們的工作提供一個好的環境和基地，我很難想象，短短一年內，在特務和反動勢力的干擾下，怎麼能打下一個發展的基礎，並得到革命幹部的準備。所以我一想起這些，就不能不勾起對劉寶煊的懷念和感激之情。

後來我從一些黨員口中得知，其實在我們還沒有發動游擊戰爭之前，劉寶煊就已經和一些進步青年，結成進步社團，並且和他們研究武裝鬥爭問題，甚至還帶他們去山裏勘察地形。可見他為解放事業想的做的，和我們黨所想所做的不謀而合。

我在建民中學以做教員為掩護，忙著到處奔走，和劉寶煊見面不多。但是有一次，他一個人忽然到了我所居住的學校附近的一間民房裏來看我。他一進屋對我表現出來的客氣和禮貌，顯然不是一個校長探訪教員的模樣。我估計，他大概從我的一些活動，從方仲伯等教員，特別是他所倚重的黨員教員對待我的態度，以及我在學生中活動時的談吐和學生愛和我聚在一起的情況，看出我不會是一個一般的教員，說不定正是他在找尋的可以信賴的人。

他一進門，幾乎是開門見山地就稱道我前幾天在教員中所做的時事分析，認為分析得好。那當然好，因為那是我才從上面傳來的文件中摘取要點來講的。他當時也來聽了，大概他從那次那種時事分析講話中，終於肯定我是“有來頭”的人。所以今天單獨找我來了。

我們一見如故地親切交談起來。我對他當然沒有什麼顧忌，他對我也放開地談起對於時局的看法。他認定蔣介石和中央軍一定會在雲南搞法西斯統治，形勢即將逆轉。沒有別的辦法，只有上山打游擊一條路。他的看法和我的分析基本一樣，但是他表現得未免急躁一些。我說，現在蔣介石要馬上發動內戰，還有很多困難，所以現在還是以爭取和平民主、建立聯合政府為口號。應該盡可能地爭取一些時間，維持現狀，讓我們有更多的時間做應變的準備。一旦蔣介石撕下偽裝，在全國真大打起來，我們就應該在他的屁股後面燒起一把火來，在雲南發動游擊戰，建立游擊區。那時候就真要上山了。

但是他說，國民黨在雲南的壓力越來越大了，他有可能成為他們打擊的目標。看樣子他比較擔心。我則說國民黨在雲南還沒有佔上風，他們在昆明也還有麻煩，我們還有時間來準備退路。我們要早做把進步勢力向石屏、寶秀、元江、思茅、普洱轉移的打算。在那些少數民族地區，國民黨的勢力還進不去，是將來打游擊的好地方。必要時可以退到那邊去。我當然沒有告訴他，我們已經在那一帶進行工作，有了一點兒基礎，如寶秀的鄉政權和武裝以及寶秀中學，已經由我們掌握。在元江少數民族中，我們也開始有了工作。在更內部的磨黑、墨江等地，也有我們的黨員在進行工作。總之，他是急於想要發動武裝鬥爭，但是他所依靠的卻是那些上層力量和地方勢力甚至土匪。我則以為那種力量可以運用，不能依靠。我們的力量是建立在農民、少數民族和貧苦知識分子身上的，但這和他是說不清楚的。我只是鼓勵他在建水縣抓權，樹立威望，做好上層工作，孤立國民黨反動勢力，敵人才不敢對他動手，不敢對建民中學動手。

這一次的談話，對他產生了什麼影響，我不知道，因為幾個月後，昆明形勢發生逆轉，我也奉命調離滇南回四川工作去了。和我一塊兒到建民中學教書的羅廣斌也回到四川，到由我們黨支持、民主同盟出面創辦的重慶西南學院上學。他來信說在那裏見到了劉寶煊和方仲伯，我才知道李公樸、聞一多先生在昆明遇刺後，他們受到通緝，因此悄悄到了重慶西南學院。後來知道他們兩個去了香港，在那裏，黨的領導鼓勵他們回雲南，參加黨在滇南正在發動的武裝鬥爭。他們果然回到雲南，在滇南參加黨領導的武裝游擊戰爭，並且入了黨，擔任武裝鬥爭的領導工作。我想他終於如願以償。和過去跟他一塊在建民中學辦教育的黨員們一起，領導他過去培養的學生和廣大群眾，轉戰於滇南的山山水水之間，一定是他一生中最得意的時刻了。

這一切，是 1950 年在重慶見到了從雲南來的也在建民中學教過書的同志時，我才得知的。對於這樣一個地方紳士、愛國知識分子，終於找到了自己的前進道路，參加到革命隊伍裏來，我是很高興的。不過又過了幾年，聽說在對待雲南地下黨的“左”的錯誤影響下，他也受到很不公正的對待，鬱鬱寡歡，不久因病去世，我又不勝惋惜。

1988 年，我到雲南參加西南聯大校慶，特地回到建民中學，在校園裏劉寶煊同志的塑像前肅立，行三鞠躬禮，以表達我的哀思。

周天林

老來成了“告狀專業戶”

周天林是和我相交六十幾年的農民朋友。“解放”前他一直在我直接領導下從事地下黨活動，“解放”後雖然他的歸屬不同，不在我的領導下工作，可是他一有什麼重要問題，就跑到成都來找我這個“老領導”說心裏話，幫他出主意。他固然認為他的一生是在我的引導下，走向革命，得到教導。但是就我而言，這麼一位真心實意的可以終身交往的農民朋友，他身上體現出的忠誠、老實、勇敢、正直，也對我起了促進作用。我們二人可以到老死時對國家、黨、人民說，我們是報效於國家、忠誠於黨，服務於人民的。當然我和他回顧一生時，卻有許多遺憾自慚的經歷，雖無可悔，卻也有愧，卻也無可奈何。他的一生是使我永遠難以忘懷的。

他生於貧困之鄉，長於路亂之年，雖然曾傍於私塾，瞟學過兩年文化，初識文字，還從鄉村茶館聽過《三國》《水滸》，受到思想啟蒙，養成一種忠義和反叛的精神。他曾對我說：“三國裏說魏延頭上生有反骨，我比魏延的反骨還多，一身是反骨，我總是看不順眼，要想造反。”果然他在才十幾歲的少年時期，就和鄉里“不學好”的少年結為同伴，在鄉下幹些不合規矩的事，常受到老爺們的責罵。稍微長大有了力氣，又被認為不長教養，滋事生非，竟然學那些大人們立袍哥結社，和一般窮小子私結成“青年會”，在天旱年份，難以活命，帶領青年夥伴去“吃大戶”，這在傳統上是允許的，他卻不是去“文要飯”，而是“武要飯”，在大戶人家門口鬧事，叫喊不給救濟，他們就要自行開倉搶糧了。他在本鄉“吃大戶”，以包吃到外鄉，惹得地方紳鄉大戶請求派兵鎮壓，首要抓他，他只得逃出去到大碼頭當力夫吃飯，過一陣又回鄉下家裏，暗地和那些青年會的夥伴們商量吃血酒，過河到山裏去立個山寨收買路錢過日子。

他們正在籌畫上山為王的事，忽然傳來消息，說紅軍打進四川來了，在川西北一帶的窮苦山區。他就和大家說：“我們投紅軍去吧。”大家都贊成，但說我們光身去投紅軍，紅軍會相信嗎？我們還是要送個見面禮罷，於是幾十個之前在地主家當夥計的人，偷了幾條槍和一些子彈出來。

周天林說：“好，見面禮有了，我們出發去趕紅軍去。”他為了表決心，把他家裏養的一頭過年才殺的過年豬，拖出來殺了，叫夥計們都來吃大塊肉，喝大碗酒，把酒碗一摔，大家賭咒發誓上山去了。他們二十幾個夥計相約，一直向川西北方向攆了過去，卻聽說紅軍已經走了。他們商量，紅軍是趕不上了，回老家也是不行了。這到哪裏討飯吃呢？周天林說：“我們自己立紅軍，打紅軍旗號，一路貼一些紅軍貼過的一些標語口號，說紅軍又回來了。就在這山裏立寨子，打家劫舍，收買路錢。”這下倒好了，附近山裏的一些窮苦人就來投紅軍，投到周天林寨下來，一下發展成幾十號人的窮人隊伍，雖然不大合規矩，日子卻過得不錯。這一下惹了正在追剿紅軍的國民黨軍隊，拖一些部隊來清剿所謂殘餘紅軍。這哪裏是真紅軍，是土匪，一打就打散了，紛紛逃散。周天林同鄉人還能回鄉去下苦力，他本人是出了名的，不能再回鄉下，只得孤身一人流浪到大碼頭，又去當力夫討飯吃。

周天林正在一個機關食堂做挑水燒火匠時，抗日戰爭爆發了。這個機關的一個地下黨同志發現了他，瞭解他的出身，知道他還去趕過紅軍，自然是一個好的發展黨員對象。於是把他發展成黨員，就在黨的領導下又暗地回到他的家鄉，做秘密工作，建立了支部，這支部就轉到川康特委我的領導下。我和周天林多次見面，雖然他難免有某些“袍哥”習氣，但我認識到他是一塊金子，我給他講黨的知識和做地下黨工作的方法，他顯得特別積極，在他的家鄉以“打青年會”名義建立起黨的外圍組織。1947年中央發出配合老區的戰鬥，國統區發動農村武裝鬥爭，周天林知道了，特別積極，提出在他的家鄉搞一次農民暴動，我們反覆討論，認為可行，因此交給雅（安）樂（山）工委具體領導，派工委書記直接領導，周天林為工委委員。周天林領導四五十個戰士，突然夜襲鎮公所，此時鎮公所的人員都已回家去了，可以一下攻入，搶得幾十支長短槍，佔領倉鎮。我們在那裏是無法立足的，立刻渡過岷江進入西部山區，佔穩腳跟，圖謀發展。但是我們失算了，不知道當晚有一支國民黨的正規部隊調防在那裏過夜。所以周天林領導的人突然攻進鎮公所，槍聲大作，那支部隊以為是攻擊他們的，立刻反擊，周天林只得率部退出，撤往峨江，準備進山。又因地主聯盟武裝發帖子，封住峨江，無法過江，進退失據。我得知報告，立刻安排他們帶出來的三十幾個人和七八支手槍轉移到資中，由我們地下黨員在資中假裝國民黨縣長，以招工整修公路名義掩護下來。過不多久，一些參加的農民散回家鄉，只留下七八個骨幹，帶有八支手槍，暗地搶回成都住下。我們本想以他們為基幹組織城市武工隊，但他們不熟悉城市，難以行動，又將他們拖到洪雅山間，卻因與那裏的土匪不容，無法立腳，只得把槍支埋在那裏地下黨員的家裏，轉回成都。我們隨即安排老周到大邑山間川康邊臨工委去做農村工作，可惜的是和他一塊戰鬥的雅樂工委書記、副書記和一個骨幹，都先後被國民黨特務發現，犧牲在重慶特務集中營了。老周堅持在農村建立一支號仁簡支隊的農民部門，一直戰鬥到和進軍的解放軍會師，他回到了“解放”了的家鄉，被任命為區長。

他的行政區劃屬於川南區黨委，我在成都屬於川西區黨委，他雖很不想離開我，卻只好分離。此後，他常常到成都來我家和我見面，感情甚深，難以割捨，我只知道他的大概情況。

他在家鄉擔任區長，在土改和鎮壓反革命時執行政策有偏差，憑自己的好惡，大殺了一批惡霸和群眾痛恨的地主鄉紳，結果犯了錯誤，被撤去區長職務，調去資中縣當糧食局長，大概認為他是農民黨員，適宜於管糧食。誰知當時糧食局長是最不好當的差事，糧食局長就是為國家收取農民糧食，以供軍需民用，政策性很強，而國家需糧很急，收糧指標較高，難免遭來農民的怨恨。壓力自然就落到他這個局長的頭上。他來找我反映，他說他很不想當官，當官是幹什麼的，就是討人嫌，“就是去向老百姓催糧要錢”。他說他一見那些穿四個兜兒的官服的人，戴上官帽，高人一等，洋洋得意的樣子就討厭，連他自己也討厭，他下鄉不穿官服，還是穿他的老藍布短衫大腳褲，解放軍膠鞋，說起話來還是土腔土調，人家說他全沒有政治觀點，他說：“什麼政治觀點，無非就是吹牛皮，說些好聽的，卻總不兌現，要錢要糧，比國民黨還兇。”我批評他：“一個黨員怎麼這樣說出失格的話？”他說：“你當了高官，哪裏知道下邊農民的苦。”我不好說他，因為我並非不知道基層的實際情況，但政策在那裏，就得實行，我知道他那造反脾氣不分場合，又發作了。

正當那年“大躍進”後的大饑荒時，中央向四川這個天府之國多要糧食，我們義不容辭，加上有的領導一片忠心，自認要多作糧食貢獻，徵了過頭糧，把農民的口糧也徵了不少，以致有的地方幹部到農家翻箱倒櫃，查瞞產私分，甚至動用專政工具。農民自然更多反映到周天林那裏，他就到黨委去和書記大吵大鬧，領導認為他沒有完成任務，嚴厲批評了他，把他的糧食局長撤了，不過他到底是一個老幹部、老黨員，不安排個職務還是說不過去，因此請他去當個局工會的副主席，就是個不能管事，吃飯喝茶的閒差事了。可是他的牛脾氣並沒有因為換了崗位而改變，他更以不是當官的人，更可以肆無忌憚地到黨委反映情況。於是大聲呼喊，只是更沒有人理會他，但一般幹部特別是農民反倒親近他，叫出“群眾遭了難，去找周老幹”的民間謠言。黨委聽說了，很不以為然，群眾遭了難，應該是去找縣黨委，怎麼去找周老幹呢？有領導批評，他還洋洋得意呢，說：“他們要找我，我有啥子辦法？”

事情發展到後來，全國農村都撤銷了公共食堂，他們那裏卻還在堅持。他回到家鄉去瞭解，看到草根樹皮都當糧食了，還有吃“觀音土”（一種白色的泥土）導致肚脹而死的事。他的那些老夥計當面罵他：“你當了官就變了心了，眼見我們這裏死了人在那擺起官威，你都不管？”他回到縣上又去找縣委書記反映死人的事，縣委書記本來就對他印象惡劣，現在他又以老幹部的牌子來壓自己，便氣不過，對他說：“我看你不像個共產黨員的樣子！”周天林被人說什麼都行，惟獨不能說他不像共產黨員。他難以忍受，便回了一句：“你說我不像共產黨員，我看你倒像國民黨了！”

這句大失格的話，他當眾公開說出，這還得了，縣委書記怎麼能是國民黨了。於是群情激昂，對周天林實行大批判，縣委一致決定，要開除周天林的黨籍，並且上報請批。他跑到成都來找我，我批評他：“你在我這裏胡說八道，倒也罷了，你敢公開說縣委書記是國民黨，這就大失格了，你的黨籍保不保得住，很難說了。”他卻氣鼓氣脹地咬住說：“我看他就是一個國民黨，老子就是要打國民黨，和他拚了。我想來想去，我實在對不起我那些兄弟夥，我願和他們一起去死，我準備當他們的面，把自己一槍崩了。不過我要先回去把我的仇人崩了，然後回家鄉去當夥伴的面前自殺，向他們謝罪！”

我聽了，大吃一驚：“你胡說什麼？你敢去槍殺縣委書記，那是死罪！你回去自殺，那是當共產黨的叛徒！你知道嗎？”我嚴正警告了他，把他留下來，等他平靜下來，我才慢慢和他講道理，他要服了這些道理，才是真正的共產黨，他要是胡作非為，就是共產黨的罪人了。

他說：“他們說了，要開除我的黨籍，我連共產黨都不是了，還怕是什麼叛徒？”

我不放心他的蠻脾氣，留他住在我家裏，我通知了幾個和他也熟悉的老同志苦口婆心勸他，終於說動了他。同時我直接反映到地委書記，他和縣委書記研究，周光林只是口中胡言，並沒有行動，就保留這位老同志的黨籍，給個留黨察看吧！

他回到縣上，雖然還心裏不服，也只好接受察看的處分。他背這個處分直到 1966 年，“文革”到來後，造反派起來造縣委的反，縣委一班人都垮台，造反派把周天林的事拿來大做文章。周天林心裏喜歡，表示支持造反，跟著造反派打起橫幅，到縣委會去參加大批判，他安然坐在上面的主席台，眼見縣委書記低頭認罪的可憐相，他並不快活，看到造反派把書記做“噴氣式”（“文革”時的一種體罰手段），有人要給書記戴高帽子，有的甚至動腳動手。他忍不住了，站起來說：“娃娃們造反我贊成，但是不能這麼個造反法。”下面造反派轟他，說他是個“保皇黨”，他生氣了，他直立地叫：“說老子是‘保皇黨’，老子就是‘保皇黨’，我不幹了。”他走下台就往外走，起鬨的聲音更大了。

他氣喘喘地回家，造反派這時已分為勢不兩立的兩派，擁周派來看望周天林，周天林說：這些娃娃懂得啥子造反？要說造反，老子才是造反的老祖宗，我造反的時候，他們還沒出世呢！”

於是擁周派大為讚賞這位造反的老祖宗，認他為這派的後台，很得勢力。就這麼鬧鬧嚷嚷地到了“文革”落下了帷幕。接著揭批“四人幫”的運動開始了。周天林成為一個有爭議的人物，又是經過反覆調查，新的縣委認定這個一直造反的周天林雖然很冒失，卻還是一個共產黨員，他的“周老幹”的名聲還很流行，他因為造那些貪贓枉法之徒的反，成為上下奔走告狀的“告狀專業戶”而聞名全縣，傳到他在成都的老朋友們的耳中。

於是有一天天剛亮，他就跑到成都來敲我家的門，一進門就喊叫：“老子又要打國民黨了！”

凌起鳳

平凡的偉大

著名作家王火同志的老伴凌起鳳走了，他們倆情深似海，降臨到王火頭上的深切哀痛，自然是不言而喻的。即便王火一直陪伴在病床邊，親侍湯藥達數年之久，已有噩運即將到來的預感，但當它真正降臨到王火頭上時，仍然是難以承受的悲痛。

我拿起電話和王火通話，表示我的哀悼並致慰問之情，他以低沉得幾乎聽不清的悲戚之聲說，他不願意叫我這個老人分擔哀痛，所以沒有告訴我。我不知道該說什麼來安慰他，只照格式化的說法說："節哀，節哀！"

我坐下來沉思一會兒，不禁歎息說："真是平凡的偉大。"從表面上看凌起鳳的一生，她的確只是一個最平凡的人，一個蕙質蘭心的良妻賢母，她既沒有做過匡時濟世的偉業，也沒有為革命捨身赴死的偉績，那起鳳怎能當得起"偉大"這個崇高的稱號呢？

我想，當得起。凌起鳳的偉大不是英雄的偉大，不是烈士的偉大，而是一個平凡人的偉大，平凡人也是可以偉大的，甚至偉大往往出於平凡。

我跟王火和凌起鳳，相交並不太多，平常也是"君子之交淡如水"，並不時常來往，只是逢年過節，打個電話，寄張賀卡，他們有時也送點兒禮物過來。但是從開初的相交和其後不多的往來中，我們都有“一見如故”的親切之感，能同聲相應、同氣相求。每次王火來我家，起鳳也會同來，她總是那麼儀態端莊，不苟言笑，說話得體，禮貌有加，是一個很有文化教養的女子，很得我敬重，真不愧是辛亥革命元老凌鐵庵先生的愛女。

但是我們特別感佩的是大家早已知道並傳為佳話的“凌起鳳隔海奔夫”一事。1949 年，凌起鳳隨家裏去了台灣，但為續與王火訂下的生死前緣，她毅然告別溫馨家園，割捨難以再見的親人，悄然離台出走，經過重重困難，甚至用離奇的詭稱自殺的辦法，終於在 1952 年經香港回到大陸，尋找王火。他們只花了五角錢的公證費，得以喜結良緣。其後起鳳與王火生死相隨，任顛倒時世，仍相濡以沫，風雨同舟，恩愛七十年，直到最後一息。試問人間有多少如此堅貞的愛情？這難道不足以稱為偉大的愛情、愛情的偉大嗎？

凌起鳳本身是有學問、有教養的人，既可執教，也可為文，然而她卻自我放棄，全身心地協助王火從事文學創作的偉大事業。不僅在生活上無微不至地關懷，服侍周到，常烹茶旁坐，看王火從事艱苦創作，以為樂事，被王火稱為自己的大後方，更重要的，她是王火作品的第一個讀稿人，第一個提意見協助改稿的人。她務求精益求精，不憚修改，終於促成王火創作豐收，聞名全國，甚至獲得茅盾文學大獎，同享快樂。所以王火坦言：“我所有的著作都應寫上她的名字。”這難道不是一種犧牲自己的偉大情懷嗎？

凌起鳳誠然是一個平凡的人，但能從平凡中實現偉大，這就是她的不平凡之處，也就是她的偉大之處。因此，我敢以平凡的偉大這頂桂冠，送給凌起鳳，並以此為她送行。

王文鼎

特許抽大煙的老黨員

王文鼎是大革命時代的老黨員，連黨的南方局的老同志都尊稱他為“王老”，雖然他在黨內不過是我們川康特委的一個聯絡站的站長。大革命失敗後，白區的黨組織幾乎被破壞殆盡，黨員大半犧牲了或者徹底隱蔽，然而王老卻一直和黨保持聯繫，做掩護工作。

他自從大革命後參加軍運，搞廣漢起義，把川軍一個師搞垮，便離開部隊，隱退到成都，憑他的中醫本事，開了一個小診所行醫。他和三教九流、國民黨的黨政特方面的人都打過交道，被捧為名中醫。王老為了裝得更灰色，領導特許他抽大煙。一直到抗戰，診所實際上是黨的一個掩護所和聯絡站。當時南方局的領導同志到成都來視察工作，一直都是住在他號稱病房的樓上。我們川康特委一直把王老那裏作為對各地市黨委的聯絡站和通訊處。

1949 年 1 月，特務頭子親自帶大批特務來成都破壞川康特委，特委書記老鄭（蒲華輔的化名）已經被特務盯梢了，可他竟然不覺，還去王老診所聯繫，結果王老被懷疑了。但是特務認為王老這個鴉片煙鬼不會是共產黨，便只派特務裝看病的去進行監視。

可當時我並不知道這個情況，只是在得知老鄭被捕的消息後，考慮到老鄭也知道這個聯絡站，為策安全，我把自己打扮成一個重感冒病人，從頭捂到腳，趕去王老的診所通知，一來告訴他這個聯絡站就不能再用了，必須撤銷，二來想和他研究一下他是不是要撤退的問題。

我進到王老的診所掛號時，發現門口有些不三不四的人，進到候診室，更發現有像特務的人坐在候診的條凳上。我感到事情有變，但又不可能退出去，那樣更會讓特務懷疑，我只能是不動聲色像真正就診的人那樣地坐到條凳上，等待王老叫號。

王老從他診斷室的窗口，瞟眼看到是我，他十分沉著，不露聲色地和我打一個照面，不緊不慢地看完前面的病人，然後輪到坐在我前面條凳上那個像特務的人了。可那個特務聽到叫號並未動，於是王老出來衝他說："輪到你怎麼不進來，你是不是來看病的？"他瞟我一眼，實際上是告訴我，這個人並不是來看病的，是特務。王老接著說："看你的病不重，我先把這個重病號看了再看你也行。"於是王老招呼我進了他的診斷室。

王老一面照正常的流程給我把脈看舌苔，一面在紙上迅速地寫，大意是說：昨天中午老鄭來"看過病"，可昨夜不知怎的，忽然衝進幾個特務來把他看住，然後在他家裏翻箱倒櫃，把所有地方都翻遍，不過什麼也沒有翻到，只搜到他的鴉片煙具和大煙，特務沒說什麼又走了，到底出了什麼事了？

我告訴他說："我家的大哥害的感冒比我還重，昨夜進了醫院，我就是被他傳染的。我還怕傳染別人，所以來找你看病。"王老當然理會，這是告訴他，老鄭昨天被捕了，要他注意保護來這裏聯絡的同志。我這麼一說，他就知道怎麼做應變措施了。接著他又給我寫道，他自有辦法。

我拿起王老開的藥單走出門去，發現診所門口那些不三不四的人裏，竟然有一個暗暗跟了上來。我裝著毫不察覺，從容地走到附近街上一個藥房去，正兒八經地取了藥。特務大概以為我是真病人，便沒有再跟我了。

不過王老並沒有馬上脫掉干係。因為他是老革命，在國民黨特務的老檔案裏是有案可查的。而且 1947 年“六・一”大逮捕時，他是上了黑名單的，只是由於我們潛伏在國民黨特務機關省特委會裏擔任情報工作的黎強同志，在決定黑名單向當時的省長鄧錫侯彙報時，提出這個王文鼎雖然在大革命時代是共產黨，但是後來行醫，還抽上鴉片煙了，現在共產黨怎麼會要鴉片煙鬼做黨員呢，以此為理由，建議把他從黑名單上劃掉。且由於王老和四川地方勢力多有往來，他和當時省會警察局長軍統特務劉崇樸搞得很熟，他為劉崇樸看病，並且被聘為省會警察局的特約醫師。鄧錫侯也知道此人醫道高明，便把他從逮捕名單上劃掉了。

但是這次由於老鄭被捕叛變，供出了王老是共產黨的統戰關係，特務便有了把他逮捕起來的理由。不過總算有地方勢力出面說情，更加以特務頭子劉崇樸力保，他最後才算脫此一難。不過，可能是特務不太放心吧，於是以看病的理由把王老請到警察局，其實是把王老監視起來，但王老在那裏只管看病，抽大煙，才得以保平安。

“解放”後，王老來找我說：“我這幾十年的聯絡處長，該讓我辭職了吧？我這奉命抽的鴉片煙癮，一‘解放’我就主動戒掉了。”我說：“王老，你是老革命，該休息了。”他卻說：“我還要撿起我的老本行呢。”不久他作為一個名中醫，被調到北京中醫研究院當領導去了。

王德偉

難以忘懷的成都掩護人

什麼是“掩護人”？何以難以忘懷？沒有長期做過中共地下黨工作的人，的確難以理解。然而對於我這個曾經搞過地下黨鬥爭而且做領導工作的人來說，的確是難以忘懷且心懷感激的，因為掩護人關係到領導人的生死存亡。

做地下黨領導工作的人到一個地方工作，第一件要做的事就是尋找掩護職業和合適的掩護人，有時候要安排適合做掩護工作的黨員同志做專職掩護人。這種擔任專職掩護工作的同志必須完全脫離黨的一切活動，包括一切進步分子的活動。做掩護工作的同志只對他掩護的領導同志負責，他的情況連同級的領導同志也是不知道的，只有更上級的領導人知道。王德偉和韓覺民就是我在成都和重慶的兩個掩護人。

王德偉是有名的民主人士，也是秘密黨員的妻子。這位秘密黨員調走後，她留在了成都，以作為一個做小生意買賣的人掩護自己。她開了一個小油墨廠，也做點兒倒賣汽車輪胎的生意，賺了不少錢。

王德偉成為我的掩護人後，她的黨員關係只在我手裏，我僅將此事報告了上級，連和我同級的特委書記也是不知道的。我遇到什麼情況，就躲藏在她的家裏。她也常給我們提供活動經費。

1949 年 1 月，繼國民黨特務破壞了重慶和川東的地下黨組織後，特務頭子帶了大批特務和認識老鄭的重慶地下黨的叛徒到成都來，千方百計要破壞川康特委的黨組織。由於川康特委書記老鄭嚴重違反黨的秘密工作紀律，未及時執行上級黨組織要他立刻下鄉躲避的緊急指示，尤其是在重慶發現認識他的叛徒後，也未引起他的警覺，結果特務終於得手，把特委書記抓到了。更為嚴重的是，老鄭被捕才一個星期，就被我們發現他叛變了。他當時分工領導的軍事方面的黨員關係和部分統戰關係都被特務破壞了。幸得特委下面各地各級黨組織關係全在我的手裏，老鄭只知道很少的領導同志，我們在他被捕後已經及時通知轉移，避免了川康特委地下黨組織的更大損失。

於是特務千方百計要抓的就是作為特委副書記的我了。雖然我知道十分危險，但是我必須執行黨的秘密工作紀律，堅持在成都組織疏散工作，堵塞漏洞，並及時報告上級。我有把握的是，沒有一個特務和叛徒認識我，估計特務還不放心放老鄭出來上街認人。更重要的是，我有一個連特委書記也不知道的可靠的掩護人，於是我住進了王德偉家裏，這是我的安全避難地和指揮所。特務費盡陰謀詭計，始終不知道我的下落。

我事先安排好掩護人的做法，產生了很好的作用。而且幸好我嚴格遵守地下黨秘密工作紀律，沒有把這個掩護關係告訴特委書記老鄭，才得以死裏逃生。

我把疏散工作完成後，要走出成都到香港去向上級報告，這一點兒老鄭和特務肯定是知道的。因此，我要平安地到達香港，不是件容易的事。

我的掩護人王德偉卻早已為我做了妥當的安排。我在老鄭被捕後早已把自己的面容改變了，修整了髮式，刮了原來留的小鬍子，眼鏡架也已換成假金架子，很難認出我的原來面目了。不過王德偉認為這樣還不行，她為我準備了一套商人慣常穿的絲棉長袍、中式紮結帶緞褲、羅宋呢帽，還特別給我準備了一個黑色的有些磨白的皮包。這個皮包裏裝有《工商導報》上剪下來的種種商業行情表以及商業往來信件、請柬，還有她為我在街上趕印的"通達貿易公司襄理"名片若干張。

我問要這些幹什麼。她拿出一張印好的名片，對我說："你現在是通達出口公司的襄理，這些是應該準備的。"同時提醒我要把她給我準備的當前豬鬃行情表背得很熟，並且一般商情也要知道一些，這樣說起話來不外行。

王德偉叫我把這些穿戴起來，夾上大皮包，在屋裏走幾步，順便也指點我一些商人來往的規矩，一個豬鬃出口商就這樣做成了。我不僅衣著儀表像個大商人，我帶的各種物件也和大商人相稱。總之，王德偉為我這次安全出走，做了萬無一失的準備，看來我可以蒙混過關了。

王德偉託和她在合夥做生意的一位朋友王先生，給我找了一輛離開成都的商車，臨行又給了我些銀元做路費，並且交給我一封她寫給在重慶的一位可靠朋友的信，告訴我可以找他。由於王先生找的是成華大學"三青團"包的商車，自然很順利地通過關卡，我安然離開了成都。

我感謝王德偉這個掩護人，她卻說這是她應該做的。

韓覺民

難以忘懷的重慶掩護人

韓覺民，是我安排在重慶的一個掩護人。他雖然不能和成都的王德偉為我做了幾年的掩護工作比，卻也為我做了重要的掩護。

韓覺民是我當年在上海一塊參加過“一二·九”學生運動的中學同學，思想進步。後來他讀復旦大學經濟系，我讀中央大學化工系，再也沒有往來。雖然我們各上各的大學，但是彼此都知道對方在抗戰初期入了黨。後來我曾在重慶偶遇他，得知他有個哥哥在當川北師管區司令，他自己開了個小銀行，他還給我留了他家公館的地址。

1948 年 6 月，我到香港向剛搬到香港不久的上海分局彙報工作，路過重慶時，為了避免住旅館惹來麻煩，決定到他的家裏去住。

我找到他家的地址後就直接上門去了。他家的公館雖然不大，卻相當精緻。兩層洋樓，樓下是客廳，沙發茶几，配套擺設，一應俱全。在客廳的落地玻璃門外是小花園，重慶夏天天氣熱，搭了涼棚。我進到客廳，他妻子聽說是老朋友，熱情接待我，告訴我說老韓正在銀行上班，中午會回來的，讓我坐在客廳裏等他。快到中午，聽到院子外有“叮叮噹噹”的包車鈴聲，我想是他回來了。果然，他夾起一個公事皮包走了進來，一看是我，十分高興。他說："我正在到處打聽你呢。" 我說："我這不是自己找上門來了嗎？"

我在老韓家吃過午飯後，他說天氣熱，讓我午睡後洗個澡，然後我們再喝茶閒談，表示今天下午他就不去上班了。他把我帶上二層樓一間帶衛生間的客房，我睡了一覺起來，到衛生間裏沖涼，那龍頭裏竟有熱水呢。我洗了澡，踏上涼鞋，到前廳陽台上，一眼望出去，正是浩盪長江，從腳下流去。

一會兒，老韓上來了。我們就躺在陽台的躺椅上喝茶閒話。他開門見山地提起當年我們一塊革命發過的"永遠不背叛革命誓言"，表示這個信念他至今未改。他說別看他現在資產階級小日子過得還不錯，但心裏卻很苦，因為自"皖南事變"後，黨組織就再沒有同志聯繫過他了，他也不知從何找黨。他直截了當地對我說，他看我的模樣，大概和組織有關係的，希望我能幫他，讓他能繼續為黨工作，他願意把自己的家業貢獻出來，為黨效力。

我當然是相信他的，不然我也不會到重慶找他並住進他家。我坦誠地告訴他，我確實是有關係的。不過，我也明確表示，雖然當年我們一起革命，但並不在一個組織裏，不好為他證明什麼，而且事隔多年，許多人事關係已經大變，一時很難弄清楚。雖然他找組織是真心，但我不能違反組織原則，把他的組織關係接起來，但我可以把他的情況向上級領導彙報。我還對他說，今後我也可以和他保持聯繫，把他的家作為我們黨在重慶的一個聯絡點，讓他作為我的一個掩護關係。

老韓當然懂得地下黨工作的組織原則，他認為，雖然他只能作為我的掩護人和我保持聯繫，但也算是和黨組織建立聯繫了，只要可以繼續為黨工作，就是好事。他接受了只作為我掩護人的安排。兩天後，他幫我買了一張飛往香港的飛機票，並送了我一些金子，以備急用。我到香港後，把在重慶找到韓覺民做掩護關係的事，向錢大姐報告了，並談起自 1941 年後他便和黨組織失去了聯繫，他急切想找到關係，但是我不瞭解他的那段歷史，只和他以朋友關係加以聯繫。我還說我在重慶有這個掩護關係是很好的，不僅能在重慶有個安全的落腳處，而且可以得到經濟上的資助。

錢大姐考慮一下說，當時是有這種情況，許多黨員的關係放下了，再也沒有去聯繫。你在重慶有這個掩護關係很好，甚至為了密切一些，你也可以和他暫時接上關係，他失去關係的這一段歷史，等將來查明後再作處理。不過，錢大姐提醒我說，既然你把他作為你個人的掩護關係，除了我知道外，你就不要告訴任何人了，包括川康特委書記老鄭。我說，但是我已經告訴老鄭，我在重慶有個做生意的同學，我可以向他要點兒路費。錢大姐說，那就只說是做生意的同學，不說別的。

我在香港彙報完工作後回成都過重慶時，又住進韓覺民家裏，並且把上級已經批准我和他建立黨的關係的事告訴了他，他興奮得不得了。我告訴他只做我的掩護，不能和任何進步關係建立聯繫，裝得灰色一些，他答應了。他說以後我來往重慶香港的路費開銷，都由他包了。接著他就為我買了回成都的汽車票，送我回成都。

1949 年 1 月，川康特委書記叛變，我在把成都的疏散善後工作處理完畢後，準備離開成都，從重慶到香港彙報情況。

我到了重慶，自然是到韓覺民的公館去住了。我在他家周圍觀察了一下，沒有異狀，於是走進他家裏，他當時還在銀行上班沒有回來，於是我便在他的客廳裏喝茶等他。我當時是完全沒有料到，老鄭叛變後居然把我曾告訴他的在重慶有個做生意的同學的事也供了出來。要不是韓覺民機靈，應付得當，我恐怕就被特務抓住了。

我在老韓家等到中午，他回到家一進門看到我，大吃一驚：“哎呀，你怎麼來了？”隨後他著急地悄悄對我說：“這裏的警備區二處的特務前兩天到我這裏來過，問你到重慶來了沒有，有沒有到我這裏來。我猜想一定是出事了。我決不允許特務潛伏在我家裏等你。我告訴他們你和我是十幾年前的同學，以後再也沒有往來了。只是去年來過一回，看樣子很潦倒，向我要錢，我沒有給你，你就走了。以後再也沒有看見你。我就問特務是什麼事，他們說，你是共產黨的頭子，正在抓你。我說我並不知道你是共產黨，而且告訴特務我這當老闆的最怕的就是共產黨，巴不得你被抓住呢。還表示如果你再來我家，我就打電話給他們。特務信了我的話，便回去了。但是說不定什麼時候就會來問，你得趕快離開這裏。”

聽他這樣一說，我也大吃一驚，不怕一萬，就怕萬一，我還是馬上離開老韓家的好。我對老韓說：“成都出了大叛徒，我要到香港去。”他說：“那麼你恐怕要用錢吧？我馬上準備。”我說：“好，三天後的上午，我們在小什子城隍廟茶館碰面。你把錢帶來。不過你來的時候，要注意不要有特務跟你來呀。”他說：“那是自然。我坐私包車去，跑得飛快的。”他又問我：“你現在到哪裏去呢？住旅館可不好呀。”我說：“我自有辦法。”便匆匆從那裏告辭出來。我留心觀察一下，沒有潛伏的特務的跡象，我就上街去了。

從老韓家出來後，我想幸喜得從成都出發時，我的掩護人王德偉還給我介紹了一個她在重慶的朋友，不然，我現在到哪裏去落腳呢。我按王德偉提供的地址，在重慶海關找到了黃毅，住進了不受盤查的他在海關的宿舍裏。

三天後，我按照約定，準時到小什子城隍廟茶館與老韓碰頭。進茶館裏，我看見老韓已經坐在裏面一個桌子邊。我走過去和他打招呼，並坐下來泡上茶聊起來。我忽然發現，在更裏面的一張桌子邊坐著的兩個人神色不大對頭，老在注意看我們。我問老韓：“你是不是帶了尾巴來了？”他說：“不會，我坐的私包車，跑得飛快，哪個跟得上？”我說：“不對頭。我們約另外的時間會面，你再拿錢吧。”他說：“那好，明天下午下班後，你到我的辦公室來找我。”我說：“我現在要設法脫身。你不要緊張，喝你的茶。”

於是我們很坦然地喝茶閒話，做出根本沒有注意特務的樣子。老韓給我一支香煙抽，我點火抽了一下，我用大一點兒的聲音說："你這煙不夠味，我去買一盒好煙來。" 我從容地走到廟門口的煙攤邊，裝出認真買香煙的樣子，我故意把一隻腳露在外邊，叫特務能看到我是在那裏買煙，便不會跟出來。我斜眼瞄一下，待那特務把眼睛轉過去沒有看我時，我馬上收了腳，然後順廟後小巷急步溜走了。那一帶轉彎抹角的小路很多，很便於我擇路溜走。我穿過幾條小巷，就到了半山坡的中山公園門口，我逕直走進公園，那岔路更多，我轉了一會兒，再也沒有發現有人在盯我，我自信我是走脫了，才回到海關去。

真是沒想到我到重慶來又冒了一次險，看來敵人很可能已經發覺我到重慶了。但是我還沒有把錢拿到手，沒有錢我就無法到香港，我還得第二天再冒險去取錢。

第二天下午，我等到老韓的銀行下班再也沒有人了，才到銀行門口。我正要進去，那門房攔住我說："現在下班了，人都走完了。" 我說我找韓經理。他說："韓經理也回家去了，你是張先生嗎？韓經理這裏有一封信留給你。" 我很奇怪，怎麼約好的，他卻走了。我拿過信走出來打開一看，原來是老韓開出的一張支票，要我到另外一個銀行去取錢，盡快離開重慶。

"解放" 以後，我碰到老韓，問他那天我們分手後的情況。他說我從茶館離開後，旁邊坐著的特務就過去問他，剛才和他一塊喝茶的人哪裏去了。老韓回答說："我們生意場上的人，談完生意就各走各的，我哪兒知道他到哪裏去呢。" 特務沒有再追問。但是老韓回家後，明顯發現有人守在外邊街上，第二天上班，也發現有人悄悄地跟蹤他，他知道不對頭，怕我到銀行取錢碰上特務，所以就開了張支票留在門房給我，他自己早早地走出銀行回家，把特務帶著跟他回了家，這樣我到銀行時就安全了。

第三卷

親人[1]、恩人[2]與洋人

1 我的親人很多，這裏只寫出四個已經為革命犧牲了的人。其中何功偉，雖非親人，勝似親人。

2 本卷中的郭德賢、邱嫂、王叔豪、姚三妹、郭嫂、高奇才、大老陳，誠然都是最普通的人，卻是具有人性的真正的人。他們是我的救命恩人，把我從死亡綫上救出來。

齊亮 / 馬秀英

犧牲自己　搶救同志

1941 年，我奉南方局之命，考入在昆明的西南聯合大學隱蔽，執行周恩來指示的"勤學、勤業、勤交友"三勤方針。我第一個交好的朋友就是齊亮。他是我相交最親密的朋友，也是我的妹夫，更是我一生最尊敬的革命戰友，一個捨身救黨員、英勇就義的烈士。

不知道是不是有什麼緣分，我一住進西南聯大的宿舍，就和齊亮住在上下舖。一見交談，便很相得。我們一塊兒上課，一塊兒到茶館喝茶，真有相見如故的感覺。一談起來，我們對許多時事問題有相近的觀點。他似乎有意要猜測我是一個什麼樣的人，正如我也猜測這個如此想親近我的人到底是個什麼人。如果不是最壞的特務想來試探我，便是最好的黨員。

我們彼此警惕卻又隱隱試探，真像《三岔口》那個京戲，在黑暗中對打對試了好半天，最後終於大白，原來正是想尋找的戰友。正是如此，當我不期而然地為我那不久前犧牲的愛人而暗自傷悼不已時，他忽然也很難自禁地喊出"血呀，血呀，中國的血要流到哪年哪月"的話，見我不禁淚奔如雨時，他才對我說："我猜想你很久了，現在我明白了，你是……？"我馬上阻止他再說下去："不要說了，我也明白了。"

我們終於各自請示了自己的上級連絡人，上級雲南省工委決定打通關係，建立一個共產黨的新支部，領導西南聯大進步學生活動。我任支部書記，他任委員，從此我們本著南方局的指示，既要長期埋伏，又要積蓄力量，等待時機。我們在同學中不斷尋找流散的黨員和進步分子，組織各種進步活動。

齊亮按現在的說法是一個頗為出色的“帥哥”，北方高大瘦長的倜儻青年。他是一個特別富於磁性、天生就一種親和力的人。無論什麼場合，只要他一出現，不久便成為耀眼的中心。他舉止文明，談吐優雅，樂於助人，頗有燕趙遺風。他工作不久，就團結了一大批進步的和中間狀態的同學。他主辦同學最關切的伙食團，號稱“和尚食堂”，為大家謀福利。他的一表人才和進步思想，吸引了大家，連校花也想黏住他而傾向進步。他在和“三青團”爭奪學生自治會領導人的選舉時，旗開得勝，先被選為聯大學生自治會三主席之一，後又被選為昆明全市學聯主席，領導全校和全市學生的進步活動。他發起組建了“民主青年聯盟”，並在其中發展了許多黨員。

1945年秋，我們兩人都在中文系畢業了。中文系有意留他做研究生，可是當時雲南省工委決定要在滇南一帶農村，準備發動武裝鬥爭，我和齊亮都被選中到滇南工作，我任滇南工委書記。齊亮被派往滇南少數民族地區，做基層農民發動工作，並負責好幾個縣的中學的地下黨員聯繫和領導工作。名義是在元江鄉下辦小學（這裏又要插一段話，少數民族少女能歌善舞，齊亮也學會同舞，幾個漂亮少女就瞄準了他，但被他拒絕了）。

1946年夏，南方局領導決定調他到重慶，在南方局青年組負責學生工作。他便和我分別了，我頗悵然。幸喜不久我也同時調南方局到川康特委工作，我到南方局又和他見面了，十分高興。聽他說起來，他正在像西南聯大時那樣，把工作重點放在爭取中間分子身上，頗有成效。這對我到成都做學生工作，也有啟發。

1947年3月，國民黨挑動內戰，已遷到南京的原南方局和留在重慶的重慶分局都被迫撤退回延安。齊亮本也在分局撤退之列，可是他卻設法沒有跟著撤離，繼續留在重慶市委工作，擔任了渝北縣委書記。

當時，南方局撤走後，整個蔣管區的地下黨組織都由上海分局錢瑛同志領導，但是上海分局與雲南省工委和我所在的川康特委一時失去了聯繫。因為錢大姐知道重慶市委下的齊亮認識雲南省工委的書記，也和成都川康特委的我更熟，於是派齊亮想辦法到成都和昆明的黨組織聯繫。

齊亮首先到了成都，住在我家。老朋友又見面了，且在危難中，自有一番親切。他把上海分局聯繫川康特委的秘密口號和通訊地址告訴了我，我把川康特委的全部組織情況告訴了他。他擔負如此重要的上下聯繫的政治交通極端機要工作，足見上海上級對他的忠誠十分信任。我們都捨不得分離，他決定在我家裏多住幾天。

我的妹妹馬秀英剛從四川大學畢業，尚未工作，住在我家裏。她在川大參加學生進步活動，是黨的外圍組織“民協”的成員。她知道我是幹革命的，很親近我。齊亮來了，她當然也知道他是幹革命的，對他也親近。齊亮的“帥哥”模樣，一下便被我妹妹看上了，喜歡得不得了。她偷偷對我說，她想和齊亮做朋友，要我介紹。

其實這都用不著我介紹。齊亮喜歡做群眾工作，見到秀英就對她進行思想工作，以提高政治覺悟。秀英當然樂於聽齊亮的教導。她對我說：“我一見他，我就心跳，我一聽他講話，我就很高興。”秀英有意帶齊亮去成都各地旅遊，幾乎天天出去，晚上才回來。看來不僅秀英有意，齊亮也動心了。不過他似乎並不想和秀英戀愛。他對我說，他身負重大政治任務，要馬上坐飛機去昆明向雲南省工委書記傳達上海分局指示去了。他對妹妹的癡情很感動，對我說：“我看你妹妹是可以吸收入黨的了。”我說：“川大黨支部是準備吸收她的，我這個妹兒你看怎樣？模樣還可以，政治上進步，她對你一見傾心，把你黏上了呢。”齊亮笑一下說：“可惜她在成都，我在重慶，沒有緣分喲。”齊亮買了去昆明的飛機票，走的頭一天晚上，他們兩個在小屋裏，嘰咕到夜深，不知說些什麼。第二天齊亮走了，秀英牽心掛腸，一副失魂落魄的樣子。我要她出去找工作，她不大理會，過了幾天，她忽然對我說：“我要去找齊亮。”

之後，她老在自言自語：“我要去找齊亮！”我看她癡迷齊亮就似要發精神病了。我說：“你不是黨員，怎麼找他呢？”她說：“你一定知道他在哪裏，我要去找他。我要跟他去幹革命。”我知道齊亮的掩護職業，能找得到他，但是齊亮是不是看上她了呢？秀英卻說：“不管他愛不愛我，我愛他，我跟他去革命。”

我無可奈何了，只好讓她去重慶找齊亮。她歡天喜地地到重慶去了，一去便再也沒有音信。

1948年4月，因重慶黨組織市委書記劉國定叛變，特務在各處抓人。這消息傳來，我想齊亮一定是特務的抓捕對象，一定在做黨員緊急疏散工作。我為此搬了家，也不知秀英怎樣了。

那年6月，我到已搬到香港的上海分局錢大姐處彙報工作。我在那裏住了一個月，彙報工作，接受指示，進行整風學習。我從香港回四川路過重慶時，設法找到羅廣斌，才知道重慶黨組織破壞詳細情況，知道齊亮和秀英沒有被捕，特務正四處抓人。

羅廣斌跟我回成都避難。不久齊亮和秀英也突然逃到成都，找到了我。我才知道他們兩個已經結婚，秀英已經入了黨，跟齊亮一塊兒做黨的工作。齊亮說他冒了很大危險，緊急疏散一批黨員後才到成都來避難的。我把他們安排到溫江中學教書，本來好好的，卻因有特務去溫江中學查問，他們走避到成都。我正為他們找好了避難去處，卻不知道劉國定這個叛徒由特務押著，到了成都，坐上吉普車，天天在街上轉悠，抓重慶逃到成都的地下黨員。後來聽說齊亮上街，在春熙路被劉國定撞上了，當場被捕。特務由從他身上搜出的身份證上得知他的住處，趕到那裏，抓到了秀英。後來聽說，秀英本來打扮成一個無知的鄉下女人模樣，特務把她看得並不緊。那院子的主人安老太太是我們聯絡站的人，她叫秀英上廁所時從廚房小門走掉。秀英卻不理會，只管收拾衣物，說要去找齊亮，是死是活要跟齊亮一起。結果特務把他們兩個抓回重慶去了。最終兩人在重慶快“解放”前特務的大屠殺中，英勇犧牲。

重慶“解放”前夕，羅廣斌等人逃了出來，我們不久後見了面。廣斌說齊亮入獄，表現得非常英勇。他一進去，特務就威脅他說，兩條路：一條自首，放他走人；一條馬上槍斃。齊亮站起來就往外走，特務驚問他幹什麼，齊亮說：“你們不是說兩條路嗎，我走第二條，走，你們執行吧。”把特務都驚呆了。廣斌說，特務們認為對這樣的共產黨人，動什麼刑罰都是白費勁。所以齊亮入獄快一年，直到他走上刑場，沒有審問過，更沒有對他動過刑。他在獄中還寫《支部工作綱要》，組織難友過“組織生活”呢。廣斌說，在獄中能聽到解放軍的炮聲，大家都高興，齊亮卻說他要上路了。果然，特務叫他出來，對他說換個押他的地方。齊亮知道他的大限到了，從容地走向刑場。秀英則是在獄中集體大屠殺時被殺害了。

時間過去了六十年，廣東的作家呂雷和幾個作家到重慶出差。呂雷臨走前，他的父親呂坪告訴他：“你有機會到重慶，一定要去烈士陵園，一定要找到齊亮烈士的塑像，向他叩拜，默哀致敬。”呂雷這才知道，他的父母在“解放”前曾在重慶做地下黨工作，由於叛徒出賣，特務已準備逮捕他們，但他們和支部其他同志事先卻不知道。是齊亮冒了最大的危險，趕在特務前面，找到他們，叫他們馬上離開。如果不是這樣，呂雷的父母，甚至整個支部的人都會被捕犧牲。齊亮當時已經清楚知道，特務正在四處抓他，然而他為了救出其他同志，不惜冒生命危險，在千鈞一髮之際，救同志於滅亡。

呂雷到重慶後，在歌樂山專門找到齊亮塑像，向他叩拜，告訴他，通知到的同志都平安轉移了。他的父母活了六十年後，一直念念不忘救他們的烈士。為此，呂雷在《光明日報》上發表了一篇文章說，沒有齊亮的捨身救人，就沒有他的今天和其他許多人的今天。呂雷問，這是一種什麼力量，使烈士們視死如歸？信仰，就是堅定的革命信仰。

《光明日報》的編輯把這篇文章轉給了我，我後來寫文章說："人無信仰，生不如死。"我把這八個字寫成書法作品，由《光明日報》刊登在副刊上。

劉惠馨

偉大的革命戰士和母親

劉惠馨同志是一個知識青年，正像三十年代的許多知識青年一樣，她經歷了從一個普通的愛國分子轉變成為一個無產階級戰士的過程。這是一個光榮的過程，但也是一個嚴重的自我改造的過程。這個過程，惠馨在革命的風暴中用短短五年工夫完成，而且是轟轟烈烈地完成的。

惠馨出生於一個公務人員家庭。當她在南京上中學的時候，她看到下關江面停著各國的軍艦，公然用大炮對著堂堂首都，她又看到外國人在南京街上恣意橫行，而那些高等華人還要曲意奉承，這些都在她內心引起莫名的憤慨。她聽信她的老師的論斷：中國積弱都是由於工業落後，只有振興工業才能救國，於是她發憤讀書，考入了南京中央大學電機系，成為該系唯一的女生。她是熱心的工業救國論者，學習得很不錯，一心一意想要學成報國。

但是當她在一次返校節的同樂晚會上，聽到前幾屆畢業同學回來訴說他們的遭遇時，她才明白，一個工科大學畢業生在國民黨的經濟機關裏不過是一種“擺設”，在資本家的工廠裏不過是幫助剝削的監工，甚至是把日本貨拿來改頭換面、冒充國貨的幫兇。她失望極了。工業救國對她成為一種惡毒的嘲笑，從此她痛苦彷徨：祖國往何處去，自己的出路又在哪裏呢？

這時“一二·九”學生運動爆發了，她從一個“隨大流”的參加者變成一個積極分子。她發現了一個簡單的真理：只有抗日才能救國。但是怎麼抗日，誰來領導，她一點兒都不明白。後來她參加了共產黨的外圍青年組織“學聯”秘密小組的活動，明確了只有跟著共產黨走，才能抗日救國，但她對於無產階級革命等知識一無所知。

抗日戰爭爆發後，她和我們幾個在黨的影響下的同學，一塊兒到南京的曉莊農村去做發動農民的工作。我們天真地想就地發動農民，將來拖到附近的大茅山打游擊。但是我們這一群知識青年，不僅對於群眾工作很生疏，就連自己的生活也不會對付。我記得有一次輪到我和惠馨做飯，我們一起到井邊打水，雖然我們自矜為有知識的人，而且惠馨是學機械的，但光是把吊桶放進水井去，就拉來扯去弄了半天，那吊桶就是不聽指揮，打不起一桶水來，還是一個農民來解救了我們。惠馨對於自己真是失望極了，她歎氣說：“唉，我們這種知識分子，到底有什麼用處呢？”

她對於知識分子的看法雖然未免過於悲觀，但是這卻促進我們對自己的知識重新估計，並且決心去依靠工農群眾。

但是知識分子要去依靠工農群眾也不是容易的事。我記得有一次我們興高采烈地拿著漂亮的壁報，戴著草帽，到附近一個採石場去向工人宣傳抗日，我們聲嘶力竭地講解不抗日就要亡國的道理。但是令我們很失望的是，工人們正赤臂露頭，頂著大太陽，緊張地捶石子，根本不理會我們，看他們那懷疑的神色，大概以為這幾個少爺小姐模樣的人，是吃飽了飯，到採石場尋開心來了。

我們垂頭喪氣地回來。惠馨特別難過，她悲觀地歎氣：“哎，知識分子喲，知識分子喲……”這時，有一位後來才知道是黨派來和我們一起工作的同志勸告我們：不和工人打成一片，不瞭解工人疾苦，不和他們休戚相關，根本說不上宣傳，更談不上組織。

惠馨特別激動地接受了這個勸告。她約幾個同學改變裝束，到山溝去和工人一起打石子。她們幹了一天，臉上手上被太陽曬脫了皮，回來腰酸腿疼。但是我們到底瞭解到一些工人的生活苦況。我們發覺在東倒西歪的茅棚裏睡著很多害瘧疾和各種傳染病的病人，看到山邊一片一片新墳壓著舊墳，看到許多婦女背著嬰兒，她們身邊還坐著一些才能勉強舉起小鐵錘的小孩。她們毫無生氣地坐在地上打石子，她們的腿被飛崩的石子打傷了，潰爛了，流著黃色的膿，蒼蠅在那裏嗡嗡地飛，驅之不去。惠馨對於這種景象有特別深刻的印象，她回來後整晚一聲不響，她深思著這一切現象所說明的問題。

第二天，她約了兩個女同學，帶一些治時疫藥水、奎寧丸、油膏和消毒藥、棉紗布到採石場去，義務給工人洗腿擦藥，給害瘧疾的人吃奎寧丸。起初工人是懷著戒心來接受醫治的，時間久了，才知道這是一群好人，但是也僅止於好人罷了。他們是為了答謝好人的好意，才勉強抽出晚上休息的時間，讓我們去給他們講抗日道理，這樣才算混得熟了起來，和工人們交了朋友。也只有在這種場合，才使我們瞭解到駭人聽聞的壓迫和剝削，對於書本上讀到的階級壓迫才有一點兒感性知識。在這裏，我們才受到真正的政治教育。惠馨深受感動，她告訴我說："我現在才明白，抽象宣傳抗日，對於在這深淵底的工農群眾說來，不過是一種嘲笑！不進行工農革命鬥爭，抗日是辦不到的。"我知道，她開始從抗日救國論發展到要求為工農革命而鬥爭了。

我們想在大茅山打游擊，黨組織明白這不過是一群年輕人不切實際的想法。黨及時通知我們撤退到武漢去。我們到了武漢，中央大學辦事處正在辦理同學去重慶復學的登記，許多同學都去登記，坐船走了。惠馨卻十分堅決，她說她再也不想去學習做一個國民黨高等辦公室的"花瓶"了。她和我一起到安仁里二號董老那裏報到，被介紹到黃安縣七里坪黨訓班去學習。

在七里坪黨訓班受訓時間雖然不長，但是只有在那裏才真正受到革命知識的初步教育，才下決心拋棄知識分子的一切不切實際的幻想，願意到工農群眾中去做一點兒微不足道的工作。我被派到武漢去做工人工作，惠馨被派到湯池訓練班學習，之後被派到鄂西山區去，在農村合作社指導員名義的掩護下做農民工作。在湯池訓練班裏，她入了黨。

我們要分開了，臨別的晚上，我們相互鼓勵。她說："從現在起，我們才開始了新的生命。"她又說："我是個新兵，毫無戰鬥經驗，但是決心接受任何鍛煉和考驗。"我知道她已經從一個工業救國論的知識分子轉變到無產階級革命旗幟下了，雖然還不能被稱為一個成熟的革命戰士，但是她的確踏上征途了。

惠馨到了鄂西山區，無數的困難等待著她。生活習慣的不同、語言的隔閡還是小事，最叫她難辦的是，不用國民黨辦改良主義的農村合作社的名義，難以在農村立足，但是農民對這種粉飾剝削、欺騙農民的合作運動卻深惡痛絕。惠馨不得不在合法的外衣掩蓋下進行"非法"的農民革命活動，而這是國民黨視若洪水猛獸的事。惠馨由於沒有經驗，又操之過急，還沒有扎下根子就暴露了。那時國民黨反共高潮還沒有掀起來，她成為"不受歡迎"的人物，被"歡送"出境了。

惠馨出馬失利，深覺慚愧，但是她變得愈發堅定了。她給我寫信說："這是一場困難的失敗的鬥爭，但是我以能參加這樣的鬥爭為榮。我終於明白階級鬥爭是怎麼一回事，這不能是別的，只能是你死我活的鬥爭！"這一點兒知識的獲得，對她以後的工作和鬥爭是很有益的。

這時武漢淪陷，我們轉移到鄂北。1939 年 9 月惠馨也被調到鄂北，我們見面了。當時黨為了發展敵後游擊戰爭，調一批人從竹溝轉往蘇北地區。惠馨老家是蘇北淮陰，首先入選。我和她相聚不久，卻不能不做長期別離了。我記得在別離前夕，我們倆在田野的樹下話別。由於一種革命的矯情，她始終沒有對我表示惜別之情，只有在末了，她才對我說："這次我去了，不知道我們什麼時候才能再見，過去我們相約的'抗戰不勝利決不結婚'的那些話，已經沒有什麼意義了。我要說的是，這次我回到蘇北，去和敵人進行面對面的廝殺，我是抱著犧牲的決心的。也許……"我連忙接下去說："我們一定會看到革命勝利。"她站起來說："但願這樣。"說罷就和我握手告別，就像和一個普通的革命同志握別一樣。我看到她那堅定又矯健的步伐，消失在月色下的小路上了，才感覺到有許多話還沒有對她說。

惠馨和其他同志步行到河南，由於竹溝事變沒有去成蘇北，又折回來了，並且立刻被黨分配到鄂西山區農村做地下黨的秘密工作。黨要求她改變身份，斷絕通信。她從鄂北過路時，為了遵守紀律，沒有來找我，也沒有給我寫信。

後來她告訴我說，那段時間裏，她打扮成農村婦女，在農村奔走，每天在深山大嶺裏走動，風裏去，雨裏來，做黨的組織工作，和農民同志同吃同住，和農民一塊兒勞動，同呼吸，共命運，精神是愉快的，心情是舒暢的，工作上的每一點兒進展，都標誌著她的自我改造的進步，都是她戰勝困難提高自己思想的過程。她說，她是做了工作，卻更多地受到教育。在那山林農家的夜晚的小組會上，她聽到農村中千奇百怪的壓迫和剝削，聽到農民對於地主豪紳的刻骨仇恨，聽到農民對於將來的希望和種種奇妙的鬥爭方法。她說她從農民的簡單明白的語言中體會到革命的深刻道理。許多農民對她說："那個日子一定要來！""那個日子"的含義就是紅二方面軍路過山區的日子，就是打土豪，分田地，人民自己當家作主，窮人揚眉吐氣的日子。這一句話是雷打不垮、火燒不滅的信念，也是她的堅強意志，並且後來成為我們互相鼓舞的真理。她告訴我說，她永遠不能忘記那些風雨之夕，在農家給農民舉行入黨宣誓的光景。她看到在暗淡的桐油燈光下那些樸實和毅勇的農民面孔，看到他們那樣舉起握得緊緊的戰慄的拳頭，就不能不激動萬分；當他們跟著她吃力地唸入黨誓詞，一同小聲地唱“……舊世界打得落花流水，奴隸們起來起來……”的時候，她說她情不自禁地淚流滿面了。這是幸福的眼淚，這是她一生最高尚的享受！

1939年冬天，我被調到鄂西做地下黨的工作，我們意外地相會了。黨為了組織秘密機關，要我們結婚，並且要惠馨改扮成家庭婦女，擔任“住機關”的工作。我們相會自然使她高興，但是要她住機關，卻給她帶來很大的苦惱。她是一個性子火辣辣的人，喜歡到處走動，喜歡投身於火熱的鬥爭，現在要她坐下不動，真是為難。但是她經過了幾天痛苦的思想鬥爭後，下了決心。她在恩施郊區找好房子，買好一套成家立業的鍋盆碗盞，我們成了家。她把自己改扮成一個家庭婦女，每天買菜做飯、洗衣服、做針綫活兒，還要和左鄰右舍的家庭婦女交往，說些言不及義的閒話。只有晚上才能關起門來自己讀一些馬列主義的經典著作。起初她是苦惱的，慢慢才習慣起來，並且把自己的旺盛精力轉向秘密機關的一套技術活動。她組織交通站，編制密語密碼，收發秘密文件，工作做得很出色。雖然很忙，卻很愉快。她懷了孕，卻不辭辛苦自任交通，遠道去重慶南方局報告工作，並且帶南方局的一位負責同志到鄂西來檢查工作。

她回來告訴我說，她的家在海棠溪，她在重慶時，三次過海棠溪到黃桷樹接頭，很想回去看看，但終於忍住了，她怕落到家庭的樊籠裏去。我取笑說：“你這倒是三過其門而不入呀！”她笑了一笑。

後來工作太多，人手不夠，黨又決定要她擔任和當地一些黨組織接頭的工作。後來她又擔任恩施縣委的副書記、組織部長，同時也是特委的婦女部長。她身懷有孕，既要把繁重的家務勞動全部擔當起來，又要把機關工作管得有條不紊，保證安全，還要出去領導黨的秘密組織，真是夠忙的，但是她一點兒也不感覺疲倦，總是愈做愈有精神，好像她的精力永遠不枯竭似的。我記得有一次她到七十里外的屯堡第七女子高級中學去接頭，我以為她一定要第二天才回來，誰知當天深夜她跑回來了，進門還是那樣生氣勃勃、笑容滿面的樣子，但是明顯地看出她累壞了。果然她因勞成病，我責怪她懷著孕這樣跑長路。她在床上拉著我的手說："原諒我，我也知道不對，但是我總想多做點兒事。我知道我們現在從事的是一種光榮但是危險的職業，說不定什麼時候就會落入虎口，再也做不成了。得趕快做！"

我說："你想到哪裏去了？"她卻緊緊抓住我的手，更嚴肅地說："真的，我似乎有一種預感，但並不是出於恐懼。我近來常常想到，假如我被捕了，該怎麼辦？那時候你一定很難過吧。但是你不用難過，我會按照一個共產黨員那樣行事的。"我聽她這樣說些不吉利的話，很不舒服。我說："算了吧，說這些幹什麼？"她卻更嚴肅地說："不，我們是應該想到這些事的，也許我們再也不能見面了，我希望你在勝利後到我的墓前獻一束花，告訴我'那個日子果然來到了！'"我再也聽不下去了，我阻止她說："我只想活著鬥爭，沒有想到死，你說這些倒好像你是一個浪漫詩人！"她笑了一笑，並且搖了一下頭，原諒我不理解她的心情。

我並不相信命運和預兆，但是惠馨的這些話卻果然成為讖語。在敵人製造"皖南事變"後不久，由於一個可惡的叛徒出賣，惠馨和特委書記何功偉一同被捕入獄，而當時我正下鄉巡視工作。"解放"後，從審訊特務的口供裏知道：當特務破門而入時，惠馨已在屋裏匆匆地燒毀了一切文件，她從容地抱起孩子和何功偉一起走向監牢，走向新的戰鬥崗位，按照一個共產黨員應該做的那樣。

惠馨入獄時，生孩子還不滿月，身體還沒有康復，孩子拖累很大，獄中生活很苦，這一切還是小事，主要是她面臨著嚴重的酷刑。敵人捉住何功偉和惠馨後，就決定一軟一硬，分別對待。戰犯陳誠和反共專家朱懷冰親自策劃，他們以為對何功偉這種硬漢子用酷刑是沒有用處的，必須和他鬥智，使軟功夫把他軟化下來；而對惠馨，卻以為她是"女流之輩"，又是拖著孩子的媽媽，只要一硬壓就可以壓垮，就可以突破"缺口"。於是各種各樣刑罰落到惠馨的頭上。

敵人的判斷完全錯誤，惠馨雖然是女人，又剛生過孩子，弱點似乎很多，但是她首先是一個共產黨員，一個錚錚鐵骨的共產黨員。百般刑罰一點兒也沒有把她從肉體上壓垮，她反而變得更為堅定起來。敵人甚至對她採取卑鄙的"野外審訊"，實行假槍斃，企圖從精神上壓垮她，可是仍然不能動搖她分毫。一個人要是抱定了大無畏的犧牲精神，的確不是任何力量能夠損他一根毫髮的。

敵人沒有辦法，就在惠馨是一個初生嬰兒的母親上做文章了。這個孩子本來先天不足，生下來不滿月就被捉到監牢裏去了。惠馨的身體不好，奶水不足，曾要求特務准許她買餅乾和奶粉給小孩吃，但這些起碼的人道主義的要求都被特務拒絕了。相反，敵人更故意為難這個孩子，把惠馨和孩子關在一個穀倉裏，除了破倉板縫透進一綫光明，什麼也看不見，使一個初生的嬰兒見不到陽光，企圖這樣來要脅惠馨。惠馨回答敵人的是絕食鬥爭，為要給小孩開一個小窗而絕食鬥爭。在她絕食期間，敵人一反常態，故意用油煎蛋飯來代替平時給她的一碗鹽水臭米飯。惠馨連看也不看一眼。絕食鬥爭在同獄同志的支持下，終於勝利了。後來出獄的同志告訴我說，當敵人在倉庫上開了窗子，惠馨抱著孩子到窗口去呼吸新鮮空氣，望著光明的天空和讓孩子曬太陽時，她是多麼的高興呀。

敵人自然不甘心，常常威脅著要弄死小孩。惠馨十分疼愛自己的女兒。她在那樣困難的環境中，仍然無微不至地撫育孩子，把自己的鮮血凝成的一點兒淡奶餵給孩子，要孩子活下去。為使孩子不致在嚴冬凍壞，她用自己的破衣服給孩子做衣服。特別使獄中同志們感動的是，即使惠馨因遭受酷刑昏迷了，也沒有忘記自己的孩子。有一次惠馨遭受酷刑昏死過去了，被敵人拖回倉庫。住在倉庫樓上的難友從倉庫的木板縫望下去，看到惠馨過了很久才甦醒過來，她聽到孩子在哭，猛然抬起頭來，想過去抱孩子，可是身受重傷，一步也挪不動了，只向孩子伸出兩手又倒下去了。過了一陣，惠馨積聚了自己剩下的最後一點兒力氣，在地板上爬了過去，勉強坐定，抱起孩子來，拉開她那帶血的衣服，把乾癟的乳頭塞到孩子的嘴裏去；當孩子用力吸奶時，惠馨支持不住，又昏過去了，可是她仍然緊緊抱著孩子，讓孩子能夠吸住乳頭。樓上的同志看到這個景象不禁痛哭起來。惠馨醒來聽到了樓上的哭聲，卻很冷靜地說："這裏不是哭的地方，這裏不是流淚的地方。"

惠馨對自己的孩子並不像一個普通的母親那樣溺愛，她是把這個孩子當成革命後代來撫養的。希望這孩子能夠活下去，活著出去，長大去革命。

敵人以為從惠馨身上找到了一個大弱點，企圖用打死小孩來威脅惠馨。在這樣的節骨眼上，對於一個母親的確是極其嚴峻的考驗。但是惠馨在這嚴峻的考驗關頭，毫不猶豫地作出抉擇，在做一個革命戰士和慈愛母親兩不相容的時候，她堅定地做一個革命戰士，她寧肯犧牲自己心疼的孩子來保持革命氣節。當然可以想象，當敵人威脅著要打死小孩的時候，她毅然掉頭不顧，那種母親的痛苦也是可想而知的。敵人這種詭計並沒有成功，他們不敢打死小孩，他們知道這樣辦只能使惠馨更堅定，更無掛慮，更會向他們展開堅決鬥爭。功偉和惠馨在獄中，領導監獄裏的鬥爭，堅持革命氣節，雖然功偉在監獄裏被隔離起來，但他的共產黨人的政治影響卻隨時隨地在感召人，他依然是組織的領導者，惠馨仍然擔負了獄中的組織工作。惠馨明白向她衝擊來的頭幾場風暴，已經抵擋過去了，在最厲害的或者說最後的一次衝擊——那就是置她於死地——還沒有到來以前，她必須抓緊時間工作。

她組織黨的支部，組織難友堅持學習，抵制敵人進行的"青年訓練"講演，鼓舞同志們的鬥志，穩定動搖分子等，工作的確是夠多的。還不止於此，她在獄中還接受為她所培養成熟的一個婦女入黨。她明白自己遲早難免犧牲，因此希望有更多的人繼她而起，站在她的崗位上，繼續鬥爭。

她還考核自己的隊伍，把黨員在獄中的表現記錄下來：哪一個黨員是堅定的，哪一個黨員動搖了，哪一個黨員自首或叛變了，都暗記下來，像她在外面做組織部長應該做的那樣記了下來。當一個青年被釋放出獄的時候，她託這個青年將此偷帶出監獄，並且要他幫助送到重慶交給南方局。後來聽說，這份材料南方局的確收到了，可惜送信的這個青年同志現在不知道在哪裏，因而詳細情況不得而知。

惠馨不僅把監獄的黨員組織起來，變成一個堅強的戰鬥集體，而且把青年組織起來進行革命教育。惠馨知道她沒有出獄希望，可是她還帶頭學習化學和英文，要青年同志在監獄裏不要忘記利用時間學習知識，以便將來出去把自己的知識貢獻給祖國光明的未來。

特務所使用的一切威脅利誘和兇殘的酷刑，沒有動搖惠馨的堅強革命意志一絲一毫。他們滿以為可以從這樣一個帶著孩子的女人身上討到什麼便宜，結果也完全落空了。敵人為這樣一個女共產黨員大傷腦筋，最後對她採取了兇殘的殺戮手段，決定把她和何功偉一起拉出去槍斃。惠馨毫不畏懼地面對她久已料到的日子的到來。她知道自己快要完成一個共產黨人偉大人格的最後鑄造了，她以能終其一生得到共產黨員的光榮稱號為榮。

據說臨刑的那天大清早，她親昵地把她的女兒摟在懷裏，給女兒餵了最後一口奶，然後坦然地抱起女兒，以莊嚴的步子走向刑場。她並不為自己的犧牲而難過，她不放心的是她的女兒，還不滿一歲的孩子將要落到怎樣一種命運裏去呢？在走向刑場的路上，她問特務："你們打算把孩子怎麼樣？"毫無人性的特務對她說："哼！共產黨員還要孩子嗎？"便兇惡地從她的懷裏把孩子奪過去了。一個母親在這種場合有怎樣的感受呢？也許要撲過去抓住孩子痛哭吧，不，惠馨並沒有這樣，她知道這是最後的最嚴重的考驗關頭，她愛孩子，她巴不得這孩子能活下去，但是在這種關頭她無法考慮了，她不能表現出一個母親的軟弱，她毅然轉過頭去，按照一個共產黨人那樣，高昂著頭，走向刑場去了。

惠馨和功偉堅定地站在可愛的祖國大地上，眼望著東方燦爛的黎明，倒下去了。這是 1941 年 11 月的一個嚴寒的早晨。

幾十年過去了，我應約寫惠馨的小傳，真是百感交集！我能夠告慰於惠馨的是，我並沒有背棄我們的共同理想，我和其他同志一起繼續舉起她留下的紅旗前進，終於勝利了，“那個日子”真的到來了。黨和人民沒有忘記她，“解放”後找到她和何功偉的遺骨，遷葬恩施五峰山上，後來因城市改造，又遷至他們當年的犧牲地，在那裏立碑植樹，供千秋萬世的後人憑弔和景仰。

特別值得告慰於惠馨的是，她臨刑遺下不滿一歲、下落不明的女兒，我打聽十九年之久都沒有找到，後來在黨的關懷和公安部門同志的努力下，費時一年半，經過無數波折，終於在 1960 年“五一”國際勞動節的前夕，在北京找到了她。她當時被特務拋棄後，被一對好心的工人夫婦收養長大了，取名吳翠蘭，她不期而然地繼承著她母親的遺志，考上北京工業學院。

那一年“五一”節，我趕到北京去和翠蘭團聚。我們父女兩人攜手於天安門廣場，依傍在漢白玉欄杆下，看紅旗在高高的旗杆上迎風飄揚，人民英雄紀念碑巍然矗立，碑前成群結隊的“紅領巾”載歌載舞，真是不禁涕淚橫流。在淚眼模糊中，我分明看到惠馨像那塊巨大的碑石一樣，挺立面前，正望著這一切歡樂的景象，望著她的女兒而微笑呢！

王放

刻骨銘心的往事

2006年春天的一個傍晚，我的女兒扶著我又回到成都那條湫隘的小巷去了。我想到那小巷中去尋找我的愛人、她的媽媽——王放，六十年前失落在那裏的足跡，並且循跡到深巷找尋那座破敗但卻靜謐的小院。在那裏，我和王放曾經度過一段窮困、危險，但是幸福、歡樂的青春時光。

我和女兒踽踽而行。女兒說："找到了，柿子巷6號。"不錯，正是這裏，這裏就是當年地下黨川康特委的秘密機關，也是王放一人獨辦的地下黨小報《XNCR》的所在。但是舉眼望去，卻是一座宿舍新樓立在面前，小院完全變了樣了。我們從門道走進去，我馬上看到立在院角的那棵枸樹。不錯，我認得這棵枸樹，只是它已經長得十分高大了。就是在這棵枸樹旁邊的破爛平房的窗口，我和王放享受過枸葉送來的蔭涼。我回頭望小院子，發現了那口水井，我們當年就是在這井邊汲取清涼的甜水解渴，洗臉漱口和淘米洗菜。水井已經被石板封住了，但是我好像依然聽到王放那笑聲和淺唱低吟的歌聲。

一切都好像是昨天的事。

我默然站在枸樹前，好像走進時空的隧道，穿過去，回到六十年前的那個小院裏，往事歷歷，都到眼前……

1947年3月，中國的內戰打得火熱，國共兩黨和談宣告破裂，重慶《新華日報》的全體同志被押送回延安。在蔣管區公認的群眾的眼睛和耳朵被堵塞，人們再也聽不到進步的聲音，特別是解放戰爭的真實情況。我們在成都的地下黨川康特委決定由我負責，立馬辦一張秘密的油印小報，專收延安新華廣播電台的電稿，油印出來送給黨內和進步人士閱讀。

辦這樣的報紙是非常危險的，國民黨特務必定要千方百計破壞，一經發現，就會帶來殺頭之罪，因此辦這張小報的同志必須是英勇果敢準備犧牲的同志。而且為了保密，只能由一個人來辦，他必須是文化水平較高，能集收（音）、編、刻、印、發於一身的全才，他還將長期隱身在川康特委機關，必須忠實可靠。找這樣的同志實在不易，我和成都市委書記在下屬黨員中反覆物色，終於決定把一個市委委員、在四川大學擔負黨的領導工作的王放同志調出來，擔起這副重擔。

王放被介紹到川康特委機關來和我見面。她身材高挑，穿著合身的藍布旗袍，進得門來，規規矩矩地正襟危坐在椅上，雙腿雙腳緊並，還未開口，嘴角含春，頗有大家閨秀的模樣。她向我介紹了自己的情況：河南人，抗戰初隨河南大學逃到豫西，1939年在那裏入黨，輾轉來到成都，轉入四川大學歷史系，已畢業，在四川大學擔任地下黨支部書記，領導黨的外圍組織“民協”工作。

我向她傳達了川康特委的決定：調她到特委機關來辦地下報紙，一切由她一個人負責。當我說到這是一個十分重要而又十分危險的任務，是要準備掉腦袋的時，她插話說：“我既然答應來了，就有這樣的思想準備，這些話我看就不用多說了吧，我就想知道的是，馬上要我幹什麼？”哦，看來我真的對她說了多餘的話了。我改口說：“你馬上要幹的是準備一個能收聽延安廣播的收音機，然後是刻寫油印設備，像鋼板、蠟紙、油墨、大宗紙張什麼的，油印機不用準備了，我們已經搞到了一台舊的，可以用。”

那個時候，收音機裏的短波綫圈全被國民黨特務剪掉了，只能收本地電台的廣播，要想收到延安的廣播，只有靠王放自己來安裝一台短波收音機了。這對根本不懂無綫電的她來說，是一個很艱巨的任務。再加上安裝收音機用的無綫電器材，是受特務控制的，還有油印用的鋼板、蠟紙、油墨、紙張，也要有單位的證明才能買到。至於報紙印好發送出去，那冒的風險就更多、更大了。這一大堆的難題，就像一座座險峰，都要她自己一人去爬。而且我還要求她，爭取在一兩個月內完成任務，這對王放來說，幾乎是不可克服的困難，可她卻毫不猶豫地接受了。

王放搬到了川康特委機關裏，她一邊啃著大部頭的關於無綫電的書，一邊想盡各種辦法，和我一起安裝收音機。她還輾轉設法，終於通過進步關係，找到了國民黨的市廣播台的一個技術員學習無綫電技術，此間的艱難和危險可謂超乎想象。好在皇天不負苦心人，不到一個月，王放終於組裝出一部短波收音機。這個收音機，不是像我前面裝的那種亂七八糟湊合起來的樣子，而是裝在一個木盒裏，看起來是比較正規成型有模有樣的收音機。王放對我說，科學的東西是不能湊合的，要求嚴格和精細。

在王放的調試下，安裝好的收音機裏突然傳來了我們曾經聽到過卻有一段時間再也無法聽到的女高音，正在播華北戰場打了勝仗的戰報。那聲音是那樣地清楚、高亢和堅決。王放為她的成功而低聲歡叫："成功了，成功了！"我也忘乎其形地把王放抱住，低聲叫起來："我們又打勝仗了！"王放似乎也和我一樣興奮，沒有在乎我擁抱她的孟浪行為。

王放在她早已準備好的筆記本上記錄起來，記得是那樣地迅速和流利。我把早已準備好的油印機以及鋼板、蠟紙、鐵筆都找了出來，花了半夜工夫，終於刻好一張蠟紙，可以油印了。但是我們這張報紙叫什麼名字好呢？我馬上想到，而王放也幾乎和我同時想到，並且同時叫出來："XNCR！"對，就是這個名字，延安廣播電台的呼號。於是一張叫《XNCR》的紅色報紙出版了，它不僅不斷地印出了打勝仗的戰報，還登載解放區的情況和黨中央的一些文件評論，一般是三天一期，有時還要加印號外，傳播大勝仗的消息……

這張報紙就像在黑暗中的成都建起一座燈塔，把被熄滅了的《新華日報》這座燈塔的光芒重新點燃，給人們帶來希望、信心、勝利和歡樂。但是，有誰能想到，辦這張報紙的就只有王放一個人，一個默默無聞的女共產黨人。在極端困難和極度危險的條件下，她一個人包攬了收聽記錄延安廣播、刻寫蠟紙、油印和拿出去分發的全部工作，也就是集編輯、記者、排版、印刷、發行工作於一身。而且她還要負責籌集經費，把自己家裏寄的生活費都貼了進去。她的整個報館就設在一間破房裏用箱櫃隔起來的一個不足三平方米的陰暗空間中，報館最主要的設備就是一架收音機和一部油印機。後來她嫌油印機操作時吱嘎有聲，決定自己設計一種極簡便的辦法，就是在絨布上塗上油墨，壓上蠟紙，蓋上紙張，翻轉來印，不出聲音，既快又好，還可套色。收拾時捲起絨布就行了。

從此不管冬冷夏熱，王放每天晚上就蟄伏在那屋角裏，打開收音機，去茫茫的黑暗天空中，在那嘈雜的干擾聲中，去捕捉微弱的電波，把它們記錄下來，並且馬上整理，動手編輯，刻寫蠟紙，進行油印。基本上每次總要弄到天快亮了，才把小收音機和刻寫印刷工具收拾進牆上的磚洞裏，然後把一摞油印小報捲了起來，放進提包，帶出去分發，這一切她都做得那麼從容和沉著。當然，王放也知道，稍微的疏忽都有可能帶來殺身之禍，每次她提起提包出去前，總要對我做個交代，說：“也許晚上我不能回來了。如果過了十點鐘我真的沒有回來，你就趕快收拾東西轉移吧。”她說得看來是那麼輕鬆，卻使我非常難過，每次都要把她送出巷口，再依依不捨地看著她那遠去的背影逐漸消失。

後來我看王放實在太忙，就盡可能在晚上回家後抽出時間來幫她，陪她熬過漫長的黑夜。我們一起鑽在密室裏，王放打開收音機，戴上耳機，去捕捉延安新華電台的女高音，不斷地在紙上寫出讓人振奮的字眼，然後編輯撰寫，刻蠟版，搞油印，幾乎每個晚上都要弄到第二天凌晨三四點鐘。我有時也幫她刻寫油印，但常常是支援不住，趴在小桌上睡著了。王放知道我白天出去工作，又要教書，確實夠累，要我去睡覺，我卻不願意。一方面我想分享她聽到勝利消息的歡樂，另一方面，有一種莫名的磁性吸引著我，況且王放也覺得我坐在那裏對她來說是一種鼓舞和有一種安全感。特別是半夜，我們都餓了，小巷子裏響起叫賣擔擔麵的聲音，我們出去買了回來一起慢慢吃，心中有一種說不出的歡喜。就這樣月復一月，我們之間的戰鬥的友誼慢慢滋生出愛情，我們倆的命運緊緊地聯結在了一起。

地下報紙《XNCR》出版半年，引起敵特的注意，潛伏在敵特機關工作的地下黨員報告說，成都的特務機關接到上級的命令，要成渝兩地的特務機關盡快破壞重慶地下黨辦的《挺進報》和成都地下黨辦的《XNCR》。我們特委得到這個消息後，為了淡化敵人的視綫，決定把報紙暫時停一下，聽聽風聲再說。我把這個決定傳達給王放，她卻不同意，她想出和特務"打游擊"的辦法。特委研究後同意了她的辦法。

王放到街上去買了各種成色不同的紙張，把這些紙裁成不同的開數。她又託同志代她以機關名義去買回不同顏色的油墨。她仍舊每天晚上收她的音，把她收到的解放區的電報和消息，用不同大小、不同字體和橫豎走向刻在蠟紙上，用不同顏色、不同開數的紙張印出來，她不再用《XNCR》的報頭，而是在印件的末尾印上五花八門的不同單位團體。當然這些單位和團體都是她杜撰出來的，無論特務怎麼查，自然是永遠找不到的。

王放這種"打游擊"的做法很成功。既堅持了《XNCR》這份報紙的陣地，又淡化了敵人注意力。這份報紙一直堅持到我們主動停刊為止。當然，這份報紙能堅持辦下來，和許多外面朋友的幫助也分不開，尤其不能忘記外國友人雲從龍的幫助。

我和王放在共同危難中相濡以沫，兩人之間的關係越來越親近。我弟妹子姪都把王放當成家庭成員來看，她也替我管起家庭生活來，甚至還把她家裏寄的錢拿出來作為家庭開支，想幫我解決一點兒後顧之憂。為了有更多的時間做地下黨的領導工作，我辭掉了在華西協中教書的差事，只保留了給法國領事教中文的差事。這樣一來，我也有較多的時間和王放相處，雖然我們都默默高興，但是彼此之間都沒有把話挑明。

由於工作忙，生活條件差，營養不良，我的體力明顯下降。一次，我在法國領事館給領事上課時忽然暈倒，領事讓人救醒我後把我送進了法國教會醫院，我怕晚上沒回去讓王放擔心，就請法國領事館的人捎信給她。王放接到消息後，馬上趕到醫院裏，整整陪了我一夜。第二天醫生告訴我們，我沒什麼大毛病，暈倒是低血糖引起的，只要加強點兒營養就行。隨後，醫生讓我繳費出院，我這才知道法國領事讓人把我送進醫院但並沒有繳費，好在王放帶了錢來，幫我把費付了。在填寫表格時，她紅著臉在“關係”那個欄目填上了“內人”二字，我把頭扭向一邊，裝著沒看見。走出醫院，我只覺得渾身沒有力氣，王放就讓我坐在她的自行車後架上，推著我往家走。她本來身體也單薄，推著我走了一段後，已是滿頭大汗，但說什麼也不肯讓我自己走。我看著她那瘦弱的身子，那麼吃力地推著自行車，心中實在不忍，於是假說我覺著累，想下車休息一會兒。我們坐在街邊休息，因為都沒吃早飯，王放跑到附近去買了兩塊燒餅給我，我吃了一塊，另一塊讓王放吃，她卻不吃，把餅放進提包裏，又讓我坐上自行車推著我走。好不容易，我們總算到了家，王放已是大汗淋淋，但她只喝了一杯白水，卻要我就著水把另一個燒餅也吃了。我哪裏還吃得下去，心中發酸，真想抱住她哭一場。我忍住心中的衝動，堅持和她分享了那一塊燒餅。

從那以後，王放對我更是親近和關切。她每次出去，總要為我帶一小包餅乾回來，開初我不肯要，她故作生氣地說：“莫非你還想暈倒一次？”強迫我將餅乾吃掉。當時我心裏那個亂，說不出是什麼味道，想說什麼，欲言又止，王放似乎也期待著我說什麼。可我還是沒有說出來。在我的心裏，有一種障礙阻止著我，那是因為七年前，我原來的愛人劉惠馨在鄂西被捕犧牲，剛生下的女兒也下落不明。我感於劉惠馨的堅貞，不想再有第二次的愛情，總認為那是對她的一種背叛。所以我和王放儘管因為工作同在一屋，朝夕相處，我從來不敢有任何其他的念頭。

但是和王放相處的時間越長，自然越覺著她的可愛，特別是當她收到華北我軍打了大勝仗的消息，眉飛色舞，不期然和我擁抱，又笑又跳的時候，我突然感到我快要失控了。還有一次，我因為外出錯過了約定回家的時間，到家門口敲門時，她正帶著我的妹妹和姪女在燒文件，開門看到我安然無事，她一下子撲了上來，緊緊抱住了我，嘴裏說道："嚇死我了。"眼淚流了下來，那關切之情全然流露。我慢慢地意識到，這種男女之間的感情和歡愛，是說不清楚也無法阻擋的。尤其是每天我們各自外出工作，心裏都明白也許就再也不能回來，也許就再也見不到對方了時，那種相互之間的關心和擔心對方都能感受到。我明白，我已經不能拒絕這種感情，而王放也似乎下決心要把我從劉惠馨犧牲的傷痛中拉出來。她直接和我談到劉惠馨，說她很尊敬劉大姐，願意像劉大姐一樣，為革命不惜獻出自己的生命……我簡直感到又一個劉惠馨出現在我的眼前。漸漸地，我和她擁抱時，不再覺得不自然，而是覺著有一股暖流從她的身上流向我的心田。不過，我還是沒有對她說出"我愛你"，我的使命注定了我隨時要將自己的生命奉獻給神聖的革命事業，我不願意看到她那麼年輕美麗就成為寡婦。

1948 年 6 月，我代表地下黨川康特委到香港去向上海分局分管大後方白區工作的領導錢瑛彙報工作。在離開香港的前一天，錢大姐和我談完話後，忽然提起我的終身大事。她希望我能從劉惠馨犧牲的陰影中走出來，並且問到了我在彙報工作時提到的王放。

我坦然地對錢大姐說明，我和王放在辦《XNCR》的一年半中，真可以說是朝夕相處，彼此不僅有思想上工作上的交流，而且有感情上的交流，日積月累，我們已經心連心，互相理解，成為親密的戰友和情人了。我們兩人的心裏已經明確了關係，只是還沒有向組織提出來。

錢大姐聽了高興地說：“那好呀，你們兩個情投意合，我現在就可以批准你們兩個結婚。我們這裏正要為你們辦一個黨員訓練班，你們結婚後，調她到香港來學習，讓我看一下。”

第二天，在我即將離開以前，錢大姐又來了，興致很高，拿出一對金戒指給我，說：“這就是我給你和小王結婚的禮物，你們保存好，緊急時也可以換成錢供急用。”從香港回來後，我到王放的住處，終於大膽地向她說出了：“我愛你！”她看著我，說：“我終於等到你對我說出這三個字。”我把錢大姐給我們的結婚戒指戴在她的手指上。告訴她，錢大姐批准我們結婚了。

她說：“我們不是說好了，全國沒有‘解放’，我們不要結婚嗎？現在結婚，生了孩子怎麼辦？”

我說：“既然上級批准我們結婚。我們就結吧。我們可以自己約束，‘解放’以前不生孩子就成了。”

我們在一個僻巷裏找到一個比較清靜的小旅館，租了一間房，作為我們的新房。其實我們所謂結婚，不過是自我宣佈同居而已。王放別出心裁地想出別致的結婚儀式。她買了一塊紅紙，不是剪成通常的雙喜字，卻是剪成兩個套在一起的心，兩顆心裏都有一顆五角金星，這意思是不言而喻的。

這時，王放忽然提到想聽我唸我曾告訴她的當年我和小劉在鄂西恩施結婚時共同作的即景詩。但我忌諱在和她新婚的場合，提起和另一個女人結婚時寫的詩，害怕她不高興。可是她卻說：“你不要這樣小看我，我絕不會嫉妒你和劉大姐那麼純真的愛情。她已經為我們共同的偉大事業，獻出了她的一切，她是我崇拜的先輩，她曾經給予你純真愛情，我也願意學習她，把我的純真的愛情奉獻給你。你能接受嗎？”

我沒有想到她的心胸竟是那樣的寬大和崇高。那還有什麼說的，我把她緊緊地摟在我的懷裏，一面吻她，一面說："我當然接受，百分之百地接受，而且永遠永遠。"

於是，我給她背出了那首詩中和我們合拍的幾節，有的還改動幾個字：

> 我們結婚了 / 在一間旅館的客室裏 / 在大紅喜燭輝映紅心的面前 / 我們找到了主婚人 / 不是我們的父親和母親 / 而是我們生死相許的愛情 / 我們也找到了證婚人 / 可不是親戚或社會名人 / 而是我們遭遇的不幸 / 我們也找到了介紹人 / 可不是說得天花亂墜的媒人 / 而是矢志不渝的革命 / 我們不必登報要求社會公認 / 也不用"立此存照"的結婚證 / 這個社會和法律對我們不值一文 / 我們莊嚴地發誓 / 雙手按著經典 / 我們永遠不離婚 / 除非誰做了可恥的逃兵 / 我們永遠不會離分 / 直到我們該永遠離分

王放聽得簡直入神了，她的晶亮的眼睛閃著淚花，說："太好了，太好了，讓我們也來宣誓吧，唸最後這一節的誓詞。"

我們對著貼在鏡面上的兩顆紅心，莊嚴地舉起拳頭，唸了最後一節的誓詞，接著我們兩個互相擁抱，閃光的眼睛對望著，幾乎同時地說："我們永遠不做逃兵，我們永遠不會離分。"

1948 年 9 月，我們結婚才幾天，王放就被調到上海分局在香港辦的黨訓班學習去了。恪守地下黨工作的紀律，我們沒有通信往來，但是我們的心卻有不盡的思念。1949 年 3 月，因川康特委被破壞，我趕到香港彙報情況，見到了王放。我怎麼也忘不了那個晚上王放見到我時的神情，她淚眼婆娑地喃喃道："我以為我再也見不到你了。"後來她告訴我說，她當時很擔心我的情況，不知道在成都那種險惡的環境裏，在敵特一直的追捕下我究竟怎麼樣了。她白天休息時憑窗向西，越海相望，晚上常有噩夢纏繞，特別是她從錢大姐口裏隱約聽到，說重慶成都出了大問題時，她更是擔心。成都究竟出了什麼問題？難道是自己心愛的人被敵特逮捕？聯想到錢大姐要她單身赴東北開會，她更是懷疑是不是我出了事，是不是從此以後她再也見不到我了。但是，因為紀律，她又不好去問錢大姐，就這樣，她在煎熬中度過了不少的不眠之夜。我們在香港重逢幾天後，根據組織上的決定，王放代表白區青年，去東北（後來改在北平）參加新民主主義青年團全國第一次代表大會，我們再次分開。直到 1949 年 4 月，青年團代表大會結束後，我們才在中南海再次相見。當王放突然出現在我們住的小院時，只見她穿著一身列寧裝，紅光滿面，颯爽英姿，我高興地衝上去，緊緊握住了她的手。

成都市和平"解放"後，地下黨的同志都分配去各方面接管工作。我和王放回到成都後，專門到柿子巷去看了一下，弟妹姪女都很好，我們十分高興。隨後，我們走上了各自接管的工作崗位。王放因為是大學畢業，會寫文章，空軍處要她去協助接管，她高興地去了，她穿上空軍制服，戴上空軍的大蓋帽，好不神氣。她還和一起的同志照了一張照片，這張照片一直保留到現在。

"解放"了。我們都以為從前做地下黨的艱苦危險從此煙消雲散，擺在我們面前的將是一帆風順的錦繡前程，可以痛痛快快地做一些工作了。

然而並不盡然。

王放在空軍處做協理員協助接管。接管後，本來要她任隊列科長，可是不久她卻拿著轉回地方的介紹信回來了。當時我在區黨委擔任組織部副部長和成都市委組織部長，看到她的介紹信後立刻就明白了，表面上說的是她沒當過解放軍，沒有軍齡，不便安排，其實真正原因是她填履歷表後，發現她家是地主官僚，出身不好。那個時候，如果你出身不好，就算你再有本事，再忠心，也不會被看重。我的處境也正是這樣。但是地下黨同志從來沒有當官意識，從不介意什麼級別，有工作幹就行了，所以王放雖然因家庭出身影響了工作，心中有那麼點兒不愉快，但她不在乎，回到地方後還是那麼朝氣蓬勃的樣子，彷彿有使不完的力氣。周恩來同志的那句“出身自己不能選擇，革命道路卻可以自己選擇”的話，我們很以為然，何必在乎自己的家庭出身，好好幹工作就行了。

這時王放發現她已懷了孕，我勸她就在成都市內工作，她卻堅持要到灌縣農村的啟明電廠去做軍代表。這是成都唯一的一家私營電廠，專供成都市用電。如果那個電廠發不出電，成都便會一片黑暗。但在那時，四周土匪暴亂已成氣候，去電廠那裏接管是有危險的。可是她堅持要去，我說服不了她，就讓她去了。她在那裏發動工人，維持發電，依靠解放軍維持安全，抵禦暴亂，終於完成接管堅持下來，保證了成都供電，直到孩子快要出生了，她才回到成都。

生了孩子後，給她重新分配工作，她堅持還是到工業部門工作，於是分到市建築局擔任支部書記，雖然被降為區級幹部，可她還是不在乎，高興地上任了。

後來我從組織部調到省建築工程局當局長，後來改局為廳，下面建立了建築設計院。那時人才十分缺乏，設計院為此辦了一個建築設計學習班，王放就向我提出想到學習班當學員，學建築設計。她說她不想沾政治了，從頭學一門技術，憑技術吃飯吧。她雖然並無怨言，但我心裏明白她在想什麼，為了什麼，於是同意她去學建築設計。她老實地從繪圖員幹起。由於她文化高，又專心，學了半年多，真的學到了建築設計的初級知識，我聽她和那些工程師交談，也能說個子丑寅卯，不錯，可以當個技術員了。後來上級來考察幹部，感到設計部門全是舊社會來的工程師，應該加強領導班子，看王放是 1939 年入黨的老黨員，大學學歷，還懂點兒技術，就提拔她擔任建築設計院的副院長，但王放不想幹，說她不想當官。我告訴她，設計院都是知識分子，需要同樣是知識分子的黨員去和他們相處，才好說話些，這樣我也可以通過她多瞭解情況。她見我說得在理，才答應了。

王放在設計院幹了幾年，工作得也不錯，能和知識分子湊在一起，調動他們的積極性，設計任務完成得也還好，只是和南下來做政治工作的幹部老搞不好關係。那些從老區來的幹部，以黨的化身面目出現，對知識分子有一種天然的排斥性，當然也瞧不起的出身不好的王放。不過還算好，她能依靠工程師們完成任務，上面有我和管業務的副廳長支持，倒也相安無事，工作能維持下去。可我知道她心裏窩了火，卻又無處發洩。有時她回到家裏，對我也流露過恨自己的話："反正出身不好，家有'殺關管'，這一輩子倒大霉了。"

王放的父親是河南的一位有點兒名望的士紳，好文史，喜辭賦，曾被國民黨河南省的省長張軫聘為參議，並在張軫的軍部掛個軍法處長的名領薪水，但並未到差。快"解放"時，張軫宣佈起義，王放的父親當時不在軍部，未參加起義簽名，因此不算起義。"解放"後，他並未審查出罪惡，即釋放了，於是他來到成都投靠王放，我們給他租了房子，讓他在成都安居。他讀書很多，會作詩詞，還寫一手好書法，因此，他常常到四川大學和老教授們切磋詩藝，欲就這樣終老此生。但是一年多後河南搞鎮反運動，王放老家鄉下來了人，持有公安廳公文，說她父親雖不算起義，但也不能既往不咎，應算歷史反革命，要押回去審查。這公文我在市委見到，告訴王放此事非同小可，切勿捲入。她忍痛回父親住處請吃一回飯，未言告別，當晚他父親便被捕帶走，一去便無消息。幾年後，王放家人才告訴王放，她父親被帶回去後判刑勞改，幹背石頭的重活，不久即去世，就地埋葬了，只領回衣物。王放還能說什麼呢？從此背上一個包袱，備受歧視。十多年前，我們的女兒告訴我，她同學的父親曾在河南做過地下黨工作，病時她去探望，這位叔叔對她說起她姥爺在"解放"前還幫過地下黨不少的忙，他也曾給河南省委寫信說明過。但這事，王放是永遠也不知道了，不能不說是一個遺憾。

從此，王放變得沉默不語，但是她還是努力地工作著，好像要替父親贖罪似的，我怎麼安慰她都不行。我們接連生了三個孩子，她又不肯好好休息，身體也拖垮了，自己有病在身，卻隱忍不說，也不肯就醫，只是拚命工作。1961 年，全國收縮機構，王放挑頭建立起來的建築工程學院被精簡了，由於她的家庭出身，很多單位都不敢要，後來組織部把她安置到省手工業廳工藝美術研究所當所長。

我想她會背起沉重的思想包袱，懷著屈辱的心情，勉強去這麼一個陌生的小單位工作吧，卻不，她是很愉快地接受任命，積極去上班。那時全國遭難，鬧饑荒，沒有肉，沒有油，糧食每個月定量，我們大人也只有十九斤，家人都處在半飢餓的狀態中。這時張羅一家七口人（我們二人的母親都跟我們一起生活）吃飯，特別是餵飽三個正在長身體的十歲左右的孩子的重擔，就落在她帶著病痛的身上，夠艱難的了。公家給我們這些領導幹部，每月額外發了兩斤黃豆，外面叫我們"黃豆幹部"。她細心地把兩斤黃豆按三十天分配給全家人，首先保證我的一份，然後就是三個孩子和老人，她自己是沒有的。每天早上孩子上學前，她發給每個孩子十來顆黃豆、一個饅頭，還讓大老陳護送，免得孩子在路上被人搶了沒得吃。

那時候，我還擔負著人民文學出版社預約的長篇小說《清江壯歌》的寫作任務。我只能在每天公務忙完後回來開夜車，連續開了一百八十多個夜車，都是她陪伴我、鼓勵我。她總不忘記為我沏茶添水，有時深夜裏送來一碗不知從哪裏搞到的醪糟蛋。有時見她困得不行，在沙發上睡著了，我想去給她蓋毯子但又怕驚醒她，叫我左右不是。她操持這個家，實在是太累了。

那年夏天，天氣很熱，蚊子很多，開夜車寫作難以為繼，她便在床上放張小桌小椅，裝上電燈，放下紗帳，讓我在帳裏寫作。可是天太熱，我大汗不止，她又進帳為我打扇，我想到她太累，不要她這樣做，後來她找來一台小電扇，才算解決了問題。為了我寫這第一本小說的事，王放真是操碎了心，可她卻認為我寫的是歌頌革命烈士的書，她能出一點兒力，是她的快樂。所幸這書 1966 年出版，我把第一本樣書送到北京她的病床上，她吃力地翻看，很覺滿足。

就是在這樣的條件和環境下，她也並未放鬆陌生的工藝美術研究所的工作。她和那些工藝美術師討論工藝和美術的關係，物質的用品和美學藝術享受的辯證關係，還和工藝美術師們到各地去採風，收集實物回來研究，不到一年，竟然自己撰寫出一篇談工藝美術的論文給我看，我很驚異。如果她沒有全身心地投入，是不可能寫出這麼一篇頗有價值的論文的。可惜的是，王放的這篇論文在“文革”中被造反派抄沒了。

2014 年 5 月，我女兒在網上看到一則微博，微博中寫道：“今天上午的訪談反覆提到一個人，她就是馬識途先生的第二任妻子，四川省工藝美術研究所第一任所長王放。講述人高全芳老師在談到王老時，眼睛裏充滿了敬意，談到王老組織年輕藝術工作者們對四川省工藝美術行業全面深入的調查和研究，更是感慨不已……”我女兒把這則消息拿給我看了，我能說什麼呢。

我知道王放的心情，她想讓我知道，不管別人怎麼看她，她都是一塊鋼，隨便摔在哪裏總是響噹噹的。

然而，王放為此卻付出了生命的代價。一個人的精力總是有限，何況她是一個女人，必須擔負男人難以勝任的家務活兒，更何況她一直是帶病工作呢。再好的車，超負荷長跑，也會磨損的，她再怎麼掩飾，也掩飾不了她的面容消瘦、身體虛弱。有一天，我終於發現她吃飯老是嘔吐，而且臉也有些浮腫，這是什麼毛病？我要她去醫院看看，她推說小毛病，過一陣就好了。

我永遠不能忘記那一天，我永遠痛恨自己、不能原諒自己的一天。那天吃早飯後，她又吐了。我堅持把她送到醫院，給一個熟識的醫生交代一下，就去金牛壩開會去了。孰知正在開會中間，服務員來叫我接電話，是那醫生打來的，她告訴我，王放腎功能已喪失，最多只能活半年了。這真像一聲霹靂，這怎麼可能呢？我趕到醫院，卻不敢把病情告訴王放，只是鼓勵她與病魔戰鬥。她也說，還有好多事要做，她一定要安心醫病，爭取早日出院。誰知她便從此輾轉醫院，直到兩年後走完她的人生道路。我好痛恨自己，我的至親至愛的戰友夥伴，由於我的粗心大意，沒有及早叫她就醫，弄得病入膏肓，才不過四十出頭，就離我而去了。

我還記得王放在北京的中醫醫院住院時，我已被下放到南充。在偏僻的鄉下，我得到北京發來的王放病危通知，心急如焚。也不管請假准不准，就近輾轉到重慶，坐上飛機飛到北京。我帶上一束她平常最喜歡的梅花，懷著忐忑不安的心情趕到醫院，老院長告訴我說："這真是奇跡，王放的生命力竟這麼強，醫生都說無能為力了，她卻偏偏清醒了過來。"

我來到病房，王放驚奇地抓住我的手說："我到底把你等來了。"並且捧著我送給她的梅花欣賞起來。我在她的病床旁搭個小床，陪她一個月，她竟然再沒有病危。她說她很想念我們的三個孩子，我便叫三個孩子坐火車到北京來看望她。孩子到來後，她高興極了，說能見到我和孩子就滿足了。過了不到半月，成都傳來消息，說是領導對我擅離職守非常不滿，我只好向她告別，帶著三個孩子回到四川。走時交代在北京工作的王放的妹妹和我在北京的大女兒常去看望她。

1966 年初，王放轉回成都，住進了省醫院。有孩子和家人常去看她，她感到高興多了，雖然我還得在邊遠鄉下忙著"抓走資派"，不能常回成都，難解相思之苦，但想到有孩子在她身邊，也稍有安慰。我哪裏知道，一場更大的災難、更大的痛苦正在悄悄地向我爬來。

1966 年的 5 月，西南局突然通知我回局裏參加"文革"，接到通知後，我心裏有一種不好的感覺。回到成都後，即到醫院去看望王放，她看到我回來非常高興，但似乎是感到我心裏有些惶然吧，很奇怪地問我，我支吾過去了。第二天早上，我回到西南局機關參加"文革"的動員大會。會上突然宣佈我是西南局機關的"走資本主義道路的當權派"，停職審查，要我交代反黨反社會主義的反革命罪行。

我向領導反映，說妻子王放重病在醫院，我必須每天下午去看望她，總算是得到恩准。我每天被拉去西南局機關接受批判，下午三四點鐘由三個大漢押著坐車到醫院，我請他們不要把我押進病房，讓他們在走道裏守著，我一個人進病房看望王放。

我哪裏敢把已經大禍臨頭的實情告訴她，只是強顏為歡，向她問好，鼓勵她和病魔進行鬥爭。我們計劃著她出院後的種種養病打算。到了六點，我勉強告辭回家，不懂事的三個孩子來和我親熱，我笑著逗他們玩，王放和孩子們哪裏知道我心裏在流血。

但是事情終於敗露。有一天一個醫生來查房，他拿著一份報紙，站在王放的床前。那時報紙上天天有批判我的大塊文章，標題很大，一眼就被王放看到了。我非常狼狽，不知如何是好。醫生走了後，她反倒是心平氣和的樣子問我：“那報紙上登的是什麼？怎麼說你是反革命？你怎麼了？”我沉默不語，我還能說什麼呢？

她說：“你不要因為我有病，就不告訴我實情。什麼大風大浪我們沒有見過？我還受得住。其實前兩天我在早晨的大喇叭廣播裏聽到一點兒了。”

“怎麼？你已經知道了？”我大吃一驚。我還沒有再說一句話，眼淚已經成綫地流下來了。

她反倒安慰我：“我們不是反革命，我相信總有一天搞清楚，黨的政策，不冤枉一個好人呀。”

我說：“但是現在……”我沒有再說下去，我不想告訴她，有人多年處心積慮地想搞我，現在機會來了，他不會放過我的。過去他整過的人不少，只要他還在，翻不了身的。我這一輩子是莫想翻身的了。想到這裏，更覺傷心，眼淚怎麼也止不住地湧出眼眶。

她雖然還安慰我，說：“我們的歷史是我們自己寫的，誰也沒有辦法篡改的。”

我說：“但是……”

她也止不住把頭轉向一邊，淒然飲泣起來。

押我來的人在病房門口露了一下頭，催我回去了。我只得道聲保重，退出病房，被押上汽車。我似乎有一種不安的預兆。

果然第二天的下午，醫院給我送來了她的病危通知。我趕到醫院去，她已經昏迷了。醫生說，她的病情昨天晚上突然惡化，出現腦水腫，看來是不行了。我喊了她很久，她終於醒過來了。見我坐在她的面前，趴在她的身邊，她淒然向我微笑，但是說不出話來。我也無話可說，她戰勝了死神，多麼不易呀。醫生說，她竟然還能醒過來，算是奇跡。

顯然她已經預感到自己不行了，她正在積蓄力量，要對我說什麼。過了好一陣，她終於說出了一句話：“我的三個孩子，要給我拉扯成人……”她的嘴還張著，再想說什麼，但是說不出來。

我怕傷她的心，我不敢哭，呆呆地望著她，緊緊地抓住她的手。她好像從我的握手中獲得了力量，堅持著張開眼看著我，甚至還顯出一絲微笑。

押我來的人又在病房門口露了一下頭，這就是告訴我該要回去了。但是王放正在彌留之際，我怎麼能離開她呢？我走出門去，告訴他們，我不走了。他們沒有得到領導的批准，當然不同意。我簡直想罵他們，我的家人都快死了，怎麼這麼不通人性，但是沒有說出口。我知道他們也是沒有辦法。我堅持不走，醫生也幫我說，人家妻子都快落氣了，你們怎麼這麼無情？要他們打電話請示去。領導終於發揚人道主義精神，准我留下了。

王放竟然奇跡般地堅持到晚上，終於再度昏迷，我怎麼叫也叫不醒她了。她的生的意志竟然是這樣的強，一直堅持到第二天早上也沒有落氣。抬屍的擔架就這樣停在病房門口等著。忽然我感到她的手在我的手心裏有一點兒暖氣，她的臉上現出一絲紅暈，她竟然慢慢張開一絲眼睛，盯住我，從她的喉頭擠出一句模糊的但是我聽得清的話：“你不是反革命，我相信總有那一天……”她慢慢地閉上了眼。

我不讓小工進來抬走她的遺體，我趴在她的身上哭，直到她的身體再也沒有一點兒熱氣，她緊緊抓住我的手指的手完全僵了，我經過努力才拔出我的手指來。

應該感謝我的領導，給我幾天假，不開我的批判會，讓我料理後事。王放的遺體停放在殯儀館。她是一個革命一生的響噹噹的共產黨員，然而因為我的關係，沒有在她的身上覆蓋黨旗，除了我的三個孩子和兄弟、妹妹、姪兒女，沒有朋友來告別。只有她工作單位派來辦後事的幾個人和我的機關辦公室的老宋以及押著我的人，一起送她進火葬場。我的眼淚流光了，三個孩子竟然不知道怎麼哭，嚇得呆了，不相信他們的媽媽從此見不著了。

王放臨終前對我說的"那一天"終於來到了。1979 年 1 月 25 日，中共四川省委為我舉行平反大會，然而這一天距王放對我說的"那一天"已經過了十二年。平反大會後，我並不愉快。因為向我說出"那一天"的我至愛的妻子王放沒能也再不可能看到我平反了，這是我銘心刻骨的悲痛。

天色已晚，女兒擔心我的身體，催促我回家。我仍然佇立在那棵古老的枸樹前，迷茫地望著那空蕩的小院，不禁潸然淚下。女兒扶著我緩緩地走出那條有王放無數腳跡的小巷。

這天是女兒的生日，我本來是想帶她來懷念她的媽媽，卻引起了我心中永遠的痛。

何功偉

何功偉二三事

我第一次見到何功偉同志，是在松滋縣李遜夫同志的家裏。那是 1939 年的秋天，湘鄂西區黨委在那裏開會。1938 年我在武漢職工區委工作時，就知道功偉在武昌做黨的領導工作，還在湖北戰時鄉村工作促進會工作過。

我們第一次交談，他就留給我很深的印象。當時，他介紹怎樣去發動農民，將農民作為我黨在農村的主要依靠力量，來準備抗日游擊戰爭，同時也談到不應忽視知識分子，要他們起橋樑作用。到現在，我還記得他非常強調地說：“主體是發動農民，依靠農民，才能把抗日戰爭真正堅持下去。必須把知識分子、學生作為橋樑。我們只有這樣進行工作，才可能打開工作局面。”我雖然在鄂北做過一點兒農村工作，但我感到功偉做農村工作和搞農民運動的經驗比我多得多。我和他是同年生的，他還比我小九個月。言談之中，我瞭解他讀了很多書，馬列主義著作也讀了不少。我們談得很愉快，那次相聚半個月後就分手了。

湘鄂西區黨委會議後，按照會議決定，1939 年 10 月，鄂西特委組成，我去恩施主持鄂西特委，任書記。鄂西是老革命根據地之一。賀龍同志當年領導紅二方面軍在這一帶戰鬥過，影響很深。抗戰初期，中共湖北省工委派雍文濤同志帶領湯池訓練班的同志，到鄂西辦合作事業，來這裏開闢工作。後來，魏澤同、徐遠、魏西等同志也領導過這裏的工作。前一段黨的工作重點放在城市，主要是在學生（以中學生為主，也有部分大學生）和小學教員中發展組織。農民中間雖有些組織，但比較零散。

為了加強農村工作，黨給我們的任務是發動和組織農民，準備在敵寇侵入鄂西時開展游擊戰。我到鄂西後，到各縣跑了一趟，發現學生中黨的力量相當強，但是沒有和農村結合，農民黨員也不多。這種情況使我聯想到功偉同志在松滋的那次談話，我感覺到這確是一個問題。後來我們把工作重點轉移到農村去，但工作做得還很不深入。

1940 年夏天，南方局派錢瑛到恩施來，召開新的鄂西特委會議。何功偉任特委書記，我任副書記。新的鄂西特委會議就在我的住屋開會。

當時全國形勢有很大逆轉，黨中央在 5 月確定了黨在國統區工作的總方針：“隱蔽精幹，長期埋伏，積蓄力量，以待時機。”我的愛人劉惠馨把黨的這個文件寫在一張小紙上，通過了層層檢查，安全地帶回來了。錢瑛同志主持會議，傳達中央的方針，組織學習討論。

這次會議開得很成功，功偉給我的印象十分深刻。他到任後檢查工作，十分仔細，對下面同志不是指責，而是商量研究。

我記得特委開會的前夕，我和功偉同睡在我們外間的一張床上，我們一頭睡。在黑夜裏我們談得很長很深。他提出前段鄂西特委工作的問題，是農村工作沒有抓好，基本上在知識分子圈子裏轉。他非常冷靜地與我分析問題，他說前一段在知識分子中工作，雖然有成效，看起來有力量，鬥爭也很紅火，“三青團”把我們沒奈何，國民黨也壓不倒我們，群眾在我們這一邊……但是，這不可靠。“知識分子有他的弱點，在大風暴面前，在突發事件面前，有的不一定頂得住。根基不鞏固，可能組織上會散……”他考慮得很深很遠。後來他提出來，從現在起我們要把重點轉向農民，在農村中建立鞏固的、可靠的陣地。加強農村工作，以適應當前形勢的需要，一方面是貫徹黨的方針“隱蔽精幹，積蓄力量”，另一方面是準備將來打游擊戰。為了這個，他著重強調：“我們的工作必須做根本的轉變。”他啟發我的思考，與我醞釀談心，像老朋友一樣，談得很親切，談得很冷靜，談得很有道理，使我信服。他在這個重大方針問題上比我清醒得多，我完全接受了。

這次會議上，功偉在開會前很隨和，開會時很嚴肅，分析問題一點兒也不含糊，很有原則性，哪怕批評，態度也是同志式的。他的這些工作方法，我認為非常好。這次會議給我的印象很深，我真是受益匪淺。後來，我在昆明、四川等地做地下工作時，功偉同志在工作上的原則性、工作的作風以及工作方法，對我有很大的啟發和影響。

在鄂西特委會上，功偉還和我們討論另外一個重要問題，即統一戰綫問題。功偉常談知識分子起橋樑作用，在鄂西沒有知識分子做橋樑，開展農村工作有困難。有了橋樑，工作方法還要注意。功偉說，這不是紅軍時代，不能打土豪、分田地，也不是抗戰初期，不能通過合作指導員去接近農民。現在是動員農民抗日，而官紳對農民的壓迫和剝削是深重的，也是現實的，打日本還很遙遠。所以現在做動員工作，還得拐彎子。農民組織起來了，就會提出合理負擔、高利貸等問題，需要進行某些鬥爭，不鬥爭是不可能的。到農村去，首先得維護農民的經濟利益和政治權利。因此不可避免地有某些鬥爭，而這種鬥爭得按統一戰綫原則辦事。

在錢大姐和許雲同志走後，功偉同志還住在我們那裏，天天在一起，我們談了許多事情。他不但理論水平高，文學水平也很高，古文造詣很深，他會背誦許多詩詞，甚至能作詩填詞，既能作舊體詩，也可以寫新詩。他富有感情，很會唱歌，不能大聲唱，他就細聲唱，他對我說：“我簡直想到塔上去放聲高唱！”

1941年1月，我正在南路幾個縣巡視農村工作，當功偉和惠馨被捕的消息傳來時，真如晴空霹靂，我真不願相信。這不僅是對我個人的打擊，更是對鄂西特委的一個巨大打擊。南方局在得知消息後，雖然設法組織營救，但我們都明白他們不會活著出來了。那年冬天，功偉和惠馨英勇犧牲了，消息傳到南方局，周恩來同志向黨中央作了彙報，延安各界在八路軍大禮堂為功偉和惠馨舉行了追悼會，《解放日報》還發表了《悼殉難者》的社論。

功偉和惠馨都是知識分子出身的革命家，在生死關頭，表現了共產黨人的崇高氣節，堅持真理，視死如歸，他們雖死猶生，千秋萬載，永遠活在人們的心中。

郭德賢和邱嫂

1949 年 1 月的一天清晨，我被一陣敲門聲驚醒，原來是有人在敲大院的門。我想這院子裏還住有其他人，便沒有理會。一會兒，敲門聲停止了，但院子裏仍然靜悄悄的，沒人去開大門；大概由於是冬天吧，誰也不想從溫暖的被窩裏鑽出來。

由於要到特委書記老鄭家去參加特委一個重要的會，我便起床梳洗，正準備出門時，忽然又聽到有人在砰砰地敲院子的大門。這麼早有誰來叫門呢？房東老闆這個時候還在上房呼呼酣睡呢，肯定不會是有人來找他。那就一定是來找我的了，但是我住在這裏，除了老鄭一家，誰也不知道。那到底是什麼人？我警惕地不聲不響地走到大門口，從那木板門縫裏往外看，冬天的早晨正下著大霧，一片模糊，沒有看到什麼人，更使我奇怪。

敲門聲更重了，我又從門縫裏望出去，這回看清楚了，是邱嫂。她是一個從鄉下到城裏來求生活的勞動婦女，住在老鄭家所在大院的平房裏。邱嫂的背有些佝，走路也不怎麼靈便。我平常從老鄭家的院子進出，每次都要經過她的門口，由於老鄭的妻子郭德賢待她較好，她對我這個進出的客人也常常打聲招呼，因此我便知道她叫邱嫂。她和郭德賢到我這裏來過，卻和我沒有往來。今天這麼早，她來找我幹什麼？我再往外張望，就她一個人，於是把門打開了。她一進門就細聲說：“不得了呀。”

我一聽，下意識地感到有問題，馬上用手勢制止她再說話，我怕上房的房東家的人聽到。我說：“到我家裏說。”

我把她引進我的房子裏，關上門，還沒等我開口，她又緊張地對我說：“不得了呀，昨天晚上，忽然來了好多歪人，衝進蒲先生家，在房裏到處亂打亂翻。那些歪人把蒲太太和小孩關進外邊的廚房裏，把小樓守了起來。我不知道出了什麼事，還以為是強盜搶人呢。天將將麻麻亮時，我起來到茅房，蒲太太在廚房窗口悄悄向我招手，我走到窗邊，那看守小樓的歪人沒有看這邊，蒲太太對我小聲說，‘你到後面師管區對面你去過的那院子裏給馬先生說，叫他不要來了。’我知道蒲太太說的是你，就悄悄走出大院到你這裏來了。那時天還沒有大亮，我打了好久門，就是沒有人開門。我怕對門子師管區大門口（在我的住處斜對面一二百米處）守衛的兵來理抹我，就到致民路上去轉了一下，天才亮了，我再來打門。我不知道是啥事，就是帶一句話來，叫先生你不要去了。”

原來是蒲太太叫她來的。邱嫂嘴裏的蒲太太，其實就是特委書記的愛人，給特委坐機關的郭德賢同志。郭德賢也是一個老革命，過去一直做黨的工作。她能夠臨危不懼，沉著應變，緊要關頭，首先想到的是同志的安危，尋機及時叫邱嫂出來通知我，真是太偉大了。她不僅是救了我的命，還讓我有時間去通知別的同志走避，因而保全了黨的組織，保護了更多的革命同志。郭德賢做到了作為一個共產黨員應該做的事，她對黨作出的貢獻是不能磨滅的，是應該記住的。但是在那個極左的年代，郭德賢卻受到不公正的對待，甚至連黨籍都被取消，雖然我曾多次為她證明，但都無濟於事。這是後話了。

而受郭德賢之託前來為我報信的邱嫂，只是一個普通的老百姓，和我無親無故，平常碰到最多不過點頭而已。她年紀不小了，腿腳也不方便，卻天不亮就頂著寒風冒著風險來通知我，敲不開門並未一走了之，還耐心地到外邊轉一陣又回來叫門，更叫我感動得不得了。

邱嫂並不知道我們是幹什麼的，也不瞭解要是通知不到我，會造成什麼後果，本來她敲門敲不開，完全可以回去，可她不是那樣，受人之託，這麼盡心盡力，非通知到我不可。我當時真是感激不已，除了謝謝還是謝謝，我對邱嫂說："你這真是做了大好事，救了我一命，不知道怎麼才能報答你。"邱嫂讓我不要再說了，只是催我趕快離開。說罷，她便走了。

我送她出了大門，看到她那頭上的灰色亂髮在早晨的冷風裏飄動，看到她的背影隱沒進晨霧裏去了，我簡直想哭一場。但是我沒有這個時間，我必須馬上去通知別的同志，不要落進那個陷阱裏去。

1949年底，我隨大軍南下回到成都，剛來第三天就到那個院子裏去找邱嫂，聽說她已經回鄉下去了。又過幾個月，我再去看她，聽說她回鄉下參加土改去了。我雖然沒有見到她，感到遺憾，但想到她終於有自己的土地，能過上好的生活了，也為她感到欣慰。我心裏念著她，默默地為她祝福。想到我們能為她們這樣的勞苦大眾而奮鬥而犧牲，也是很值得的了。

王叔豪和姚三妹、郭嫂

1949年1月，特委書記老鄭被捕叛變，雖然我的處境危險，但我必須留在成都領導疏散工作，幸好郭德賢在老鄭被捕時立即派邱嫂向我報警，爭取到了時間，讓我能及時作出應變措施，安排轉移撤離，把凡是老鄭知道的關係盡可能通通切斷，才算暫時堵住了漏洞。由於疏散工作還沒有做完，為了工作方便，我和成都市委書記洪德銘一起，暫時躲避到黨員王仲雄和她的愛人劉文范家裏。

王仲雄的父親王思忠是四川地方勢力的一個頭面人物，那時任國民黨的溫江專區專員，經常住在溫江，回成都也是住在文廟後街另外一個大公館裏，但王仲雄他們家所在的那個小公館仍然號稱專員公館，加上老鄭並不知道王仲雄夫妻是黨員，我們以為住在那裏是比較安全的。我們並不知道，特務通過溫江中學的綫索，尋到當時任溫江中學校長的王仲雄身上。

但是溫江的特務頭子帶著重慶特務到成都找到王仲雄家時，卻發現是王專員的公館，共產黨怎麼可能藏在王專員的公館裏？當時天色已晚，他們不敢貿然闖入，決定先把公館守起來，請示了再說。

第二天早上，我和老洪分別從公館旁門出去，繼續和各方面的同志接頭，安排疏散的工作。實際上這個時候，那個特務頭子已進入公館，而他在客廳的位置恰好看不到我和老洪出門。特務頭子向劉文范問不出所以然，便將他帶走，並且派人埋伏在公館院子裏佈設陷阱。

離開公館的王仲雄得到消息後，想到我和老洪並不知情，若晚上回到公館，一進門就有落入特務陷阱的危險，於是讓她的妹妹王叔豪回去公館，讓家裏的保姆姚三妹和郭嫂瞞著特務，暗地裏在前後門口守著，無論如何不要讓我和洪德銘在回公館時走進院子。

天快黑的時候，我回到公館去，一點兒也沒有預料到會有什麼問題，便徑直想跨進大門。成都的公館大門，一般有一個門斗，進大門後從門斗的側邊小門進去，才能到內院裏。外邊從門斗看不到內院，內院也看不到大門口。我正要跨進大門時，模糊地看到保姆姚三妹坐在門斗邊的門口，她沒有說話，暗地裏對我搖手。我那時警惕性很高，馬上意識到這裏有問題了，便轉身若無其事地走開了。後來我和老洪碰頭後，得知他也是回公館時看到保姆擺手，知道情況不對就馬上走開了。

真是多虧了王叔豪和姚三妹、郭嫂機靈，在門口守了一整天，才使我和老洪從虎口邊上逃脫了。王仲雄和劉文范是共產黨員，做了共產黨員在這樣的情況下應做的事。但是王叔豪和姚三妹、郭嫂只是一般群眾，卻為了救共產黨員如此盡心，甘冒風險，我們是十分感激的。

全國"解放"後，我見到王仲雄，問起那兩個保姆姚三妹和郭嫂，王仲雄說，她們都已經回農村去了。我們很遺憾沒有機會感謝她們。

像這樣依靠群眾、化險為夷的事，許多做地下工作的同志，都可以說出許多件來。那個時候，我們沒有政權，沒有槍桿，沒有掌握輿論工具，沒有現代化通訊工具，也沒有錢，面對武裝到牙齒的強大敵人，有多如牛毛、無孔不入、兇殘至極的特務，我們依靠什麼來鬥爭並且取得一個又一個的勝利呢？我們就是緊緊地依靠群眾，真正地和群眾打成一片，和他們同生共死，並且為群眾的利益，身先群眾，犧牲在前，義無反顧，群眾才能為我們戰鬥，為我們掩護，必要時為我們犧牲。如果我們脫離群眾，那是一天也活不下去的。

高奇才

高奇才是我在中國科學院西南分院時為我開小車的駕駛員。工作勤懇，和我的關係也一直很好。“文革”開始後，機關的許多幹部和工人都參加了造反派，他就是不參加；我被打倒，大家都在揭發，他就是不揭發；眾人把我批得體無完膚的時候，他卻不以為然，認為我不是壞人；我被關起來了，他偏偏常來看我，還問我要不要去看醫生，他用小車送我。

有一次，我被分院機關造反派押送到雙流農場去勞動改造。當天晚上，和我們機關造反派對立面的造反派，武裝包圍了農場，聲言要“血洗農場”。農場的造反派孤立無援，如果兩派真的動了干戈，對方一定可以打進來。他們打得死去活來倒也罷了，可我是個“臭名遠揚”的“走資派”，被對方發現了，兩派爭奪起來，我必會遭池魚之殃，死於亂軍之中也說不定。

但是那個時候，要從農場偷跑出去，不大可能，這周圍都是造反派勢力範圍，就是跑出去了，也沒有希望偷偷穿過去。高奇才來看我，為我的安全著急，但是他一時也想不出什麼辦法來。農場場長何世珍便把我藏在農場裏一個農民家豬圈的頂板上，這雖然不是長久之計，但也只能躲一下再說了。高奇才從包圍農場並準備進攻農場的那一派裏認得的人口中得知，他們進攻農場是為了搶糧食。他們的糧食在溫江，沒有汽車運不過來，已經快要斷炊了。於是高奇才親自去見他們那派的頭頭，說他願意用他開的卡車去溫江跑幾個來回，運幾車糧食回來救急，交換條件是讓他把拉來農場的十幾個幹部拉回成都。他誆這頭頭說，這十幾個幹部不過是西南局的逍遙派，並不想和他們作對，只想跳出這個是非之地。

那個造反派頭頭正在為糧食問題著急，便痛快地答應了。高奇才又提出，回到成都的路上，有幾個檢查站，都是他們那一派的人在掌管，要他保證能通過。那頭頭痛快地答應會專門派人跟車，一路打招呼。於是高奇才在造反派的監督下，去溫江日夜趕運幾車糧食回來。那個頭頭很高興，自然同意讓高奇才開車把幹部帶回成都。

於是高奇才跑到我躲的豬圈來，催著我跟他上卡車，我從他的眼神中，得到信賴和勇氣，便跟他上了卡車。高奇才讓我坐在幹部們中間，用勞動工具掩護起來，開著車加速出農場，直奔成都。路上碰到檢查的，都由那個造反派頭頭派去坐在駕駛室的人打個招呼就放行了。就這樣，高奇才開著卡車，一路順利地把我們帶回到成都。

到機關後，高奇才沒有說什麼，他把我送到我住的房門口時，只說了一句："總算把你弄回來了，好危險呀，好危險呀。"沒等我表示感謝，他便自己走了。

六年後，我被"解放"，機關裏許多幹部來看望我，包括鬥過我的人。唯獨高奇才沒有來，但他倒是我想最早接待的人。我帶話給他，決定親自去看他。於是高奇才來了，我還沒說什麼，他卻說："馬院長，我給你開那麼多年的車，你還不曉得我？我從來不喜歡浮上水面。"我還能說什麼呢。我們在閒談中，我有意提起雙流農場解圍的事，可他只是淡然一笑。我主動向他問起他當時到底是用什麼辦法把我從危難中救出來的，他才說出上面的那些情況。

後來我為此也寫過一首順口溜，以存其真。

高奇才，奇才

高奇才，真奇才，人皆罵我走資派，你獨勸我“要想開”。人皆批我臭狗屎，你說胡批不應該。但尊寒梅鐵骨錚，不學弱柳迎風擺。不趕潮流不作怪，不換門庭不賣乖。我陷重圍眼看死，你出奇謀免禍災。我倒楣時你救我，我“解放”了你不來。高奇才，高奇才，不求報答但求是，疾風勁草真奇才。

大老陳

大老陳是從部隊復員後回到鄉下，後來被招到我們分院裏做傳達室工作的工人。他工作勤奮，為人本分老實，除了負責文件收發、門衛工作，還兼管打掃機關大樓門口內外的衛生，十分認真。就連"文革"後，機關裏別的職工都不上班只管造反了，他還是照樣上班管事，照樣打掃他的衛生。

"文革"初期，我被打倒後，我們機關的造反派對我採取的革命行動，除了用滿牆滿壁的大字報攻我，開我的批判會鬥我，還要用勞役來懲罰我，要我天不明就起來打掃大院和作為批鬥戰場的大壩子，還有辦公樓大廳、樓梯、走道以及二樓廁所的清潔衛生。

於是每天天還不明，我就得起床，扛起大掃把先到院壩去打掃衛生。那院壩的面積不小，自從"文革"砸爛了舊秩序後，院壩衛生也無人管理，滿地垃圾、碎磚和到處飛揚的大字報。要一下清掃乾淨，卻也不是容易的事。

我每天天不明起來打掃衛生時，看到大老陳也已經在打掃了。他看整個院子裏還沒有人起來，便走過來幫我一同打掃。他一面掃地，一面收拾滿地的大字報爛紙，同時順手就把牆上橫七豎八貼著的批判我的大字報撕下來，當廢紙收拾了。同時他嘴裏還在嘰咕："造反，我看他幾爺子搞些啥子名堂，總有報應……”他還悄悄對我說：“以後天不亮時，我替你打掃。天亮時你來用掃把舞它幾下就算了。”之後的日子裏，他果然比我起來還早，我到大院時，他已經替我掃了一部分了。

有一次，造反派監管我勞動的某君，發揮他的無產階級革命家對我實行專政的威風，在我打掃完大院衛生後，還要我去把辦公樓前打掃乾淨。我走到辦公樓前，卻被大老陳攔住了，不讓我掃，說這是歸他打掃的地方。

某君當場對大老陳嚷嚷，問他為什麼不讓我掃，大老陳也大聲武氣地回答：“我就不要他掃。”某君拉大旗做虎皮，嚇唬大老陳，說這是造反司令部的決定，想用權勢來壓大老陳。可大老陳不吃這一套，跟某君橫起扯，說自己出身貧農，曾當過兵，現在是工人，工農兵佔全了，看哪個敢把他怎麼樣！

在那個年代，論出身，大老陳的確是響噹噹的無產階級，而無產階級可是領導階級，最是吃得開的了，能把他怎樣？而且他還直接提到某君的底細，某君知道奈何他不得，只虛晃一槍，說：“還工人階級呢，覺悟這麼低。”便落荒而逃了。

還有一次，造反派把我的文學作品拿下樓焚燒，稱之為消毒。我痛心地在餘火中撿拾未被焚盡的殘稿時，大老陳也來幫我撿。他一邊撿一邊嘟囔著：“這些天殺的，燒聖人的書要瞎眼的。”他這話是鄉下“敬惜字紙”的傳統，他雖然識字不多，卻這麼看重我的書稿，讓我很是感動。

大老陳不聲不響地為我做的雖然都不過是小事，卻叫我感激流涕。像他那樣的好人，在那“滔滔者天下皆是也”的年代裏，實在是太難找了。我後來也作了一首順口溜，這首順口溜叫《如今何處找好人》：

如今何處找好人？門房有個大老陳。人皆造反他上班，嚴守崗位如門神。不計寒冬與酷暑，黎明即起掃門庭。人人都喊打倒我，他獨無言是非分。我被懲罰服苦役，打掃廁所清大院。四更持帚下樓去，朦朧忽見大老陳。揚帚清掃不言語，代我勞累受苦辛。仰天遙年星河曙，感激零涕哭無聲。大老陳，大好人，你今助我掃大院，安得助我更揚帚，掃盡不平清妖氛。

雲從龍

幫助過中國革命的人

在中國漫長的革命歷程中，有許多外國人幫助過我們，有些是大家熟悉的，有些則不是大家熟悉的，有的只有很少數人知道，而且慢慢地從記憶中淡出了。但是有一個外國人卻老是留存在我的記憶中，沒有隨時間而遺忘。他就是加拿大人雲從龍。

1946年的秋天，我奉黨的南方局之命，調到川康特委工作。未到成都前，我到四川省報到，和書記吳老談過工作以後，關於我到成都後的職業安排問題，張友漁同志給了我一封信，要我到成都後去華西大學找一個叫雲從龍的外國教授。友漁同志說他是一個傳教士，對中國人民友好，曾經參加過友漁同志在成都組織的進步教授座談會，他一定可以給我找一個教書的地方。

我到成都後，通過王宇光同志找到了雲從龍，他一見張友漁同志的信，就滿口答應安排我到華西協中去教英語，並且在教師宿舍樓裏給我安排一間房子讓我住。一個傳教士介紹來教英語的，這自然不會受到特務的注意。他給安排的課時並不多，這很便於我出去跑工作。平常他常常請我到他的家裏去坐一坐，一方面是叫外人看，知道我們很親近，另一方面便於向我瞭解國內的政治情況。我是張友漁介紹給他的，信上雖然沒有說，也當然知道我的政治面目，只是不說穿罷了。所以他特別有興趣向我瞭解中國共產黨的政策，我便系統地向他做了介紹。他聽我講得很清楚，只見我常常有事出去，很忙的樣子，他便猜想我還不是一個一般的共產黨員，因此他對我的安全更關心了。學校裏“三青團”有些什麼活動，外面有什麼人到學校裏來查問什麼，他都有意告訴我。1947 年國民黨挑起內戰，他特別關心我們打得怎麼樣了，我對他說我們在華北打了大勝仗，他就高興，說中國人民的苦難該有一個頭了。

1947 年 3 月，駐地在重慶的四川省委被國民黨強迫撤退回延安，《新華日報》也被查封，我們獲得解放區消息的來源斷絕了。我們決定馬上籌辦一張小報，把《新華日報》這個陣地在成都保持下去。方法就是每天用收音機收聽和記錄延安新華廣播電台的電稿，油印出來，通過地下黨的各種管道，散發到黨組織和進步群眾中去。

那個時候，國民黨特別害怕老百姓偷聽延安廣播，規定所有的收音機都要登記，在登記的時候，把短波綫圈全剪掉，就連一直和我們關係很好的成都市長陳離先生送給我們的收音機，也根本收不到延安那微弱的短波信號。

沒有收音機，就無法收聽延安廣播，怎麼辦？那我們就自己設法買些元件來裝一個短波收音機收音。但是自己裝的收音機難免出毛病，尤其是隨著國民黨對空中電波的干擾越來越厲害，我們自己裝的收音機收聽延安廣播也越來越不清楚，再加上為了收到延安的聲音，需要在屋外裝有天綫，這樣，很容易被特務查到。

大家收不到油印的延安新聞電稿，說就像被一口黑鍋扣在頭上，見不著天日了。我們也很著急。但是到哪裏能找到更好的收音機呢？我忽然想到了雲從龍。那天晚上，我和王放走進雲從龍家的獨院，被他夫婦迎接進屋。他們看到我帶去一個陌生的女青年，不知是什麼人。考慮到將來王放是每天晚上要到他們家裏去收音的，為了叫他們放心，我只得把我和王放的特殊關係告訴了他們。他們聽說後，特別熱情地接待了王放，雲從龍夫人還給我們送來咖啡和點心。

我們在雲從龍家裏，聽到他家的那台落地式大收音機正在播英語新聞。雲從龍告訴我，他的收音機能收到美國和加拿大電台，還說他從英語廣播中聽到我們打了勝仗的消息。因為我曾把我們辦的小報《XNCR》拿給過雲從龍，也把內容翻譯過給他聽，他很看重我對他的信任，也很關心我們解放區的消息。我們在談話中提到《XNCR》，我告訴他我們的收音機出了問題，收不到延安的廣播，也就無法刻印《XNCR》了。

雲從龍很惋惜。隨後表示願意讓我們用他的收音機試試，看能不能收到延安的廣播。王放很熟練地在那台收音機上轉起旋鈕，一下子就捕捉到延安那個熟悉的女高音了。我們都很高興。我對雲從龍說，他的收音機收音很好，問能不能用他的收音機來收聽延安廣播。

雲從龍似乎早已猜到我們的意圖，並不感到意外，欣然表示同意。他的這種友情使我大為感動，這在當時特務正在追查秘密報紙《XNCR》的關頭，當然是一個非同小可、干係重大的承諾。一個外國友人居然沒有遲疑地答應了，這是至今我都不能忘懷的國際友誼。

我們和雲從龍約好，除了星期六和星期天，我們每天晚上到他的客廳裏去收兩個鐘頭的音，對外的名義是學習英語。起初幾天晚上，我陪著王放去，後來因為我的工作很緊，王放便一個人去。王放告訴我，雲從龍夫婦對她很關照，常常送點心給她吃。有時我有空，也會陪王放過去，當我們把打勝仗的消息告訴雲從龍時，他和夫人都很高興，也會端出點心來招待我們。就這樣，源源不斷的勝利消息，通過雲從龍家的收音機，再經過王放的手，送到黨員和群眾的手裏，激發了大家的鬥志。可是有誰知道在這裏面有一個暗地幫助我們的外國友人，給我提供了雪裏送炭般的援助呢？

1950年元旦，我和王放、王宇光一起，專程到成都華西壩雲從龍家看望他們夫妻二人。

雲從龍和他的夫人都很高興，說他們不知道這兩年我們到哪裏去了，現在看到我們安全回來才放心了。雲從龍還說幾年前他看到張友漁的介紹信，就知道我一定是四川這邊共產黨裏的一個領導，現在從報紙上看到我是成都軍管會委員，因此對於留下來的外國人擔心他們的安全的問題，可以從我們口裏得到政策性回答了。

我告訴他，軍管會的佈告裏說得明白，一切外國僑民都要到軍管會外事處去登記，只要守法，一律受到保護。願留者留，願走者走。我說："像你這樣幫助過我們的友好的外國人，歡迎你留下來幫助我們工作。"

雲從龍聽了我說的後，果然在外國人群體裏面宣傳我黨的政策，揭破謠言，安定人心。後來他感到留下來沒有多少事情可做，還是決定回加拿大去，以後我們就再也沒有聯繫了。1985年，華西大學有些同志要為雲從龍九十壽辰祝壽，我寫了一幅字，祝他長壽。聽說他收到後很高興，他寄了一張他看我寫的字時的照片給我，我也很高興。可惜他過一年就去世了。

2009年11月，雲從龍的兒子到成都來，看望了我，我也寫了字送給他，我是這樣寫的："您的父親雲從龍先生給中國人民解放鬥爭的熱情幫助以及我們在華西協中所建立的深厚友誼，是永遠不能忘記的。"是的，雲從龍對中國人民的友誼和對我進行革命工作的幫助，我是不能忘懷的。

迪克·帕斯特

飛虎奇緣

1941年，美國陳納德將軍組建了中國空軍美國志願援華航空隊，大本營設在昆明。因在與日本空軍的戰鬥中，戰果輝煌，被大家親切地稱為“飛虎隊”。我們西南聯合大學的同學對飛虎隊非常佩服，有不少人志願到飛虎隊去當翻譯。

1944年初夏的一個星期天，我到昆明南屏街去逛書店。我正在書店裏翻看一本蘇聯出版的英文文學雜誌，有兩個美國大兵走了進來，看他們的裝扮，像美國飛虎隊隊員。

他們似乎是想找什麼書看，但在書店轉了一圈，露出一副失望的樣子。我聽到他們向書店店員詢問有沒有介紹中國華北抗戰的書，店員不懂英語，無法回答。這引起了我的注意。

這兩個美國大兵發現我正拿著一本英文書，便轉身向我走來，用英語提出同樣的問題。我向四周看一下，沒有什麼我不喜歡看到的人，便細聲地用英語對他們說，這樣的書，在這裏是沒有的，就是有，你們也看不懂，因為是中文的。他們倆很失望地走出了書店。

我看他們的樣子，是真心想瞭解華北戰場的情況，於是我跟著他們走出書店，告訴他們說，如果他們想瞭解的話，我可以幫助他們。他們聽了很高興，邀請我和他們一起去喝咖啡閒談。

他們把我帶到附近一個咖啡館，落座後他們叫來三杯咖啡，又提出了剛才在書店裏提出的問題。我看咖啡館裏基本上都是美國兵，還不時有美國的 MP（憲兵）進來巡視，我們用英語交談，別人也可能聽得到，這樣很不安全。我想了一下，對他們說："你們到中國來，還沒有喝過中國茶吧？我請你們去中國茶館裏喝中國茶，怎麼樣？"他們大有興趣。

於是我帶他們到了背街一個小茶館裏，坐下來喝茶。這裏幾乎全是中國人，我們用英語交談也不會有什麼人聽得懂，我放心地向他們介紹了華北八路軍的英勇抗戰的情況，當然只是簡略地說了一個大概，卻已經引起他們很大的興趣了。

他們說，這些是他們在美國從來沒有聽說過的。他們很想知道更多的細節。我告訴他們我的英語水平不是很好，但我在西南聯大外文系的朋友，可以更詳細地向他們介紹。他們很高興，希望能盡快見到。我便帶他們到了住在離書店不遠的地下黨員何功楷那裏。

我們在何功楷家又談了一陣子，他們覺得意猶未盡，與我們相約下個星期天，到我住在西南聯大附近的家裏去談。

兩個飛虎隊員離開後，我和何功楷商量了一下，覺得這是一件有意義的國際統戰工作。我把這件事彙報給雲南地下黨省工委書記鄭伯克，他很贊同我們的做法。於是我和何功楷又找了英語比較好的張彥、許乃炯等五六個同學，另外還約了由基督教青年會主辦的學生公社的李儲文和章潤媛，李儲文告訴我，他們在青年會已經結交了幾個飛虎隊員，我們商量不如把大家認識的飛虎隊員一起請來交談。

第二個星期天，我們和飛虎隊朋友在學生公社見面。這次他們來了好幾位，除了在書店和我相遇的帕斯特帶了兩三位外，還有早已和李儲文他們交往的貝爾等人。我們和他們雖然是初次見面，卻並不感到陌生。他們拿出美國香煙請我們抽，章潤媛沏好中國茶請他們喝，茶香四溢，美國朋友讚不絕口。

大家隨便閒談起來。飛虎隊的朋友們說，他們不惜流血犧牲，來華援助抗戰，但來到昆明後，看到的是疾病、乞丐、飢餓、賣淫和死亡，而官僚們卻在花天酒地。大量的外援物資並非全用來打日本，有的甚至被倒賣，讓他們難以理解。他們感慨地說："這是一個值得我們流血的國家嗎？"

話題自然轉到了北方。我們告訴他們中國還有另外一個地方，還有另外一支軍隊正在浴血抗戰，為中國的民主自由奮鬥。他們聽得很入神，希望更多地瞭解中國和敵後中國人民抗戰的情況。而且他們也談到，美國飛行員在華北敵後迫降，受到當地共產黨和老百姓的幫助，可以保證安全。他們以為這才是中國抗戰的希望。

從此以後，我們和飛虎隊的朋友大概每兩星期便找地方聚會。幾乎每次他們都要帶幾條美國香煙來分送給我們，還有美國罐頭、飲料、餅乾之類的食品，我們也會帶一些瓜子、花生和本地的乾果特產給他們嚐鮮。後來我們也請他們到中國菜館裏吃中國菜，教他們用筷子，吃辣味菜，他們辣得流眼淚，一邊呼呼直叫，一邊大笑。他們很想從文化上瞭解中國，我們帶他們參觀名勝古跡，看本地滇戲，看民族表演。我用我們給他們取的中國名字刻圖章，並教他們認幾個中國字，甚至交換著唸讀和講解古詩詞。這些活動，都讓他們對中國有了更深層次的瞭解，我們也結成了很要好的朋友。

在和飛虎隊朋友的交往中，我們從《新華日報》等報刊雜誌上挑選出相關的文章翻譯成英文送給他們，他們看後寄回美國，有的文章還在美國雜誌上發表了。同樣的，他們也送給我們一些美國雜誌，我們從中挑出一些關於中國的文章翻譯成中文，印成小冊子在學校流傳，很受同學們的歡迎。這樣的活動，後來發展到他們邀請我們去美國軍營講演，介紹華北敵後抗戰情況，很受美國大兵的歡迎。但是這樣的演講卻引起美國部隊的注意，後來竟然查到西南聯大訓導處來。因為我們用的都是英文名字，查無實證，就不了了之。

1945 年 8 月抗戰勝利後，飛虎隊的幾位朋友準備回國。他們聽說共產黨的主席毛澤東到重慶了，貝爾、海曼和埃得曼“異想天開”地提出路過重慶時，想去見識一下這位共產黨的領導人。通過李儲文的聯繫，事情反映到南方局，沒有想到得到了周恩來的重視，竟然安排他們到紅岩村去和毛主席見面。在紅岩村裏，毛澤東和周恩來熱情接待，專門設宴招待他們。他們帶去了幾條美國香煙送給毛主席。聽說毛主席很高興地接受了香煙，還風趣地說：“你們送了幾條，赫爾利只送我一支美國香煙。”

1949 年“解放”後，由於中美斷交，我們和飛虎隊朋友的聯繫也徹底斷了。後來才聽說，上世紀五十年代初，美國掀起的麥卡錫主義反共浪潮，他們在昆明和我們交往以及三個美國兵在重慶見過毛澤東的事，被麥卡錫主義者發覺了。這些和我們交往過的朋友，都受到不同程度的迫害。尤其是貝爾他們三人，更是被當作共產黨可疑分子，連工作都丟了。可是他們並不氣餒，認為自己並沒有錯。但是他們還是把可以被人當作證據的、我們一起在昆明拍的照片包好埋在地下，期待著有重見天日的一天。

1972 年美國總統尼克松訪華，中美關係開始走向正常化。不久，貝爾隨美國援華抗日老戰士訪華團到中國，他帶著從地下挖出的珍藏的老照片到處打聽我們，但是因為我們當年用的是英文名字，根本無法找到我們。1976 年，貝爾再度隨旅遊團來華，在過上海時，居然在上海外辦看到了李儲文，但因為當時“文革”還沒結束，李儲文還未“解放”，他們之間只是禮節性地寒暄了幾句，這讓貝爾很是奇怪。不過，當經過重慶去參觀紅岩村紀念館時，旅遊團竟然發現貝爾他們三人當時和毛澤東的合影，但是上面沒有標註姓名。紀念館的人根據貝爾所述將他們名字填寫上了。

貝爾回國後，十分興奮。貝爾和海曼本來已經參加美國的中美友好協會的工作，海曼就寫了一篇文章連同當時和我們在昆明的合影，刊登在美國的報紙上。巧的是，這張報紙被在北京《中國建設》雜誌社的一位外國友人看到了，他覺得照片上有個人很像雜誌社的副主編張彥，就把這張報紙拿給張彥看。張彥從照片中認出了海曼、貝爾他們，馬上想辦法與他們取得了聯繫，並告訴了他們中國朋友的情況。我們之間被迫中斷的友誼又重新連接起來。

上世紀八十年代初，貝爾帶一個旅遊團到中國，他專程到成都來看望我。三十幾年不見的老朋友見面了，說不出的高興，我們長時間地熱烈擁抱。回憶往事，不勝唏噓。後來貝爾還來過一回成都和我見面，海曼更為寫書搜集材料的事，專程到成都和我會面，我們談了一整天。以後我們雖然沒有再見面，但年年有賀卡往來。他們還把每年在美國與張彥（《人民日報》駐美記者）、許乃炯（中國駐世界銀行代表）聚會的錄音寄給我們國內的人。

隨著歲月的流逝，我們和美國兩邊的朋友中不少人陸續去世。2004 年 8 月，美國那邊唯一還在世的帕斯特，從紐約發來一封電子郵件，談到我們中美兩國朋友從 1944 年在昆明開始相交，到現在已滿六十年，他很想和夫人一塊回到昆明舊地重遊，更希望和中國尚健在的朋友在昆明重聚，了此一生大願。

這時的帕斯特已經八十六歲，且行動不便，坐上了輪椅，他的夫人也逾九十，且體弱多病，而中國這邊健在的我、張彥、李儲文章潤媛夫婦，也同樣是八九十歲的老人了，我們還能去雲貴高原嗎？可是帕斯特說，有生之年到中國昆明與老朋友重聚是他醞釀已久的夢想，無論如何他一定要到中國來。我們幾個被帕斯特坐輪椅也要越洋來會老友的熱情深深感動，欣然同意共赴雲南。

我和當時雲南省政協的主席楊崇匯同志取得了聯繫。在雲南省政協的全力支持下，我、張彥、帕斯特在六十年後，終於再次相會，不覺熱淚縱橫。尤其是帕斯特，他從車上下來，一見到我們，興奮地掙扎著想要從輪椅上站起來和我們擁抱，但未能成功，於是他讓陪同的人把他架起來，和我們緊緊擁抱，久久不願鬆開。在場之人，無不動容。唯一感到遺憾的是，李儲文夫婦因病醫生不同意遠行而缺席了。

之後的幾天時間裏，我們三個老頭在家人的陪同下，到我們當年交往活動過的每一處地方去尋找舊跡，我們還拜謁了為紀念犧牲的飛虎隊員而建的駝峰紀念碑……終於要分別了，在為帕斯特夫婦舉行的送別宴會上，道不完的依依惜別之情。我把前一天作好並寫成書法裝裱成條幅的七絕詩拿出來送給帕斯特，還粗譯為英文唸給他聽。這首詩的第一句就是帕斯特在昆明常說的一句話："三個老頭重聚首"。

三個老頭重聚首，六十年後話滄桑。
二零零八猶期許，北京再會幸勿忘。

這是我們的約定，我們相約，2008 年一起到北京看奧運會，並且給帕斯特慶祝九十大壽。可惜的是，帕斯特卻沒有等到這一天，在他回到美國的第二年，就與世長辭了。

中國人民永遠不會忘記那些在民族解放鬥爭中幫助過中國的外國友人，不會忘記飛虎隊在中國的抗日戰爭中作出的犧牲。

松村謙三

一個“杜甫迷”

“一直對中國友好的日本政壇的頂級老人松村謙三先生要到中國來訪問，中央很重視，他還提出這次他一定要來成都訪問，省委領導決定，由你出面接待。”上世紀五十年代中，四川省外事領導同志來對我如此說。

我說：“我不管外事，也不認識這個人，為什麼指定我出面接待？”

他說出了緣由，松村謙三是一個很尊崇中國文化、讀過許多中國古書的人，我懂得一點兒國學，所以要我出面應對，我答應了。臨走時他特別提醒我，聽說他是一個“杜甫迷”，能背出很多杜甫的詩，要我有所準備。我對杜甫雖然缺乏研究，杜甫的詩卻還能背幾首，一個外國人能背出多少首來呢。

我這個估計完全不對，我和松村謙三見面後，他開口就說，他這次要到成都來，就是來拜訪杜甫的。於是他真的用不太熟的漢語背起杜甫在成都草堂時代的詩來，看來是熟讀過真的能背出來的。他說，他不只是來拜見杜甫，也不只是來讀杜甫的詩，主要是想來驗證杜詩的創作背景，尋找詩句所吟的當時地方情景。這卻是我沒有料到的，我們讀杜甫詩，雖從詩藝上去研討，至於那些詩創作的時代背景和具體地點，卻不大關注。

我帶領他到杜甫草堂參拜杜甫，同時也參拜陸游和黃山谷，他十分虔誠，對中坐泥塑杜甫像看了又看，不想離開。走出正堂，他讀了何紹基寫的對聯，竟能說出“草堂人日我歸來”句的“人日”是指夏曆正月初七日。在草堂遊走時，他不時說：“哦，這就是‘花徑不曾緣客掃’的花徑了。”“哦，這裏是‘蓬門今始為君開’的蓬門吧？”走到祠後，只見一個立碑的茅亭，他問：“他的草堂到底在哪裏呢？”那時，我們並沒有恢復草堂，他有幾分不滿意地喃喃自語：“哎，看不到那‘三重茅’了。看不到當時草堂的模樣了。”我們都以沉默應答。草堂公園只見磁片堆的“草堂”二字，卻不見恢復的草堂，我不覺羞顏無語。

我們走出草堂，他走近面前的那條很不起眼的小溪，看了又看，左右上下看，他搖頭說：“這肯定不是浣花溪，浣花溪怎麼是這麼一條臭溝呢？”的確，那時並沒修整好那條小水溝，我也附和說，這條小溪恐怕不是當時的浣花溪。那麼浣花溪到底在哪裏，同來的人誰也說不清，他竟要去尋找，走到龍爪堰，看到綠波盪漾的水流洶湧的水溪，他認為這裏才像是浣花溪，我也表示首肯。至於走過老百花潭，我們都不認為是杜甫說的百花潭，也說不出百花潭應該在什麼地方，他也沒時間來考證了。

第二天，我陪他去灌縣看都江堰。我們坐小車在川西平原上奔馳，看樣子他是迷醉於“錦江春色來天地”了。當時天氣晴朗，在青翠的遠山背後，閃耀出高聳的大雪，他指問：“那是什麼地方？”我答：“那是大雪山。”我們遊了都江堰首，過橋上了山，我告訴他這就是玉壘山了。我們沿樹林而下，到了伏虎寺。他忽然搖頭自語：“‘錦江春色來天地’是這裏，可是‘玉壘浮雲變古今’，這匹小山肯定不是玉壘。”

這卻叫我有點兒詫異，這個樹木蔥蘢的小山叫玉壘山，古已如此，他卻認為不是杜甫詩中的“玉壘”。他竟然指遠在天邊的大雪山才是玉壘山。他不說便罷，他這麼說，卻引起我的注意，遠望大雪山。他說：“你看，那裏真像一座玉石堡壘呢。”我越看越覺真像一座玉壘，說不定他猜想得有幾分道理呢。

在回成都的路上，他在汽車裏好像一直在回味，他說他每讀杜詩，就夢想到詩情詩景，想親自體驗一下，這就是他這次來成都的目的，但看他的神色，好像對他的這次體驗並不是十分滿意。

我一路陪伴松村謙三，卻有難忘的感慨。一個外國人如此沉迷於中國古代的詩人，不惜萬里之遙，到成都來體驗杜甫詩的創作情景，我希望中國的詩人更尊重中國的傳統詩詞曲，不說著迷，就是能認真閱讀，並且體會他們的詩情詩景，以提高自己創作水平，該不是一個過分的希望吧。

托特

談“家”與“長”

托特的全名我已經記不起來，只記得他曾是英國皇家學會的會長。1978年，我作為中國科學院訪英代表團的團員，訪問英國皇家學會。我們團由中國科學院副院長作為團長帶隊，有中國五六位著名科學家參加，我作為中國科學院西南分院副院長，和帶隊的團長以及幾位工作人員都不是科學內行，我們都是負責行政工作的。我們到了倫敦機場下機後，英國皇家學會幾位科學家包括有名科學家托特到機場熱烈歡迎，到休息室坐下，互相介紹。

我們照國內習慣，先介紹行政領導幹部，才介紹科學家。當介紹我們幾位科學院的行政領導，也就是“長”字型大小人物時，那幾位英國科學家似乎不很親熱，握手時手的力度明顯感到比較輕。但是介紹我們的幾位科學家時，卻是那麼親熱，喜笑顏開，互道久仰。甚至原本就認識的還沒有等介紹，就跑過去擁抱起來，哈哈大笑，互道久別的話，或者說你發表的什麼論文，他已經拜讀了，佩服佩服。把我們幾位做行政領導的幹部冷落在一旁。至少我在一旁感覺不是滋味。我們的團長忽然手指著我說：“他還是中國一位有名的作家呢。”“作家？”一位科學家走過來和我套近乎說：“你是作家？”便和我握起手來，我感到那力度比剛才握的有分量得多。他就和我聊起來，說要做成一個作家可不容易呀。我說要做成一個科學家更難呀。他不同意，說要做成一個作家不是什麼人都行的，要有天資。要做成一個科學家，只要肯下苦功夫就辦得到。我說要做成一個很有名的作家是不容易，能寫點兒文章的作家卻很多。我不想和他再討論作家和科學家的難易問題，卻在想他們在和科學家和行政領導握手時的重與輕的問題。後來我們在和他們及科學家們的交往和談話中，明顯看出，他們對“家”字型大小的人物的重視，和對於“長”字型大小人物的輕蔑，這是很值得我們思考的。

後記

這本書呈獻在讀者面前，已經浪費了大家不少時間，不想再囉唆了，只是有幾點說明：一，列入這本書的人物，全是去世了的。二，這些人物都曾經或多或少和我有點兒關係，至少是我認識的。三，我寫的都是我回憶得起來的事實，或者偶有錯誤，我無法去查對了。四，最後還想說一句，又一度想學巴金，我說的都是真話。